INTELIGÊNCIA E INOVAÇÃO EM CONTRATAÇÃO PÚBLICA

GABRIELA VERONA PÉRCIO   CRISTIANA FORTINI

Coordenadoras

Prefácio
Assusete Magalhães

INTELIGÊNCIA E INOVAÇÃO EM CONTRATAÇÃO PÚBLICA

2ª edição atualizada com base na Lei nº 14.133/2021

Belo Horizonte

FÓRUM
CONHECIMENTO JURÍDICO
2023

© 2021 Editora Fórum Ltda.
2023 2ª edição

É proibida a reprodução total ou parcial desta obra, por qualquer meio eletrônico, inclusive por processos xerográficos, sem autorização expressa do Editor.

Conselho Editorial

Adilson Abreu Dallari
Alécia Paolucci Nogueira Bicalho
Alexandre Coutinho Pagliarini
André Ramos Tavares
Carlos Ayres Britto
Carlos Mário da Silva Velloso
Cármen Lúcia Antunes Rocha
Cesar Augusto Guimarães Pereira
Clovis Beznos
Cristiana Fortini
Dinorá Adelaide Musetti Grotti
Diogo de Figueiredo Moreira Neto (*in memoriam*)
Egon Bockmann Moreira
Emerson Gabardo
Fabrício Motta
Fernando Rossi
Flávio Henrique Unes Pereira

Floriano de Azevedo Marques Neto
Gustavo Justino de Oliveira
Inês Virgínia Prado Soares
Jorge Ulisses Jacoby Fernandes
Juarez Freitas
Luciano Ferraz
Lúcio Delfino
Marcia Carla Pereira Ribeiro
Márcio Cammarosano
Marcos Ehrhardt Jr.
Maria Sylvia Zanella Di Pietro
Ney José de Freitas
Oswaldo Othon de Pontes Saraiva Filho
Paulo Modesto
Romeu Felipe Bacellar Filho
Sérgio Guerra
Walber de Moura Agra

CONHECIMENTO JURÍDICO

Luís Cláudio Rodrigues Ferreira
Presidente e Editor

Coordenação editorial: Leonardo Eustáquio Siqueira Araújo
Aline Sobreira de Oliveira

Rua Paulo Ribeiro Bastos, 211 – Jardim Atlântico – CEP 31710-430
Belo Horizonte – Minas Gerais – Tel.: (31) 99412.0131
www.editoraforum.com.br – editoraforum@editoraforum.com.br

Técnica. Empenho. Zelo. Esses foram alguns dos cuidados aplicados na edição desta obra. No entanto, podem ocorrer erros de impressão, digitação ou mesmo restar alguma dúvida conceitual. Caso se constate algo assim, solicitamos a gentileza de nos comunicar através do *e-mail* editorial@editoraforum.com.br para que possamos esclarecer, no que couber. A sua contribuição é muito importante para mantermos a excelência editorial. A Editora Fórum agradece a sua contribuição.

Dados Internacionais de Catalogação na Publicação (CIP) de acordo com o ISBD

I61	Inteligência e inovação em contratação pública / Gabriela Verona Pércio, Cristiana Fortini (Coord.).– 2.ed – Belo Horizonte : Fórum, 2023.
	276p; 14,5x21,5cm
	ISBN: 978-65-5518-474-7
	1. Direito. 2. Direito Administrativo. 3. Direito Público. 4. Contratações públicas. 5. Políticas públicas. I. Pércio, Gabriela Verona. II. Fortini, Cristiana. III. Título.
2022-2832	CDD 341.3
	CDU 342.9

Elaborado por Vagner Rodolfo da Silva - CRB-8/9410

Informação bibliográfica deste livro, conforme a NBR 6023:2018 da Associação Brasileira de Normas Técnicas (ABNT):

PÉRCIO, Gabriela Verona; FORTINI, Cristiana. *Inteligência e inovação em contratação pública*. 2. ed. Belo Horizonte: Fórum, 2023. 276p. ISBN 978-65-5518-474-7.

SUMÁRIO

PREFÁCIO DA PRIMEIRA EDIÇÃO
ASSUSETE MAGALHÃES 11

APRESENTAÇÃO 15

CONTRATAÇÃO DE SOLUÇÕES INOVADORAS PARA ATENDIMENTO DE DEMANDAS ADMINISTRATIVAS: CAMINHOS À LUZ DO ORDENAMENTO JURÍDICO VIGENTE
GABRIELA VERONA PÉRCIO 17
1   Introdução 17
2   A "solução inovadora": estabelecendo uma premissa de abordagem ... 20
3   A problemática da contratação de soluções inovadoras 23
3.1   O processo de contratação sob a ótica do problema, e não da solução ... 25
3.2   O mercado privado enquanto parceiro: a necessidade de incentivos ... 28
3.3   A compreensão da inexigibilidade de licitação sem preconceitos 31
4   A contratação de soluções inovadoras com base na legislação em vigor 34
5   Conclusões 38
    Referências 38

DISPUTE BOARD NOS CONTRATOS ADMINISTRATIVOS
ÉRICA MIRANDA DOS SANTOS REQUI 41
1   A utilização de mecanismos privados para solução de conflitos pela administração pública 41
1.1   A celeridade do processo 42
1.2   A tecnicidade da decisão 42
1.3   A solução de continuidade para o contrato 43
2   _Dispute boards_ ou comitês de resolução de disputas 45
2.1   Uso e normatização no Brasil 47
2.1.1   Instalação e funcionamento dos _dispute boards_ 51
2.1.2   É possível adotar dispute boards nos contratos em vigor que não previram, inicialmente, sua utilização? 53

3	Considerações finais	54
	Referências	55

"TERMO DE AJUSTAMENTO DE CONDUTA" E O REGIME SANCIONATÓRIO DA NOVA LEI DE LICITAÇÕES: UMA INOVAÇÃO POSSÍVEL?
VIVIANE MAFISSONI 57

	Introdução	57
1	Do regime sancionatório da Nova Lei de Licitações e Contratos	58
2	Dos meios alternativos de resolução de controvérsias	63
3	Da possibilidade de celebração de termo de ajustamento de conduta	63
	Conclusão	72
	Referências	73

A AVALIAÇÃO DE RISCO DE FORNECEDORES E A (I)LEGALIDADE DO AFASTAMENTO DE LICITANTES EM RAZÃO DO GRAU DE RISCO ATRIBUÍDO
MIRELA MIRÓ ZILIOTTO 75

1	Crise de confiança e gestão de riscos	75
2	A Lei Federal nº 13.303/2016 e o combate à corrupção nas contratações públicas	76
3	A gestão de riscos nas contratações das Estatais	79
4	O caso da Eletrobras	82
5	Conclusão	92
	Referências	93

A IMPORTÂNCIA ESTRATÉGICA DAS REGIÕES METROPOLITANAS E DOS CONSÓRCIOS PÚBLICOS NAS CONTRATAÇÕES MUNICIPAIS: APRENDIZADOS DA COVID-19
MARIA FERNANDA PIRES DE CARVALHO PEREIRA, TATIANA MARTINS DA COSTA CAMARÃO 97

1	Introdução	97
2	As vantagens da centralização de compras	100
3	Os consórcios públicos como ferramenta de desenvolvimento urbano integrado no Estatuto da Metrópole e importante instrumento na pandemia	101
4	As contratações compartilhadas como instrumento de aquisição conjunta de bens e serviços em rede	103

5	As alternativas e possibilidades de inovação das contratações por meio dos consórcios públicos e das regiões metropolitanas: Os ensinamentos pós-pandemia Covid-19	104
5	Conclusão	108
	Referências	109

CONTRATUALIZAÇÃO ESTATAL, INOVAÇÃO E MATERIALIZAÇÃO DO INTERESSE PÚBLICO ATRAVÉS DE CONTRATOS DE FOMENTO: POR UMA NOVA RACIONALIDADE PARA O DESENVOLVIMENTO TECNOLÓGICO BRASILEIRO
ADRIANA DA COSTA RICARDO SCHIER, VIVIAN CRISTINA LIMA LÓPEZ VALLE 111

1	Introdução	111
2	O ambiente das parcerias da Administração Pública com particulares e o Estado contratualizado do Século XXI	114
3	Contratos de fomento e a satisfação do interesse público na Constituição de 1988	117
4	Fomento e contratualização do desenvolvimento tecnológico	125
5	Conclusão: por uma nova racionalidade para o desenvolvimento tecnológico brasileiro	130
	Referências	131

A CENTRALIZAÇÃO DE COMPRAS COMO FATOR DE ESTÍMULO À INOVAÇÃO EM COMPRAS PÚBLICAS: O CASO DA CENTRAL DE COMPRAS DO GOVERNO FEDERAL E SUAS INICIATIVAS DA COMPRA DIRETA DE PASSAGENS AÉREAS E DO TÁXIGOV
VIRGÍNIA BRACARENSE LOPES, ISABELA GOMES GEBRIM 135

1	Introdução	135
2	A Central de Compras: a centralização de compras e os serviços compartilhados como estímulo à inovação	137
2.1	A Compra Direta de Passagens Aéreas	141
2.2	TáxiGov – modelo de transporte administrativo de servidores	147
3	Conclusão	154
	Referências	156

A FUNÇÃO SOCIAL DAS CONTRATAÇÕES PÚBLICAS, A LEI Nº 14.133/2021 E O TRATAMENTO FAVORECIDO ÀS MICROEMPRESAS E EMPRESAS DE PEQUENO PORTE
CRISTIANA FORTINI, MARIANA BUENO RESENDE 159

1	Introdução	159

2	A função social das contratações públicas	161
3	O tratamento favorecido às ME e EPP na Lei nº 14.133/2021	170
4	Considerações finais	175
	Referências	175

ALTA *PERFORMANCE* NO PLANEJAMENTO DA CONTRATAÇÃO PÚBLICA: UMA ANÁLISE À LUZ DE FERRAMENTAS UTILIZADAS PELO SETOR PRIVADO

CAROLINE RODRIGUES DA SILVA 179

	Introdução	179
1	O planejamento na Administração Pública	180
2	Planejamento estratégico	181
3	Ciclo PDCA	182
4	Equipes de alta *performance*	184
5	Prospecção de mercado	186
6	Gestão de riscos no ambiente das contratações	188
7	KPI – indicadores de desempenho	191
8	Padronização de objetos e documentos	192
9	Elaboração de *checks* de conformidade e matriz RACI	195
10	Sustentabilidade nas contratações: uma teoria ESG aplicável à Administração Pública	196
11	A análise do ciclo de vida do objeto como parâmetro de vantagem da proposta	199
12	*Due diligence* de fornecedores	201
	Conclusão	201
	Referências	202

DESEMPENHO EM PROCESSOS DE COMPRAS E CONTRATAÇÕES PÚBLICAS: UM ESTUDO A PARTIR DOS VALORES ORGANIZACIONAIS E DOS INSTRUMENTOS DE GOVERNANÇA RECOMENDADOS PELO TRIBUNAL DE CONTAS DA UNIÃO

FABIANE DOURADO 203

1	Introdução	203
2	Valores e valores organizacionais	206
2.1	Valores organizacionais e o setor público	207
3	Inovação em serviços no setor público a partir dos instrumentos de governança recomendados pelo TCU	208

3.1	Plano de Contratações Anual	211
3.2	Plano de Logística Sustentável (PLS)	212
4	Desempenho com foco em organizações públicas	213
4.1	Dimensões de desempenho no processo de compras e contratações públicas a partir do PCA e do PLS	215
5	Pesquisa empírica (DOURADO, 2020)	217
6	Resultados	218
6.1	Valores organizacionais	218
6.1.1	Resumos descritivos relativos às dimensões de valores organizacionais	219
6.2	Inovação	219
6.3	Desempenho do processo de compras e contratações	220
6.4	A percepção sobre a relação dos valores organizacionais e da inovação em serviços com o desempenho do processo de compras e contratações públicas	221
7	Conclusão	222
	Referências	223

PORTAL NACIONAL DE COMPRAS PÚBLICAS: UM HORIZONTE DE CONVERGÊNCIA, INTEGRAÇÃO E TRANSPARÊNCIA DE INFORMAÇÕES COM FOCO NO USUÁRIO CIDADÃO
BRENA FREITAS, ISABELLA BRITO 227

1	Introdução	227
2	Transparência: do acesso à informação à política de dados abertos	228
3	Do processo eletrônico para as contratações	230
4	Da implementação da plataforma comum de compras: PNCP	231
5	Da governança e da estrutura trás do PNCP	235
6	Conclusão	236
	Referências	237

O CONTRATO DE *FACILITIES* DA LEI Nº 14.011/2020
CHRISTIANNE DE CARVALHO STROPPA 241

1	Introdução	241
2	O contrato de *facilities* previsto na Lei nº 14.011/2020	245
3	Regime jurídico do contrato de *facilities*	249
4	Conclusão	256
	Referências	256

**COMO O ESTADO PODERÁ CONTRATAR *STARTUPS*
IONE LEWICKI CUNHA MELLO,
RAQUEL MELO URBANO DE CARVALHO** 259
1 Introdução 259
2 Histórico 260
2.1 Aspectos da inovação 262
3 As inovações trazidas pelo Marco Legal das *Startups* 265
4 Conclusão 271
    Referências 271

SOBRE OS AUTORES 273

PREFÁCIO DA PRIMEIRA EDIÇÃO

Honrou-me o convite para prefaciar o presente livro, coordenado pelas professoras Cristiana Fortini e Gabriela Pércio, sobre tema jurídico da maior relevância, abordando diferentes nuances e inovações acerca da contratação pública.

O livro emerge de profícuo trabalho realizado por grupo de estudo de professoras de direito administrativo de todo o Brasil, entusiastas do tema afeto às contratações públicas, que merece ser evidenciado, por sua importância, atualidade e dimensão, no mundo contemporâneo.

Invoco o soneto de Camões, que sabiamente recita, do fundo dos séculos:

> Mudam-se os tempos,
> Mudam-se as vontades,
> Todo o mundo é composto de mudança,
> Tomando sempre novas qualidades.

Tal premonição camoniana concretizou-se também no direito administrativo brasileiro, que vem sofrendo influência das rápidas e complexas transformações do modelo de Estado, notadamente a partir da década de 90 do século XX, após o advento da Constituição Federal de 1988, com o surgimento de temas novos, inexistentes na construção clássica do nosso direito administrativo, inspirado, inicialmente, no arquétipo francês.

Tais mudanças, nas palavras de Di Pietro, "estão intimamente relacionadas com a globalização (que favorece a influência do Direito estrangeiro sobre o Direito interno), o Neoliberalismo (que fortalece os princípios da ordem econômica, favorece a privatização e a formação de um direito administrativo econômico e incentiva a procura por institutos de direito privado) e o Neoconstitucionalismo (responsável pela constitucionalização dos vários ramos do Direito, principalmente do direito administrativo)", fenômeno que, no Brasil, inseriu princípios da Administração Pública no art. 37 da Carta de 1988 e ampliou os mecanismos de controle da Administração Pública, com reflexos na redução da discricionariedade administrativa, na valorização dos direitos fundamentais e no crescimento do consensualismo, entre outros, sob inspiração do direito comunitário europeu e do direito norte-americano.

A partir da Constituição Federal de 1988, inúmeras leis foram promulgadas, com grande repercussão no direito administrativo brasileiro, dentre elas a Lei de Licitações, a Lei de Improbidade Administrativa, as Leis de Processo Administrativo Federal, Estaduais e Municipais, a Lei de Concessões e a Lei de Parcerias Público-Privadas – como reflexo da formação de um direito administrativo econômico –, além das parcerias com o terceiro setor, as emendas à Constituição que implementaram as reformas administrativa e previdenciária, a Lei Anticorrupção, a Lei das Estatais e a recente Lei nº 13.655/2018, que inseriu dez artigos na Lei de Introdução às Normas do Direito Brasileiro, com reflexos significativos na aplicação do direito público.

Em meio a toda a evolução do direito administrativo brasileiro, as autoras focam sua atenção na temática da contratação pública, apresentando soluções inovadoras para atendimento às demandas administrativas, nessa seara, com os olhos voltados para a consecução do interesse público.

A obra aborda, à luz dos ordenamentos jurídicos europeu, norte--americano e brasileiro, a tendência de agregação da função social às contratações públicas. Demonstra que contratações públicas com tal viés, quando bem implementadas, acarretam aquisições mais vantajosas em sentido amplo, não calcadas apenas no critério econômico restrito, ensejando a atuação do Estado como fomentador da garantia da igualdade material e de incentivo a comportamentos benéficos aos interesses da coletividade, tais como a proteção ao meio ambiente, o incentivo aos pequenos negócios e a igualdade de gênero. Cita a legislação norte-americana, que utiliza largamente as contratações públicas com finalidade de desenvolvimento social e de apoio a determinados grupos da sociedade, prevendo, entre outras situações, que pelo menos 5% do valor de todos os contratos públicos, no âmbito federal, represente avenças firmadas com empresas dirigidas por mulheres.

A obra demonstra, ainda, a materialização do interesse público, no Brasil, em ambiente de parceria com a iniciativa privada, mediante contratos de fomento, em substituição ou complementação às tradicionais formas unilaterais de ação administrativa.

As autoras destacam, outrossim, a importância estratégica das regiões metropolitanas e dos consórcios públicos nas contratações municipais, notadamente no momento de pandemia que assola o país.

A temática não poderia ser mais contemporânea. O Poder Judiciário tem sido chamado a decidir matérias de índole constitucional ou infraconstitucional que dizem respeito a questões inovadoras e relevantes de Estado referentes à contratação pública.

O princípio da eficiência, erigido a postulado constitucional, impeliu a Administração Pública a adotar novos instrumentos a fim de permitir o desenvolvimento econômico e o bem-estar da coletividade.

Exsurge, assim, como corolário da evolução do direito administrativo, certo abrandamento das prerrogativas da Administração Pública, com o aprimoramento dos instrumentos jurídicos existentes, como o da consensualidade.

Nesse contexto, no momento em que a sociedade contemporânea exige mais eficiência do setor público, o presente livro propõe uma análise das alternativas de contratação para o alcance do interesse coletivo pelo poder público mediante as parcerias com a sociedade civil, entre outras modalidades, ressaltando a tendência de aproximação entre o direito público e o direito privado.

Na visão das autoras, a busca de equilíbrio entre as prerrogativas do poder público e os direitos individuais importa na contratualização em substituição à posição de supremacia da Administração Pública, calcada na premissa de que o Estado deve primar pela efetivação do princípio da eficiência.

Pode-se afirmar, portanto, sem margem de dúvida, que a presente obra conseguiu reunir o que há de mais atual e instigante no âmbito das contratações públicas e contribuirá sobremaneira para a reflexão aprofundada da doutrina e da jurisprudência sobre a temática proposta.

Sinto-me gratificada em prefaciar um livro escrito por valorosas mulheres acadêmicas, que contribuem para o aprimoramento do direito administrativo e para a busca da construção de uma sociedade fraterna, pluralista e sem preconceitos, como preconiza o preâmbulo da Constituição Federal.

Presto homenagem às autoras, louvando a iniciativa de parceria entre mulheres e de afirmação de merecido espaço feminino na produção científica sobre a temática contratação pública.

As mudanças culturais na sociedade, que se operam lentamente, a cada geração, são conquistadas com postura, consciência e coragem.

E a coragem nos impele ao combate da vida, que, como escreveu Cecília Meireles, "só é possível reinventada".

Assusete Magalhães
Ministra do STJ

APRESENTAÇÃO

Há muito se discute sobre mudanças nas contratações públicas brasileiras. Regidas por uma legislação considerada insuficiente para atender às demandas de uma Administração Pública moderna e de uma sociedade cada vez mais exigente, amarradas a conceitos incompatíveis com a realidade do mercado fornecedor e com a velocidade do surgimento de novas fórmulas para a solução de problemas, as contratações nem sempre conseguiram satisfazer o interesse público.

Ao tempo em que a primeira edição desta obra foi produzida, na iminência de um novo marco regulador decorrente da possível conversão do Projeto de Lei nº 1.292/95, parte daqueles que estudam o tema se mostram céticos em relação ao seu anunciado caráter inovador e ao seu verdadeiro poder de produzir as transformações desejadas. Hoje, temos na Lei nº 14.133/21 mecanismos podem contribuir para a melhoria das contratações públicas.

Contudo, para além da alteração legislativa, há uma preocupação genuína com a adoção de práticas que aprimorem a performance do processo de contratação e a relação da Administração Pública com seus fornecedores. O incremento da etapa de planejamento da contratação com técnicas já validadas no setor privado, a avaliação de risco de fornecedores feita de forma consciente e atenta aos limites constitucionais, a utilização de novos métodos de solução de conflitos e o amadurecimento da consensualidade na aplicação de sanções, entre outros, são temas que merecem atenção pelo seu potencial transformador.

Há um anseio por uma "inteligência inovadora", que avance sobre o método tradicional, conceba novas estratégias ou se aproprie de soluções preexistentes para adaptá-las à realidade administrativa. Compreender o mercado enquanto parceiro de negócios apto a oferecer soluções inovadoras, entender a função social das licitações e o seu papel na execução de políticas públicas para a inovação, avaliar criticamente o impacto da centralização de compras e a importância dos consórcios públicos, buscar alternativas para melhorar o desempenho do processo e para aumentar a transparência e a integração do usuário e do cidadão ao universo das contratações públicas são propostas coerentes com a busca pela superação do *status quo*.

Esse foi o cenário que deu origem ao projeto desta obra e que persiste na vigência de uma nova Lei, cujos desafios de interpretação e aplicação não são poucos. Executado por um grupo de mulheres que aspira e trabalha por mudanças nas contratações públicas brasileiras, conectadas por meio da Rede de Mulheres nas Contratações Públicas e ambientadas no universo público-privado das licitações e dos contratos administrativos, as autoras fornecem valiosas contribuições acerca de temas fundamentais à evolução do pensamento jurídico e das práticas administrativas atuais.

CONTRATAÇÃO DE SOLUÇÕES INOVADORAS PARA ATENDIMENTO DE DEMANDAS ADMINISTRATIVAS: CAMINHOS À LUZ DO ORDENAMENTO JURÍDICO VIGENTE

GABRIELA VERONA PÉRCIO

1 Introdução

A utilização do poder de compra do Estado no estímulo à inovação é, reconhecidamente, uma política pública com potencial para impulsionar o desenvolvimento nacional sustentável e permitir à Administração Pública o atendimento de suas necessidades. Contudo, este artigo não tratará dos desafios da implementação da Lei nº 10.973/04, alterada pela Lei nº 13.243/16 (Lei de Inovação) para a contratação de encomenda tecnológica,[1] nem do estímulo à inovação

---

[1] A Lei nº 10.973/04, alterada pela Lei nº 13.243/16, dispõe sobre incentivos à inovação e à pesquisa científica e tecnológica no ambiente produtivo e estabelece como princípio para a execução de medidas de incentivo à inovação no país a "utilização do poder de compra do Estado para fomento à inovação" (art. 1º, inc. XIII). A partir de 2016, em decorrência de alteração promovida pela mesma Lei nº 13.243/16, a Lei nº 8.666/93 passou a conter em seu art. 24 o inciso XXXI, que prevê a hipótese de dispensa de licitação "nas contratações visando ao cumprimento do disposto nos arts. 3º, 4º, 5º e 20 da Lei nº 10.973, de 2 de dezembro de 2004, observados os princípios gerais de contratação dela constantes". Especificamente, o art. 20 traz a possibilidade de que órgãos e entidades da Administração Pública, em matéria de interesse público, contratem diretamente ICTs, entidades de direito privado sem fins lucrativos ou empresas, isoladamente ou em consórcios, que sejam voltadas para atividades de pesquisa e possuam reconhecida capacitação tecnológica no setor, *visando à realização de atividades de pesquisa, desenvolvimento e inovação que envolvam risco tecnológico, para solução de problema técnico específico ou obtenção de produto, serviço ou processo inovador.* O art. 19, §2º-A, inc. V da Lei nº 10.973/04, com redação dada

nas empresas por meio da contratação pública.[2] Enfim, não abordará as compras públicas inovadoras *sob o enfoque do* desenvolvimento nacional sustentável. Também não ingressará no mérito da recente Lei Complementar nº 182, de 1º de julho de 2021, que institui o marco legal das *startups* e do empreendedorismo inovador, cuja finalidade, nas contratações, é resolver demandas públicas que exijam solução inovadora com emprego de tecnologia e promover a inovação no setor produtivo por meio do uso do poder de compra do Estado.[3] O objetivo é mais pragmático: abordar a contratação de soluções inovadoras pela Administração Pública *sob o enfoque do atendimento de suas necessidades*, visando identificar os procedimentos possíveis à luz do ordenamento jurídico vigente.

As contratações de objetos inexistentes no mercado, customizados, adaptados ou desenvolvidos especialmente para resolver problemas, gerar desenvolvimento interno ou superar desafios inerentes ao desempenho dos fins institucionais devem ser o foco da Administração Pública, independentemente de resultar em uma solução escalável ou de representar uma inovação no âmbito da empresa contratada. Sem questionar a absoluta necessidade de uma política pública voltada para o desenvolvimento nacional mediante o uso do poder de compras do Estado, o escopo primeiro de tais processos é o suprimento das necessidades administrativas para viabilizar o desempenho das

---

pela Lei nº 13.243/16, prevê como instrumento de estímulo à inovação nas empresas a *encomenda tecnológica*, estabelecendo o art. 20, §4º, que o fornecimento do produto ou processo inovador encomendado poderá ser contratado mediante dispensa de licitação, inclusive com o próprio desenvolvedor da encomenda, *observado o disposto em regulamento específico*. Por sua vez, o Decreto nº 9.283/18, que regulamenta a Lei nº 10.973/04, descreve o procedimento de contratação da encomenda tecnológica, levando em consideração as peculiaridades desse objeto em especial.

[2] É o que ocorre, a rigor, nas chamadas compras públicas de inovação – CPI, que levam a um novo ciclo de geração e difusão de inovações na economia. O Estado, na posição de mercado consumidor de produtos ou serviços inovadores, induz inovações estabelecendo requisitos e parâmetros para sua execução. As empresas, ao incrementarem suas práticas produtivas e adequarem suas estruturas para atender a tais requisitos e parâmetros, passarão a deter meios de ampliar o fornecimento do produto ou serviço a outros clientes. De outro lado, empresas concorrentes necessitarão buscar novas soluções para que possam competir, alcançando, todas, outro patamar produtivo (MOREIRA, Marina Figueiredo; VARGAS, Eduardo Raupp de. Compras para a inovação: casos de inovações induzidas por clientes públicos. *Ram, Rev. Adm. Mackenzie*, São Paulo, SP, v. 13, n. 5, set./out. 2012).

[3] Entre outras disposições, a referida lei prevê: "Art. 13 A Administração Pública poderá contratar pessoas físicas ou jurídicas, isoladamente ou em consórcio, para o teste de soluções inovadoras por elas desenvolvidas ou a ser desenvolvidas, com ou sem risco tecnológico, por meio de licitação na modalidade especial regida por esta Lei Complementar".

finalidades institucionais e, consequentemente, o atendimento do interesse público primário representado pelos interesses da população. A compra pública, antes de tudo, precisa desempenhar suficientemente seus desígnios, permitindo a adequada satisfação de demandas administrativas de qualquer natureza.

Ainda hoje, gestores públicos são instados a realizar contratações para objetos que não conseguem desenhar, por não possuírem informações suficientes acerca de especificações técnicas, de condições jurídicas e comerciais envolvidas ou da própria concepção do produto final capaz de atender àquela especial demanda. Tais informações encontram-se na posse dos atores do mercado privado – comerciantes, prestadores de serviços, empreiteiros – com os quais a Administração Pública, a rigor, simplesmente não dialoga, por não haver um canal adequado para isso. Nesse contexto, obriga-se, à luz de interpretações restritivas, a adequar-se aos produtos e serviços ofertados pelo mercado privado, moldando suas necessidades ao que ele já oferece. Um edital ainda hoje pode ser considerado fatalmente equivocado pelo fato de descrever como objeto algo inexistente na prateleira imaginária de produtos e serviços, cogitando-se de ilegalidade por direcionamento indevido caso, diante de uma única empresa disposta a atender-lhe, a contratação venha a se operar. Não é raro a Administração Pública amargar a frustração de não contratar ou, adaptando seu edital a algo que já existe, de contratar o que não lhe atende. Eventualmente, aventura-se em atividade de evidente domínio do setor privado, investindo recursos humanos e financeiros na busca de uma solução que poderia ser transferida à inteligência de especialistas.

Conformar-se com a falta de caminho legal explícito para a contratação de soluções indisponíveis no mercado, voltadas para o atendimento de necessidades específicas e peculiares, não é uma opção para a Administração Pública atual, orientada pela busca de resultados. É dever do gestor público buscar a solução para problemas que interferem na eficiência e na eficácia da atuação administrativa, provocando o mercado para a oferta de soluções ou valendo-se, de forma inédita, de soluções já disponíveis com as necessárias adaptações. É preciso identificar soluções que permitam à Administração Pública continuar gerando valor à sociedade e cumprindo satisfatoriamente o seu papel.

A compreensão estática do texto legislativo, apegada a construtos hermenêuticos consolidados ao longo dos mais de 20 anos de aplicação da Lei nº 8.666/93, oferece obstáculos à identificação de um procedimento para a contratação de soluções inovadoras baseado nas normas vigentes. Decerto que, diante da indiscutível necessidade de modernização das leis sobre licitações e contratos, espera-se por uma norma que regulamente de forma assertiva a contratação de soluções inovadoras. Contudo, tais contratações podem ser viabilizadas sem mudanças legislativas, com base em uma compreensão eficiente do ordenamento jurídico, desvinculada de preconceitos e paradigmas equivocados de atuação.

2 A "solução inovadora": estabelecendo uma premissa de abordagem

A Administração Pública necessita de soluções que diretamente atendam às suas necessidades específicas. Elas poderão ou não estimular a inovação nas empresas contratadas, pois atendendo à demanda única da Administração Pública, a empresa poderá ou não desenvolver novas tecnologias, aperfeiçoar processos internos ou identificar novos produtos e serviços escaláveis ao setor privado ou outras organizações públicas, alcançando, assim, os objetivos do estímulo à inovação e ao desenvolvimento nacional por meio da compra pública. Mas o ponto central, conforme já assinalado, é a contratação junto ao setor produtivo de soluções inovadoras *destinadas a melhorar a eficiência de seus processos e o alcance de suas finalidades*.

Para estabelecer a premissa fundamental deste trabalho e definir a *solução inovadora*, parte-se do conceito de inovação[4] trazido pela Lei nº 10.973/04 (Lei da Inovação), com redação dada pela Lei nº 13.243/16 (Marco Legal da Ciência, Tecnologia e Inovação), segundo a qual uma inovação é uma "introdução de novidade ou aperfeiçoamento no ambiente produtivo e social que resulte em novos produtos, serviços ou processos ou que compreenda a agregação de novas funcionalidades ou características a produto, serviço ou processo já existente que possa resultar em melhorias e em efetivo ganho de qualidade ou desempenho".[5]

---

[4] O conceito de inovação encontra sua origem nos trabalhos do economista Joseph Schumpeter, para quem inovar é "produzir outras coisas, ou as mesmas coisas de outra maneira, combinar diferentemente materiais e forças, enfim, realizar novas combinações" (SCHUMPETER, Joseph A. *Teoria do Desenvolvimento Econômico*: uma investigação sobre lucros, capital, crédito, juro e o ciclo econômico. Trad. Maria Sílvia Possas. São Paulo: Abril Cultural, 1982. p. 48-49).

[5] Regulamentada pelo Decreto nº 9.283/19.

Conforme se observa, o conceito de inovação não se limita ao resultado de atividades de pesquisa científica. Inovação não envolve, necessariamente, a dimensão científico-tecnológica, razão pela qual não deve ser percebida apenas como o resultado de uma descoberta científica ou uma tecnologia inexistente.[6] Em muitos casos, a ciência pode ter um papel meramente coadjuvante,[7] em que contratar uma inovação não significa, necessariamente, contratar atividades de pesquisa científica. A propósito, a maioria das demandas da Administração Pública não se compõe de grandes problemas a exigir grandes descobertas, sendo muitas vezes necessário apenas a capacidade operacional e o conhecimento especializado de terceiros para identificar e produzir uma solução diferenciada, customizada e inovadora.[8]

Nessa linha, valendo-se do conceito legal de inovação[9] e guardadas as ressalvas tecidas, entende-se como solução inovadora para

---

[6] De acordo com a terceira edição do Manual de Oslo, estudo publicado pela Organização para Cooperação e Desenvolvimento Econômico (OCDE) com foco na mensuração e interpretação de dados relacionados às atividades de CT&I, inovações podem ser mercadológicas, organizacionais e tecnológicas.

[7] "é necessário sempre ter presente que a inovação é um processo multifacetado, em que a dimensão científico-tecnológica, quando presente, é apenas um dos aspectos, ainda que de relevância capital em numerosos casos". Cabe explicar a cláusula "quando presente". Costumamos pensar no trio "ciência – tecnologia – inovação" como indissociável, em certa medida por razões que têm a ver com a configuração da estrutura organizacional do governo federal e decorrente modo de atuação. Em outras palavras, tendemos a enxergar a inovação como decorrência da descoberta científica, mediada pela transposição do novo conhecimento a uma ou mais tecnologias, protegidas ou não por mecanismos tais como patentes de invenção ou segredos industriais. Esse processo certamente ocorre e é da maior importância. Todavia, é preciso ter presente que novas e marcantes realidades também são criadas mediante inovações em que a ciência tem papel adjuvante. É, por exemplo, o caso de duas inovações que criaram novas realidades de enorme repercussão geopolítica internacional, ao transformarem um campo que moldou a sociedade global, o do comércio internacional: a instituição do seguro, no século XIV, e a utilização do contêiner, a partir de meados do século passado (PLONSKI, Guilherme Ary. Inovação em transformação. *Estudos avançados*, São Paulo, v. 31, n. 90, maio/ago. 2017. Disponível em: http://www.scielo.br/pdf/ea/v31n90/0103-4014-ea-31-90-0007.pdf. Acesso em: 06 set. 2022).

[8] É importante destacar a coexistência pacífica de inovações radicais, responsáveis pelas grandes mudanças do mundo, e incrementais, que preenchem continuamente o processo de mudança (OECD/ FINEP. *Manual de Oslo*: diretrizes para coleta e interpretação de dados sobre inovação. 3. ed. OCDE/FINEP, 1997, disponível em: https://www.finep.gov.br/images/apoio-e-financiamento/manualoslo.pdf. Acesso em: 24 maio 2021).

[9] Para Silva, o conceito legal "atende adequadamente as necessidades a serem endereçadas pelos procedimentos licitatórios, pois ele comporta a 'introdução da novidade ou aperfeiçoamento' tanto no âmbito interno quanto externo da administração pública. Assim, uma solução tecnológica que se enquadre no conceito citado pode ser considerada solução inovadora, independentemente de ser disruptiva ou incremental" (SILVA, Pedro Ivo Peixoto da. Contratação de soluções inovadoras pela Administração Pública: desafios e caminhos. *Portal BNDES – Banco Nacional do Desenvolvimento*, 03 set. 2019. Disponível em: https://web.bndes.gov.br/bib/jspui/handle/1408/18641. Acesso em: 25 maio 2020).

os fins deste trabalho a "introdução de novidade ou aperfeiçoamento no ambiente produtivo e social que resulte em novos produtos, serviços ou processos ou que compreenda a agregação de novas funcionalidades ou características a produto, serviço ou processo já existente, que possa resultar em melhorias e em efetivo ganho de qualidade ou desempenho para a Administração Pública, no exercício de suas atividades fim ou meio".[10]

Não obstante, a par da definição decorrente do conceito de inovação, é possível ainda uma concepção mais ampla de solução inovadora, pois em uma considerável parcela de situações a elevação dos níveis de eficiência, eficácia e efetividade da atuação administrativa pode acontecer mediante a contratação de soluções que, em sua essência, não configuram uma inovação propriamente dita.

Com efeito, enquanto a inovação em sentido estrito carrega consigo o ineditismo do objeto ou das suas novas funcionalidades ou características para o mundo, *uma solução pode ser inovadora apenas para a Administração Pública* quando passa a ser por ela utilizada *em caráter inovador*. É o que ocorre quando um determinado objeto utilizado pelo setor privado passa a ser utilizado também pelo setor público, demonstrando uma superação de barreiras jurídico-legais e culturais e uma adaptação à realidade administrativa. Tais soluções, mesmo não se encaixando rigorosamente na definição legal de inovação, podem apresentar potencial para, ao serem introduzidas no ambiente público, produzirem igualmente melhorias e ganho efetivo de qualidade ou

---

[10] Moreira e Vargas, ao analisar casos de inovações induzidas por clientes públicos, oferecem exemplos nesse sentido:
a) a aquisição de planos de telefonia celular pelos servidores a partir do *software* de gestão de pessoal, o que impulsionou o desenvolvimento de uma funcionalidade para permitir aos servidores "entrar no portal do *software* e escolher um plano, um celular (...), quantos minutos ele desejava" sem que houvesse a necessidade de ir à loja da operadora. Automaticamente, o sistema verificava se o funcionário tinha condições de assumir os valores escolhidos de acordo com seu salário, a partir de uma avaliação da margem consignável na folha de pagamentos. Caso o pedido do servidor fosse aprovado, a nova funcionalidade descontaria automaticamente o valor contratado da folha de pagamentos;
b) criação de um *software* para a integração de sistemas de faturamento eletrônico "e-fatura", integrando dois sistemas distintos, um para o controle dos fornecedores contratados e outro para a emissão de notas fiscais. Em razão dos sistemas serem isolados, muitos produtos e serviços contratados não eram pagos corretamente, pois, embora estivessem no sistema de controle, não estavam no sistema de pagamentos. O "e-fatura" permite fazer faturamento eletrônico simplificado e, com isso, no momento do empenho, o órgão já recebe uma imagem da nota fiscal. Após checar os dados, a nota é paga corretamente (MOREIRA, Marina Figueiredo; VARGAS, Eduardo Raupp de. Compras para a inovação: casos de inovações induzidas por clientes públicos. *Ram, rev. Adm. Mackenzie*, São Paulo, SP, v. 13, n. 5, set./out. 2012).

desempenho no exercício da atividade fim ou meio.[11] Posto isso, *em sentido amplo*, uma solução inovadora é também uma solução *nunca antes utilizada* no âmbito da Administração Pública que possa resultar em melhorias e em efetivo ganho de qualidade ou desempenho.[12] Não precisa que seja complexa em sua essência, mas a sua utilização deve representar uma mudança estratégica, tática ou operacional para a resolução de problemas existentes.

A contratação de tais soluções pode ocorrer mediante as modalidades de licitação ou de contratação direta previstas na legislação vigente, sem necessitar de maiores investigações nesse sentido,[13] diferentemente do que ocorre com a contratação de soluções inovadoras em sentido estrito. Por essa razão, não integrará a abordagem deste estudo.

3 A problemática da contratação de soluções inovadoras

A Lei nº 8.666/93, Lei Geral de Licitações e Contratos, concebida em um momento crítico da história política brasileira, dedicou-se a estabelecer, analiticamente, procedimentos voltados à mitigação do risco de ilegalidades e imoralidades muito mais do que a conceber um sistema verdadeiramente eficaz de contratação pública. Esse cenário não mudou com as sucessivas alterações em seu texto, nem com a edição da Lei nº 10.520/02, que consolidou na ordem jurídica a modalidade pregão. As modalidades anteriores à Lei nº 14.133/21, Nova Lei de Licitações e Contratos Administrativos, viabilizam o suprimento de demandas corriqueiras e de necessidades administrativas ordinárias, passíveis de

---

[11] Considere-se, por exemplo, a contratação de mediador *ad hoc* para solução de conflitos em que a Administração Pública faça parte. Apesar de autorizada pela Lei nº 13.150/15 e da sua clara utilidade, trata-se de ferramenta cuja aplicação ainda não é uma realidade, diante da ausência de uma estrutura considerada adequada. Assim, contratar um mediador *ad hoc*, solução já existente no setor privado, seria claramente uma solução inovadora. Nesse sentido, Camarão e Linhares defendem a possibilidade de contratação de tais serviços via inexigibilidade de licitação, por meio do art. 25, *caput* da Lei nº 8.666/93 (CAMARÃO, Tatiana; LINHARES, Camila. Os impactos da pandemia do covid-19 nas contratações públicas: a hora e a vez da mediação. *Fórum de Contratação e Gestão Pública – FCGP*, Belo Horizonte, ano 19, n. 221, p. 75-83, maio 2020).

[12] Tal conceito se insere no conceito de inovação de Schumpeter, já citado em nota anterior, seguindo, também, as diretrizes do Manual de Oslo.

[13] O grande obstáculo, nesses casos, é o livre exercício da discricionariedade administrativa pelo agente público que decide explorar o mercado em busca de novas soluções, pensando e agindo além do óbvio. O receio da atuação dos órgãos de controle é, a rigor, o elemento de maior peso em tais situações, especialmente quando a contratação demandar custo expressivo e fundar-se em inexigibilidade de licitação. Sem desprezar a importância dessa discussão, tal abordagem foge ao escopo deste trabalho.

sujeição, por assim dizer, a um processo "normal" de contratação, não comportando, contudo, uma solução inovadora como objeto.

A superveniência da Nova Lei de Licitações e Contratos Administrativos alterou em parte esse estado de coisas com a criação da modalidade diálogo competitivo.[14] Contudo, observando as hipóteses

---

[14] " Art. 6º Para os fins desta Lei, consideram-se: (...)
XLII – diálogo competitivo: modalidade de licitação para contratação de obras, serviços e compras em que a Administração Pública realiza diálogos com licitantes previamente selecionados mediante critérios objetivos, com o intuito de desenvolver uma ou mais alternativas capazes de atender às suas necessidades, devendo os licitantes apresentar proposta final após o encerramento dos diálogos"
Art. 32. A modalidade diálogo competitivo é restrita a contratações em que a Administração:
I – vise a contratar objeto que envolva as seguintes condições:
a) inovação tecnológica ou técnica;
b) impossibilidade de o órgão ou entidade ter sua necessidade satisfeita sem a adaptação de soluções disponíveis no mercado; e
c) impossibilidade de as especificações técnicas serem definidas com precisão suficiente pela Administração;
II – verifique a necessidade de definir e identificar os meios e as alternativas que possam satisfazer suas necessidades, com destaque para os seguintes aspectos:
a) a solução técnica mais adequada;
b) os requisitos técnicos aptos a concretizar a solução já definida;
c) a estrutura jurídica ou financeira do contrato;
III – (VETADO).
§1º Na modalidade diálogo competitivo, serão observadas as seguintes disposições:
I – a Administração apresentará, por ocasião da divulgação do edital em sítio eletrônico oficial, suas necessidades e as exigências já definidas e estabelecerá prazo mínimo de 25 (vinte e cinco) dias úteis para manifestação de interesse na participação da licitação;
II – os critérios empregados para pré-seleção dos licitantes deverão ser previstos em edital, e serão admitidos todos os interessados que preencherem os requisitos objetivos estabelecidos;
III – a divulgação de informações de modo discriminatório que possa implicar vantagem para algum licitante será vedada;
IV – a Administração não poderá revelar a outros licitantes as soluções propostas ou as informações sigilosas comunicadas por um licitante sem o seu consentimento;
V – a fase de diálogo poderá ser mantida até que a Administração, em decisão fundamentada, identifique a solução ou as soluções que atendam às suas necessidades;
VI – as reuniões com os licitantes pré-selecionados serão registradas em ata e gravadas mediante utilização de recursos tecnológicos de áudio e vídeo;
VII – o edital poderá prever a realização de fases sucessivas, caso em que cada fase poderá restringir as soluções ou as propostas a serem discutidas;
VIII – a Administração deverá, ao declarar que o diálogo foi concluído, juntar aos autos do processo licitatório os registros e as gravações da fase de diálogo, iniciar a fase competitiva com a divulgação de edital contendo a especificação da solução que atenda às suas necessidades e os critérios objetivos a serem utilizados para seleção da proposta mais vantajosa e abrir prazo, não inferior a 60 (sessenta) dias úteis, para todos os licitantes pré-selecionados na forma do inciso II deste parágrafo apresentarem suas propostas, que deverão conter os elementos necessários para a realização do projeto;
IX – a Administração poderá solicitar esclarecimentos ou ajustes às propostas apresentadas, desde que não impliquem discriminação nem distorçam a concorrência entre as propostas;

de cabimento descritas na lei e a experiência europeia com a modalidade diálogo concorrencial, na qual ele foi inspirado, uma avaliação bastante pragmática resulta em sua inaplicabilidade na maioria dos casos.

De outra banda, uma aura de ilicitude permeia a contratação direta por inexigibilidade de licitação, graças à institucionalização de entendimentos de órgãos de controle proferidos em análises a casos concretos, recebidos pelos gestores equivocadamente como paradigmas gerais de atuação. Tais processos estão envolvidos em uma aura de perigo, tornando preferível ao gestor deixar de realizá-los, até mesmo em detrimento do alcance de resultados, de modo a não correr riscos. A Lei nº 14.133/21 não trouxe regras muito distintas da Lei nº 8.666/93, do que se pode inferir que esse será, igualmente, o ambiente de aplicação das respectivas normas.

Por fim, a compreensão empírica do processo de contratação está integralmente voltada às contratações *ordinárias ou tradicionais*, desde o seu planejamento até a execução do contrato e a sua necessária fiscalização, influenciando até mesmo as normas infralegais e dificultando a construção de uma dogmática acerca da contratação de soluções inovadoras.

3.1 O processo de contratação sob a ótica do problema, e não da solução

O objetivo do processo de contratação pública, a rigor, é obter junto ao setor privado uma solução pré-identificada pela Administração. É interpretação corrente que o objeto preexiste e está disponível no mercado, bastando à Administração interessada em sua aquisição identificá-lo como solução cabível à satisfação do interesse público e descrevê-lo corretamente, de forma sucinta e clara, no seu edital.

O regime diferenciado de contratação pública – RDC, regulado pela Lei nº 12.462/11, permite maior interferência da criatividade do contratado no desenho do objeto, pois admite a licitação com base, apenas, no anteprojeto de engenharia, colocando sob a responsabilidade

---

X – a Administração definirá a proposta vencedora de acordo com critérios divulgados no início da fase competitiva, assegurada a contratação mais vantajosa como resultado;
XI– o diálogo competitivo será conduzido por comissão de contratação composta de pelo menos 3 (três) servidores efetivos ou empregados públicos pertencentes aos quadros permanentes da Administração, admitida a contratação de profissionais para assessoramento técnico da comissão;
XII – (VETADO)".

do contratado a elaboração do projeto básico.¹⁵ Trata-se do regime de contratação integrada, cabível, segundo a referida Lei, em obras e serviços de engenharia que envolvam, não cumulativamente, inovação tecnológica, possibilidade de execução com diferentes metodologias e possibilidade de execução com tecnologias de domínio restrito. O regime licitatório das empresas estatais, implementado pela Lei nº 13.303/16, espelha o RDC e segue na mesma linha, abrindo a possibilidade da contratação integrada para objetos de natureza predominantemente intelectual. A Lei nº 14.133/21 prevê a contratação integrada como um regime de contratação aplicável a obras e serviços de engenharia, ficando sob a responsabilidade do contratado *"elaborar e desenvolver os projetos básico e executivo, executar obras e serviços de engenharia, fornecer bens ou prestar serviços especiais e realizar montagem, teste, pré-operação e as demais operações necessárias e suficientes para a entrega final do objeto"*.¹⁶

Em todas as demais contratações, a premissa é a de que a Administração precisa, na etapa de planejamento, investigar as possibilidades oferecidas pelo mercado para o saneamento da necessidade administrativa e escolher como objeto da licitação ou contratação direta aquela que parecer mais adequada. A Súmula nº 177 do Tribunal de Contas da União é clara ao apontar a "definição precisa e suficiente do objeto", com todas as suas características essenciais, como pressuposto do princípio da igualdade.¹⁷ A própria Lei nº 14.133/21 não se desapegou dessa premissa ao estabelecer genericamente, como causa de nulidade do ato e responsabilização, a contratação feita "sem a caracterização adequada de seu objeto",¹⁸ cumprindo ao intérprete a construção de uma interpretação favorável a situações em que essa regra não comportar cumprimento material.

---

¹⁵ Segundo estabelece o §1º do art. 1º da Lei nº 12.462/11, são objetivos do RDC "promover a troca de experiências e tecnologias em busca da melhor relação entre custos e benefícios para o setor público" e "incentivar a inovação tecnológica".

¹⁶ Art. 6º, inc. XXXII.

¹⁷ Súmula nº 277 do TCU: "A definição precisa e suficiente do objeto licitado constitui regra indispensável da competição, até mesmo como pressuposto do postulado da igualdade entre os licitantes, do qual é subsidiário o princípio da publicidade, que envolve o conhecimento, pelos concorrentes potenciais das condições básicas da licitação, constituindo, na hipótese particular da licitação para compra, a quantidade demandada uma das especificações mínimas e essenciais à definição do objeto do pregão".

¹⁸ "Art. 150. Nenhuma contratação será feita sem a caracterização adequada de seu objeto e sem a indicação dos créditos orçamentários para pagamento das parcelas contratuais vincendas no exercício em que for realizada a contratação, sob pena de nulidade do ato e de responsabilização de quem lhe tiver dado causa".

Quando se fala na contratação de soluções inovadoras, a compreensão do objeto da contratação precisa ser outra. Ela se aproxima mais da realidade que leva à Administração Pública a lançar mão da contratação integrada, do que da realidade das contratações rotineiras. No caso das soluções inovadoras, a Administração não dispõe de todas as informações acerca do objeto e necessita da participação do mercado na definição da solução que melhor atenderá à sua demanda. Ela conhece suas necessidades, mas não sabe como provê-las. Uma solução inovadora não está disponível no mercado, não é um produto de prateleira, uma fórmula pronta ou uma atividade passível de ser, desde logo, descrita e/ou mensurada objetivamente. A solução inovadora será identificada pelo particular a partir de suas condições técnicas, com base *no problema existente* e nos resultados pretendidos. Não há, portanto, como pensar sobre o processo de contratação de uma solução inovadora a partir da premissa do prévio desenho e especificação da solução.

Nessas contratações, é exigível da Administração que detenha apenas o domínio *do problema* e defina os *resultados pretendidos* a partir dele, destinando o processo de contratação à identificação da solução cabível. O objetivo imediato é contratar alguém que detenha condições para conceber uma solução apta a satisfazer uma demanda peculiar, eliminar ou mitigar um problema de ordem pública ou, ainda, melhorar o desempenho da Administração no exercício de suas tarefas. Rigorosamente, pode-se afirmar que o que se contrata é um processo criativo em maior ou menor grau, com fundamental emprego do conhecimento e da técnica, pretendendo-se como resultado a solução inovadora. Problemas mais complexos exigirão inovações disruptivas, casos em que os níveis de incerteza decorrentes do risco tecnológico[19] imporão a remuneração do esforço independentemente do alcance dos resultados.[20]

---

[19] O art. 2º, inc. III do Decreto nº 9.283/18 define o "risco tecnológico" como a "possibilidade de insucesso no desenvolvimento de solução, decorrente de processo em que o resultado é incerto em função do conhecimento técnico-científico insuficiente à época em que se decide pela realização da ação". Barbosa e Rauen esclarecem que o risco tecnológico é aquele "derivado do desconhecimento das reais possibilidades tecnológicas e do próprio comportamento da tecnologia na aplicação de determinada solução", estando, a rigor, atrelado às encomendas tecnológicas contratadas nos termos do art. 24, inc. XXXI da Lei nº 8.666/93, conforme regulado no art. 20 da Lei nº 10.973/04 e pela seção V do Decreto nº 9.283/18. Como exemplo, os autores citam a busca por uma nova vacina ou novas abordagens tecnológicas para problemas já solucionados, como semáforos com inteligência artificial (RAUEN, André Tortato; BARBOSA, Caio Márcio Melo. *Encomendas tecnológicas no Brasil*: guia geral de boas práticas. Brasília: Ipea, 2019).

[20] Especificamente, é o caso das encomendas tecnológicas, cujo processo de contratação, em âmbito federal, segue as regras do Decreto nº 9.283/18 para culminar na dispensa de licitação do art. 24, inc. XXXI da Lei nº 8.666/93.

Sob tais distintas premissas, não cabe pensar o processo de contratação de soluções inovadoras da forma convencional. Conforme alerta Silva, nesses casos "deve ser redirecionado para a fase externa o esforço hoje feito na fase interna da licitação: mapear o mercado, avaliar as soluções disponíveis e escolher a mais adequada".[21] Consequentemente, há que se identificar um *modelo diferente* de contratação, que envolva a identificação da proposta de solução e a seleção do respectivo executor.

3.2 O mercado privado enquanto parceiro: a necessidade de incentivos

Sendo impossível descrever a solução e realizar a contratação nos moldes convencionais, a alternativa para a Administração Pública é, conforme dito, buscar as informações necessárias sobre o possível objeto junto ao mercado especializado.

Novamente, está-se diante de uma premissa distinta daquela que orienta as contratações tradicionais. Compreende-se que, se o mercado é detentor de informações fundamentais à contratação,[22] seu envolvimento *a priori* no processo, além de reduzir a assimetria informacional, pode garantir resultados.

Assim, uma questão fundamental a ser considerada é que *o mercado funciona à base de incentivos*. É equivocado afirmar, então, que a sua atuação se dará "em colaboração" com a Administração. O termo que carrega a melhor semântica é *parceria*, o qual presume forçosamente a existência de uma vantagem coerente com o esforço realizado.

Nesse contexto, será eficaz o procedimento de contratação que equacionar satisfatoriamente o binômio incentivo-esforço ou esforço-vantagem. Para construí-lo, será necessário levar em conta que (i) quanto maior o esforço, maior deve ser a vantagem oferecida ao particular; (ii) quanto maior o esforço, mais certo, transparente e seguro deve ser o caminho até a contratação e (iii) a diversidade das demandas administrativas para soluções inovadoras mais ou menos complexas, que exigem mais ou menos esforço, reclama incentivos diferentes.

---

[21] SILVA, Pedro Ivo Peixoto da. Caminhos para contratação de soluções inovadoras por empresas estatais. *Portal Jota*, 17 jul. 2019. Disponível em: https://www.jota.info/opiniao-e-analise/artigos/caminhos-para-contratacao-de-solucoes-inovadoras-por-empresas-estatais-16072019. Acesso em: 02 jun. 2021.

[22] Ver TOKARS, Fábio Leandro. Assimetria Informacional. *In*: RIBEIRO, Marcial Carla Pereira; KLEIN, Vinicius (coord.) *O que é a análise econômica do Direito* – Uma introdução. 2. ed. Belo Horizonte, Fórum, 2016.

O procedimento de manifestação de interesse – PMI, regulado pelo Decreto federal nº 8.428/15, cuja finalidade é subsidiar a Administração Pública na estruturação de desestatização de empresa e de contratos de parcerias,[23] é a experiência pátria mais recente em termos de procedimento que busca, por meio da concessão de incentivos, a participação do mercado na fase de definição do objeto a ser contratado. O detentor do projeto escolhido está autorizado a participar da licitação correspondente ou da execução do objeto, mas isso não lhe dá prerrogativas especiais no processo de seleção. O ressarcimento ao vencedor ocorrerá apenas se o projeto for utilizado e, em relação aos demais participantes do PMI, não terão direito a ressarcimento com despesas, de qualquer monta.[24] Assim, os impactos no universo dos contratos de parceria, suficientes ou não, além ou aquém das expectativas, são diretamente proporcionais a tais incentivos.

A Lei nº 14.133/21 trouxe o PMI para dentro do seu texto como um procedimento auxiliar às licitações e às contratações diretas. São os mesmos incentivos, porém sem limitação de aplicabilidade, o que o torna cabível, teoricamente, em qualquer tipo de contratação. O mesmo sistema de incentivos foi mantido e, diante das diferenças fulcrais entre projetos destinados a parcerias público-privadas e as contratações regidas pela Lei nº 14.133/21, não é possível antecipar quais serão seus resultados para a contratação de soluções inovadoras.[25]

---

[23] Art. 1º, §2º da Lei nº 13.334/16: "consideram-se contratos de parceria a concessão comum, a concessão patrocinada, a concessão administrativa, a concessão regida por legislação setorial, a permissão de serviço público, o arrendamento de bem público, a concessão de direito real e os outros negócios público-privados que, em função de seu caráter estratégico e de sua complexidade, especificidade, volume de investimentos, longo prazo, riscos ou incertezas envolvidos, adotem estrutura jurídica semelhante".

[24] "Art. 9º Não poderá participar, direta ou indiretamente, da licitação ou da execução de obra ou serviço e do fornecimento de bens a eles necessários:
I – o autor do projeto, básico ou executivo, pessoa física ou jurídica;".

[25] "Art. 81. A Administração poderá solicitar à iniciativa privada, mediante procedimento aberto de manifestação de interesse a ser iniciado com a publicação de edital de chamamento público, a propositura e a realização de estudos, investigações, levantamentos e projetos de soluções inovadoras que contribuam com questões de relevância pública, na forma de regulamento.
§1º Os estudos, as investigações, os levantamentos e os projetos vinculados à contratação e de utilidade para a licitação, realizados pela Administração ou com a sua autorização, estarão à disposição dos interessados, e o vencedor da licitação deverá ressarcir os dispêndios correspondentes, conforme especificado no edital.
§2º A realização, pela iniciativa privada, de estudos, investigações, levantamentos e projetos em decorrência do procedimento de manifestação de interesse previsto no *caput* deste artigo:
I – não atribuirá ao realizador direito de preferência no processo licitatório;
II – não obrigará o poder público a realizar licitação;

Um procedimento que tem sido apontado como eficaz é a realização do diálogo prévio com o mercado privado para a identificação da solução dentro do mesmo processo que viabiliza a contratação da correspondente execução.[26] Assim é com o "diálogo concorrencial" previsto pela Diretiva nº 2014/24/UE, da União Europeia.[27] Em linhas gerais, são definidas, primeiramente, as necessidades administrativas e os critérios de pré-seleção de fornecedores, iniciando-se, na sequência, o diálogo com os licitantes selecionados para obter informações e identificar possíveis soluções, o qual perdurará até que seja encontrada a solução adequada, para a qual as empresas licitantes serão chamadas a apresentarem suas propostas.[28] O procedimento inspirou o diálogo competitivo previsto na nova Lei nº 14.133/21, em que, a toda evidência, necessitará de tempo de maturação e compreensão quanto ao seu espectro de real cabimento.

De todo modo, *qualquer que seja o procedimento* visando à contratação de soluções inovadoras mediante diálogo prévio com o mercado

---

III – não implicará, por si só, direito a ressarcimento de valores envolvidos em sua elaboração;
IV – será remunerada somente pelo vencedor da licitação, vedada, em qualquer hipótese, a cobrança de valores do poder público".

[26] Quando a solução visada pela Administração é passível de execução direta, tem sido observada como satisfatória a realização de concurso, com fundamento no §4º do art. 22 da Lei nº 8.666/93, os quais recebem denominações como "desafio" ou "pitch".

[27] No direito Europeu há, ainda, modalidade denominada procedimento concorrencial com negociação, em que "Qualquer pessoa pode apresentar um pedido para participar num procedimento concorrencial por negociação, mas só os candidatos convidados pela entidade adjudicante podem apresentar uma primeira proposta inicial, que servirá de base às negociações" (YOUR EUROPE. *Regras aplicáveis aos contratos públicos*. 07 jul. 2022. Disponível em: https://europa.eu/youreurope/business/selling-in-eu/public-contracts/public-tendering-rules/index_pt.htm. Acesso em: 20 fev. 2020).

[28] Procedimento similar encontra-se previsto no Decreto nº 9.283/18, que regulamenta a Lei nº 10.973/04, para a contratação de encomenda tecnológica – ETEC. Segundo prevê, no seu art. 27, a contratante deverá "descrever as necessidades de modo a permitir que os interessados identifiquem a natureza do problema técnico existente e a visão global do produto, do serviço ou do processo inovador passível de obtenção, dispensadas as especificações técnicas do objeto devido à complexidade da atividade de pesquisa, desenvolvimento e inovação ou por envolver soluções inovadoras não disponíveis no mercado". Na sequência, "na fase prévia à celebração do contrato, o órgão ou a entidade da administração pública deverá consultar potenciais contratados para obter informações necessárias à definição da encomenda, observando que "a necessidade e a forma da consulta serão definidas pelo órgão ou pela entidade da administração pública", "as consultas não implicarão desembolso de recursos por parte do órgão ou da entidade da administração pública e tampouco preferência na escolha do fornecedor ou do executante" e "as consultas e as respostas dos potenciais contratados, quando feitas formalmente, deverão ser anexadas aos autos do processo de contratação, ressalvadas eventuais informações de natureza industrial, tecnológica ou comercial que devam ser mantidas sob sigilo".

privado, sua maior ou menor eficácia estará diretamente atrelada à existência de incentivos adequados e suficientes à satisfação de interesses dos particulares, guardadas as peculiaridades da situação concreta em um ambiente que fomente a participação e a produção de esforços não somente necessários, mas ideais à oferta das melhores soluções.[29]

3.3 A compreensão da inexigibilidade de licitação sem preconceitos

O art. 37, inc. XXI da Constituição Federal de 1988, legitimou a legislação ordinária a fixar as exceções ao dever de licitar, daí decorrendo que contratar por inexigibilidade de licitação é uma alternativa perfeitamente válida aos gestores.[30] Não obstante, a concepção corrente

---

[29] Conforme ensinam Gabardo e Reis, "[o] Estado social retrata uma via de mão dupla, não autoritária, garantidora da autonomia dos sujeitos, mas que impõe um modelo econômico claro. Tal imposição implica a necessidade de um trabalho conjunto, regulado, porém permeado de direitos, entre os setores público e privado. Tal equilíbrio não é fácil de ser atingido e comumente é contestado por correntes de pensamento radicais socialistas (estatistas) ou liberais (desestatizante)" (GABARDO, Emerson; REIS, Luciano Elias. Ciência, tecnologia e inovação como deveres públicos relativos ao Estado e à sociedade civil no Brasil. *Revista do Direito*, Santa Cruz do Sul, v. 2, n. 52, p. 38-59, maio/set. 2017).

[30] A propósito do tema, lembra-se que a Corte Especial do STJ que apenas a presença da culpa grave levaria à configuração da improbidade administrativa, nos seguintes termos: "Conforme pacífico entendimento jurisprudencial desta Corte Superior, improbidade é ilegalidade tipificada e qualificada pelo elemento subjetivo da conduta do agente, sendo 'indispensável para a caracterização de improbidade que a conduta do agente seja dolosa para a tipificação das condutas descritas nos artigos 9º e 11 da Lei 8.429/1992, ou, pelo menos, eivada de culpa grave nas do artigo 10'" (AIA 30/AM, Rel. Ministro Teori Albino Zavascki, Corte Especial, DJe 28.09.2011). Ferraz ressalta, ainda, os efeitos da Lei nº 13.655/16 sobre a Lei nº 8.429/92, revogando parcialmente, por meio do art. 28, o art. 10, *caput* da Lei de Improbidade Administrativa, reafirmando a citada orientação do STJ nesse sentido (FERRAZ, Sérgio. Alteração da LINDB revoga parcialmente a Lei de Improbidade Administrativa. *Consultor Jurídico*, 10 maio 2018. Disponível em: https://www.conjur.com.br/2018-mai-10/interesse-publico-alteracao-lindb-revoga-parcialmente-lei-improbidade. Acesso em: 20 jun. 2020). Ainda, acerca da configuração do crime previsto no art. 89 da Lei nº 8.666/93, a Primeira Turma do STF, no Inquérito 3.674-RJ, em que foi relator o Min. Luiz Fux, entendeu que "3. O agir administrativamente ilícito distingue-se do agir criminoso previsto no tipo penal do art. 89 da Lei 8.666/93 à luz de três critérios cunhados a partir da jurisprudência do Supremo Tribunal Federal, a saber: (i) a inexigibilidade da licitação fundada em parecer jurídico lavrado idoneamente pelo órgão competente descaracteriza o crime (Precedentes: Inq. 2482, Tribunal Pleno, Rel. p/ acórdão Min. Luiz Fux; Inq. 3731, Segunda Turma, Rel. Min. Gilmar Mendes; AP 560, Segunda Turma, Rel. Min. Dias Toffoli); (ii) o especial fim de lesar o erário ou promover enriquecimento ilícito dos acusados é de rigor para configurar a infração penal (Precedentes: Inq. 3.965, Segunda Turma, Rel. Min. Teori Zavascki; AP 700, Segunda Turma, Rel. Min. Dias Toffoli; Inq. 3.731, Segunda Turma, Rel. Min. Gilmar Mendes; dentre outros); (iii) o vínculo subjetivo entre os agentes no *concursus delinquentium* deve ser minuciosamente descrito para fins de imputabilidade (AP 595, Primeira Turma, Rel. Min. Luiz Fux)" (pub. DJE 15.09.2017).

é a de que, por ser uma exceção ao dever de licitar, a contratação sob tal fundamento deve ser evitada, diante dos riscos oferecidos. Trata-se de um equívoco claro, que leva à redução da eficácia da norma e, na prática, acarreta prejuízos ao interesse público. O ponto fundamental é compreender corretamente os contornos da inexigibilidade de licitação para, assim, realizar o adequado enquadramento e a satisfatória motivação em cada caso concreto. Isso envolve, precipuamente, entender o cerne da contratação por inexigibilidade de licitação, a *inviabilidade de competição*, prevista no *caput* do art. 25 da Lei nº 8.666/93, no *caput* do art. 30 da Lei nº 13.303/16 e, agora, no *caput* do art. 74 da Lei nº 14.133/21.

Nesse contexto, dois aspectos são relevantes: compreender o pressuposto legal da contratação direta por inexigibilidade de licitação e os parâmetros para a caracterização da inviabilidade de competição.

Conforme se extrai do ordenamento jurídico, a contratação por inexigibilidade pressupõe situações em que a realização da licitação mostra-se ineficaz ao alcance dos objetivos.[31] Isso ocorrerá, inequivocamente, nas situações explicitamente indicadas nos incisos dos artigos já referidos, que servem apenas de norte para a compreensão do conceito de inviabilidade de competição, não esgotando as possibilidades, eis que as referidas hipóteses são sabidamente exemplificativas. Em outras palavras, *o conceito de inviabilidade de competição não se vincula* necessariamente a uma das ideias especificamente desenhadas nos dispositivos legais.[32]

Aqui, valem as sempre oportunas lições de Justen Filho, no sentido de tratar-se, a inviabilidade de competição, de um gênero que comporta diferentes modalidades; de uma consequência que pode ser

---

[31] Nesse sentido, Ronny Charles Lopes de Torres ensina que "condições relacionadas ao negócio, ao mercado, ao objeto ou mesmo às pessoas envolvidas podem levar à configuração de uma inviabilidade na realização do procedimento de disputa" (TORRES, Ronny Charles Lopes de. *Leis de Licitações Públicas Comentadas*. 9. ed. Salvador: JusPodium, 2018. p. 366).

[32] Um exemplo nesse sentido que cabe ser lembrado é a realização, por inexigibilidade de licitação, do procedimento do credenciamento de empresas prestadoras de serviços. A inviabilidade de competição se traduz no descabimento de se instaurar uma competição para escolher uma proposta quando o interesse público requer justamente o contrário, o maior número possível de credenciados. A questão, há anos, não suscita maiores controvérsias, citando-se, apenas como referência, o Acórdão nº 319/2010-TCU/Plenário: "é possível à Administração realizar a contratação direta, mediante inexigibilidade de licitação, desde que haja a demonstração inequívoca de suas necessidades somente poderão ser atendidas dessa forma, cabendo a devida observância das exigências do art. 26 da Lei nº 8.666/1993, principalmente no que concerne à justificativa de preços".

produzida por diferentes causas, consistentes nas diversas hipóteses em que não existem os *pressupostos necessários à licitação*.[33] A propósito do assunto, o autor traz a hipótese de "ausência de definição objetiva da prestação a ser executada", cujo conteúdo somente se desenhará ao longo da execução, disso decorrendo a "ausência de definição prévia das prestações exatas e precisas a serem executadas ao longo do contrato". Elementos como "variáveis determinadas em função de fatos futuros", "variações subjetivas impossíveis de padronização" e "criatividade dos particulares" seriam impossíveis de serem determinados de antemão e, em uma eventual licitação, "a seleção sempre se restringiria a indícios preliminares acerca das condições do particular para executar a prestação", uma vez que a avaliação do desempenho só poderia ocorrer a partir da execução do objeto.[34]

Assim, o conceito de inviabilidade de competição está aberto para permitir a contratação direta por inexigibilidade sempre que, concretamente, a licitação mostrar-se inaplicável ao alcance dos objetivos da contratação.

Sob outro enfoque, é imperioso compreender que o conceito de inviabilidade de competição *não é incompatível* com a existência de um mercado competitivo e do efetivo interesse de diversos particulares em celebrar o contrato administrativo. A própria legislação tratou de afastar a estrita vinculação ao parâmetro da ausência absoluta de competidores ao desenhar as hipóteses dos já citados incisos II e III do art. 25 da Lei nº 8.666/93, inciso II do art. 30 da Lei nº 13.303/16 e incisos II e III da Lei nº 14.133/21, nos quais a inviabilidade de competição caracteriza-se considerando as peculiaridades do interesse público a ser atendido, em decorrência da *ineficácia da licitação* para tal finalidade. Nessas hipóteses e em outras que se assemelharem, mesmo diante de um mercado competitivo e interessado em contratar, não cabe licitar para promover a competição, uma vez que não decorrerão disso resultados úteis.

Contudo, não há nada que obste, nesses casos, o *estímulo à competição entre os interessados* por outra via, não licitatória, que conduzirá à contratação por inexigibilidade. Isso se mostraria especialmente cabível no caso da contratação de soluções inovadoras, pois concretizaria um modelo de incentivo no qual os particulares interessados, por sua conta e risco, promoveriam os melhores esforços para apresentar a solução.

---

[33] JUSTEN FILHO, Marçal. *Comentários à Lei de Licitações e Contratos Administrativos*. 14. ed. São Paulo: Dialética, 2010. p. 357.
[34] *Op. cit*, p. 359.

Não se estaria diante de um procedimento competitivo, propriamente dito, mas de um procedimento que fomentaria, de modo orgânico e natural, a oferta de boas soluções pelos interessados, propiciando a melhor escolha pela Administração.

4 A contratação de soluções inovadoras com base na legislação em vigor

Ao menos dois cenários podem ser relacionados à contratação de soluções inovadoras: (i) a existência de um problema para o qual se busca uma solução e sua consequente execução, e (ii) a existência de uma ideia para a solução de um problema, buscando o seu detalhamento, aperfeiçoamento, adaptação e execução.[35] Nesses casos, conforme tratado no item 3.2 deste trabalho, o diálogo com o mercado privado possibilitará identificar e desenhar, perfeita e satisfatoriamente, o objeto a ser contratado.

A depender da complexidade do problema e do grau de indefinição relacionado à solução, tal diálogo pode ser (i) menos ou mais intenso; (ii) exigir ou não a condução por agentes públicos altamente qualificados; e (iii) destinar-se a obter informações de diversos particulares para a construção de uma solução ou a encontrar, desde logo, uma solução integrada oferecida por um dado particular. Portanto, à diversidade de situações concretas possíveis não cabe oferecer uma única solução, padronizada, de procedimento de contratação, sendo absolutamente necessária uma flexibilidade que permita ao gestor utilizar o procedimento adequado para cada situação concreta.

Sob outro enfoque, atrelar a um único processo e a um único executor a identificação da solução e a sua consequente execução é um ponto nodal à luz de um sistema eficaz de incentivos, conforme o item 3.2. Assim, a *garantia de que o procedimento gerará uma contratação* pode ser, em certos casos, elementar para estimular o particular a produzir os esforços necessários à apresentação da melhor solução.

Nesse contexto, a inexigibilidade de licitação pode ser vislumbrada como alternativa. A identificação da solução ocorreria em um procedimento prévio auxiliar ao processo de contratação direta, cabendo aqui uma visão disruptiva e ampliada, porém autorizada pelo

---

[35] São exemplos, respectivamente, um projeto de tecnologia da informação e comunicação que solucione determinado problema de tráfego urbano e a concepção de um *marketplace* específico para as compras públicas.

caput do art. 78 da Lei nº 14.133/21, em que o PMI seria utilizado para os fins da contratação direta por inexigibilidade, ou em um procedimento inserido em sua fase preparatória, por meio do qual seria implementado o diálogo com interessados em obter o contrato administrativo. Tal procedimento se prestaria a possibilitar a identificação, entre várias possíveis alternativas, daquela que melhor atenderia à demanda existente. A conexão com a contratação direta teria o condão de potencializar sua eficácia, estimulando a participação de interessados e viabilizando a oferta de diferentes soluções.[36]

Parece certo afirmar, a partir das considerações do item 3.3, que se a Administração Pública não possui informações suficientes para descrever uma solução em um edital e com isso promover a competição entre os interessados por meio de uma licitação, a situação é de inviabilidade de competição. A identificação da solução pode, portanto, dar-se via processo de inexigibilidade, a partir do referido procedimento auxiliar.

Do mesmo modo, é correto dizer que uma solução concebida em um processo criativo em decorrência de recursos, metodologia, capacidade e conhecimentos próprios de um determinado profissional ou empresa coloca-o em posição de executor ideal e, portanto, de contratado ideal. Esse pressuposto é similar, senão idêntico, ao das hipóteses legais que consideram as características intrínsecas do executor fundamentais à execução de determinado objeto, inspirando a necessária confiança na produção dos resultados pretendidos.[37] Quem concebe uma solução inovadora, simples ou complexa, incremental ou disruptiva, desde que detentor de condições técnicas para executá-la é, sem dúvida, o mais indicado para colocá-la em prática. O argumento vale também para os casos em que o diálogo prévio visa à construção de uma solução mediante a contribuição de vários participantes. Dadas as peculiaridades do objeto, a escolha discricionária – portanto, devidamente motivada – de um deles a partir da confiança inspirada por suas qualificações e experiência profissional é igualmente extraível das hipóteses legais exemplificativas.

---

[36] Ressalta-se que o fato de o art. 72 da Lei nº14.133/21 indicar os documentos que devem compor o processo de contratação direta não configura obstáculo jurídico à implementação da solução sugerida, pois que referido artigo estabelece um mínimo admissível, não se prestando a estabelecer um desenho estanque do processo.

[37] Art. 25, inc. II da Lei nº 8.666/93 e art. 30, inc. II da Lei nº 13.303/16.

O ordenamento jurídico vigente não oferece obstáculo a essas conclusões. Ao contrário, com base nas lições de Aragão,[38] a partir do princípio da eficiência, utilizado para atribuir às normas existentes a maior eficácia possível considerando os seus objetivos, é possível afirmar, junto de Pedro Ivo Peixoto da Silva, que a inexigibilidade de licitação fundada no *caput* do art. 25 da Lei nº 8.666/93, no *caput* do art. 30 da Lei nº 13.303/16 ou no *caput* do art. 74 da Lei nº 14.133/21, conforme o caso, pode ser um caminho eficaz à contratação de soluções inovadoras.

Para tanto, considere-se:

a) A ampla aceitação do diálogo prévio com o mercado não apenas em situações em que se faça necessária maior transparência no processo, mas nas quais a Administração Pública necessite colher informações ou colaborações externas para auxiliar no deslinde da contratação, tal como ocorre com as audiências públicas[39] e o PMI;

b) A admissibilidade de procedimentos auxiliares às contratações, não necessariamente vinculados a procedimentos licitatórios, tal como a pré-qualificação de fornecedores e de bens[40] e, no caso da Lei nº 14.133/21, a própria previsão do PMI como procedimento auxiliar da contratação direta;[41]

c) A admissibilidade, por definição, de contratar de forma integrada a concepção do objeto e sua execução visando possibilitar a inovação tecnológica ou técnica, a execução com diferentes metodologias e a execução com tecnologias de domínio restrito no mercado ou, ainda, quando se tratar de objeto de natureza predominantemente intelectual;[42]

---

[38] Segundo o autor, "[u]ma interpretação/aplicação da lei que não esteja sendo capaz de atingir concreta e materialmente seus objetivos, não pode ser considerada como a interpretação mais correta". Nessa linha, regras legais devem interpretadas e aplicadas sob prisma da valorização dos seus elementos finalísticos, indagando-se, para tanto, à luz do Princípio da Eficiência, se a norma que se pretende extrair é a mais eficiente ou, ao menos, a mais razoável para a realização dos objetivos fixados pelo ordenamento jurídico. Desse modo, pondera, o Princípio da Eficiência estaria a "embeber a legalidade de uma nova lógica, determinando a insurgência de uma legalidade finalística e material – dos resultados práticos alcançados" (ARAGÃO, Alexandre Santos. O Princípio da Eficiência. *Revista de Direito Administrativo*, Rio de Janeiro, v. 237, jul./set. 2004. Disponível em: http://bibliotecadigital.fgv.br/ojs/index.php/rda/article/view/44361/44784. Acesso em: 21 jun. 2020).

[39] *Vide* disposições constantes das Leis nº 8.666/93 (Licitações e Contratos), nº 12.462/11 (RDC), nº 9.784/99 (Processo Administrativo Federal), Lei Complementar nº 101/00 (LRF) e Decreto-Lei nº 4.657/41 (LINDB), entre outros.

[40] *Vide* art. 29 da Lei nº 12.462/11 e arts. 36 e 63 da Lei nº 13.303/16.

[41] *Vide caput* do art. 72 da Lei nº 14.133/21.

[42] *Vide* art. 9º da Lei nº 12.462/11 e art. 43, inc. VI da Lei nº 13.303/16.

d) A amplitude do conceito de inviabilidade de competição, apto a receber situações concretas diversas;[43]
e) A ausência de incompatibilidade entre a inviabilidade de competição e a existência de um mercado competitivo;[44]
f) A inexistência de um rito legal obrigatório estabelecido para a contratação direta por inexigibilidade de licitação;[45]
g) A possibilidade de órgãos e entidades expedirem normas relativas aos procedimentos operacionais a serem observados na execução das licitações e contratações diretas, no âmbito de sua competência, desde que observadas as disposições legais aplicáveis.[46]

Diferentemente da criação de uma nova modalidade, o mero incremento ou a adaptação do processo de contratação direta com o fim de voltá-lo a um dado objeto de forma mais específica e assertiva, sem desbordar dos respectivos fundamentos legais, não depende de lei formal, nem encontra barreira na competência privativa da União fixada no art. 22, XXVII da Constituição Federal,[47] podendo ser consolidado por decreto ou ato normativo interno da Administração contratante.[48]

---

[43] *Vide* arts. 25, *caput* da Lei nº 8.666/93, art. 30, *caput* da Lei nº 13.303/16 e *caput* do art. 74 da Lei nº 14.133/21.

[44] *Vide* incisos II e III do art. 25 da Lei nº 8.666/93, inciso II do art. 30 da Lei nº 13.303/16 e incisos II e III do art. 74 da Lei nº 14.133/21.

[45] Os arts. 26 da Lei nº 8.666/39, 30 da Lei nº 13.303/16 e 72 da Lei nº 14.133/21 limitam-se a indicar, de forma não exaustiva, aspectos da sua instrução.

[46] *Vide* art. 115 da Lei nº 8.666/93, art. 40 da Lei nº 13.303/16 e inúmeras menções ao poder regulamentar constantes da Lei nº 14.133/21. Cabe, aqui, no tocante aos regulamentos de licitações e contratos das empresas estatais, a crítica de NIEBUHR no sentido de que, "No Brasil, sem querer generalizar, há o péssimo hábito de se produzir regulamentos que se limitam a repetir o que já está prescrito nas leis que lhe são objetos. (…) Os regulamentos devem avançar, porém não podem inovar a ordem jurídica e, muito menos, contrariar as disposições legais, sob pena de violação ao princípio da legalidade (inc. II do art. 5º e *caput* do art. 37 da Constituição Federal). Daí que, por um prisma, não devem apenas repetir a lei e, por outro, não podem contrariá-la nem inovar a ordem jurídica" (NIEBUHR, Joel de Menezes; NIEBUHR, Pedro de Menezes. *Licitações e Contratos das Estatais*. Belo Horizonte: Fórum, 2018. p. 36).

[47] De modo similar, na obra citada, Silva defende que "o chefe do Poder Executivo deve, via decreto, reconhecer a ineficiência causada pela impossibilidade de contratação de soluções inovadoras por licitação e determinar a observância de procedimento seletivo capaz de viabilizar essas contratações".

[48] Observa-se, a propósito do tema, que diversas instruções normativas editadas pelo Governo Federal buscam operacionalizar os processos de contratação no seu âmbito, incluindo procedimentos inovadores considerados necessários à obtenção de resultados ótimos. São exemplos as Instruções Normativas – IN SEGES/MP nº 5/17, IN SEGES/ME nº 1/19, IN SEDGG/ME nº40/20 e IN SGD/ME nº 1/19.

5 Conclusões

A contratação de soluções inovadoras para o atendimento de demandas da Administração pública precisa se tornar uma realidade. Alternativas podem ser implementadas por meio de mudanças legislativas e políticas públicas específicas com base em experiências estrangeiras, a exemplo do diálogo competitivo previsto no PL nº 1292/95. Contudo, não há garantias de eficácia em toda e qualquer situação de contratação de solução inovadora e, em especial, diante das diversas realidades da Administração Pública Brasileira. Tal modalidade pode, a depender do caso, representar um procedimento dificultoso, oneroso e, no final das contas, inviável.

De outra parte, a inclusão do princípio da Eficiência no art. 37 da Constituição Federal de 1988, por meio da Emenda Constitucional nº 19/98, passou a impor um novo paradigma de interpretação, imediatamente incidente sobre as leis de licitação. Assim é que, extirpados os preconceitos e compreendida a sua essência, a contratação direta por inexigibilidade de licitação pode ser vista como um caminho à contratação de soluções inovadoras. Incluída na ordem jurídica como uma possibilidade a ser amplamente considerada diante de casos concretos, cabe extrair dos dispositivos que a regulam a maior eficácia possível, ao invés de promover uma interpretação restritiva, exaustiva e limitadora da atuação administrativa.

Em suma, a identificação do caminho para a contratação de soluções inovadoras não requer, rigorosamente, mudanças legislativas, mas um refrescar de ideias em relação ao ordenamento jurídico vigente.

Referências

ARAGÃO, Alexandre Santos. O Princípio da Eficiência. *Revista de Direito Administrativo*, Rio de Janeiro, v. 237, jul./set. 2004. Disponível em: http://bibliotecadigital.fgv.br/ojs/index.php/rda/article/view/44361/44784. Acesso em: 21 jun. 2020.

BARCELOS, Dawison; TORRES, Ronny Charles Lopes de. *Licitações e Contratos nas Empresas Estatais* – Regime licitatório e contratual da Lei 13.303/2016. Salvador: Juspodium, 2018.

CAMARÃO, Tatiana; LINHARES, Camila. Os impactos da pandemia do covid-19 nas contratações públicas: a hora e a vez da mediação. *Fórum de Contratação e Gestão Pública – FCGP*, Belo Horizonte, ano 19, n. 221, p. 75-83, maio 2020.

CAMARGO, Ingridy Taques. A anatomia da inexigibilidade na licitação. *Revista Âmbito Jurídico*, 1º set. 2011. Disponível em: https://ambitojuridico.com.br/cadernos/direito-administrativo/a-anatomia-da-inexigibilidade-na-licitacao/. Acesso em: 02 jun. 2021.

CAMARGOS, Natália Morato; MORE, Marina Figueiredo. Compras para a Inovação no Ministério da Saúde – no Discurso, Sim; na Licitação, Não. *Revista de Contabilidade, Gestão e Governança*, Brasília, v. 18, n. 3, p. 126-141, set./dez. 2015.

DOTTI, Marinês Restelatto. Diálogo para a iniciativa privada para o perfeito delineamento do objeto. *Revista Ordem Jurídica*. Disponível em: https://www.ordemjuridica.com.br/opiniao/dialogo-com-a-iniciativa-privada. Acesso em: 02 jun. 2021.

FERNANDES, Diego Gonçalvez; FULLER, Ariane. Estamos preparados para o diálogo competitivo? *Inteligência Jurídica*. Disponível em: https://www.machadomeyer.com.br/pt/inteligencia-juridica/publicacoes-ij/contencioso-arbitragem-e-solucao-de-disputas-ij/estamos-preparados-para-o-dialogo-competitivo. Acesso em: 02 jun. 2021.

FERRAZ, Sérgio. Alteração da LINDB revoga parcialmente a Lei de Improbidade Administrativa. *Consultor Jurídico*, 10 maio 2018. Disponível em: https://www.conjur.com.br/2018-mai-10/interesse-publico-alteracao-lindb-revoga-parcialmente-lei-improbidade. Acesso em: 20 jun. 2020.

GABARDO, Emerson; REIS, Luciano Elias. Ciência, tecnologia e inovação como deveres públicos relativos ao Estado e à sociedade civil no Brasil. *Revista do Direito*, Santa Cruz do Sul, v. 2, n. 52, p. 38-59, maio/set. 2017.

JUSTEN FILHO, Marçal. *Comentários à Lei de Licitações e Contratos Administrativos*. 14. ed. São Paulo: Dialética, 2010. p. 357.

JUSTEN FILHO, Marçal. *Curso de Direito Administrativo*. Saraiva: São Paulo, 2005.

LEIFER, Richard. A implementação de inovação radical em empresas maduras. *Revista de Administração de Empresas – ERA*, v. 42, n. 2, abr./jun. 2002. Disponível em: http://www.scielo.br/pdf/rae/v42n2/v42n2a16.pdf. Acesso em: 26 maio 2021.

LIMA, Edcarlos Alves de. Lei 14.133/21: o diálogo competitivo e os desafios práticos de sua operacionalização. Portal Migalhas, 23 abr. 2021. Disponível em: https://www.migalhas.com.br/depeso/344285/lei-14-133-21-dialogo-competitivo-e-desafios-de-sua-operacionalizacao. Acesso em 2 jun. 2021.

MOREIRA, Marina Figueiredo; VARGAS, Eduardo Raupp de. Compras para a inovação: casos de inovações induzidas por clientes públicos. *Ram, rev. Adm. Mackenzie*, São Paulo, SP, v. 13, n. 5, set./out. 2012.

MELLO, Celso Antônio Bandeira de. *Curso de Direito Administrativo*. 20. ed. São Paulo: Malheiros, 2006.

NIEBUHR, Joel de Menezes. *Licitação Pública e Contrato Administrativo*. 2. ed. Belo Horizonte: Fórum, 2011.

NIEBUHR, Joel de Menezes; NIEBUHR, Pedro de Menezes. *Licitações e Contratos das Estatais*. Belo Horizonte: Fórum, 2018. p. 36.

OLIVEIRA, Rafael Sérgio Lima de. O diálogo competitivo brasileiro. *Fórum de Contratação e Gestão Pública – FCGP*, Belo Horizonte, ano 20, n. 232, p. 67-106, abr. 2021.

OECD/ FINEP. *Manual de Oslo*: diretrizes para coleta e interpretação de dados sobre inovação. 3. ed. OCDE/FINEP, 1997. Disponível em: https://www.finep.gov.br/images/apoio-e-financiamento/manualoslo.pdf. Acesso em: 24 maio 2021.

PLONSKI, Guilherme Ary. Inovação em transformação. *Estudos avançados*, São Paulo, v. 31, n. 90, maio/ago. 2017. Disponível em: http://www.scielo.br/pdf/ea/v31n90/0103-4014-ea-31-90-0007.pdf. Acesso em: 06 set. 2022.

RAUEN, André Tortato (org.). *Políticas de inovação pelo lado da demanda no Brasil*. Brasília: Ipea, 2017.

RAUEN, André Tortato; BARBOSA, Caio Márcio Melo. *Encomendas tecnológicas no Brasil*: guia geral de boas práticas. Brasília: Ipea, 2019.

RIBEIRO, Marcial Carla Pereira; KLEIN, Vinicius (coord.) *O que é a análise econômica do Direito* – Uma introdução. 2. ed. Belo Horizonte: Fórum, 2016.

RODRIGUES, Fernanda; ZAGO, Maria. O que o diálogo competitivo agrega às contratações públicas? *Consultor Jurídico*, 11 nov. 2019. Disponível em: https://www.conjur.com.br/2019-nov-11/opiniao-dialogo-competitivo-agrega-contratacoes-publicas. Acesso em: 07 maio 2021.

SARTORI, Simone. Características da Inovação: Uma Revisão de Literatura. *INGEPRO – Inovação, Gestão e Produção*, v. 3, n. 9, set. 2011. Disponível em: http://ingepro.com.br/Publ_2011/Set/481%20pg%2052%20-%2064.pdf. Acesso em: 08 maio 2021.

SCHUMPETER, Joseph A. *Teoria do Desenvolvimento Econômico*: uma investigação sobre lucros, capital, crédito, juro e o ciclo econômico. Trad. Maria Sílvia Possas. São Paulo: Abril Cultural, 1982. p. 48-49.

SILVA, Pedro Ivo Peixoto da. Caminhos para contratação de soluções inovadoras por empresas estatais. *Portal Jota*, 17 jul. 2019. Disponível em: https://www.jota.info/opiniao-e-analise/artigos/caminhos-para-contratacao-de-solucoes-inovadoras-por-empresas-estatais-16072019. Acesso em: 02 jun. 2021.

SILVA, Cylon Gonçalves da; MELO, Lúcia Carvalho Pinto de. *Ciência, tecnologia e inovação*: desafio para a sociedade brasileira – Livro verde. Brasília: Ministério da Ciência e Tecnologia/Academia Brasileira de Ciências. 2001

SILVA, José Carlos Teixeira da. Tecnologia: conceitos e dimensões. *XXII Encontro Nacional de Engenharia de Produção*, Curitiba – PR, 23 a 25 de outubro de 2002. Disponível em: http://abepro.org.br/biblioteca/ENEGEP2002_TR80_0357.pdf. Acesso em: 13 jul. 2020.

SILVA, Pedro Ivo Peixoto da. Contratação de soluções inovadoras pela Administração Pública: desafios e caminhos. *Portal BNDES – Banco Nacional do Desenvolvimento*, 03 set. 2019. Disponível em: https://web.bndes.gov.br/bib/jspui/handle/1408/18641. Acesso em: 25 maio 2020.

SQUEFF, Flávia de Holanda Schmidt. *O poder de compras governamental como instrumento de desenvolvimento tecnológico*: análise do caso brasileiro. Texto para discussão 1922. Brasília: Ipea, 2014. Disponível em: http://repositorio.ipea.gov.br/bitstream/11058/2421/1/TD_1922.pdf. Acesso em: 06 set. 2022.

TOKARS, Fábio Leandro. Assimetria Informacional. *In*: RIBEIRO, Marcial Carla Pereira; KLEIN, Vinicius (coord.) *O que é a análise econômica do Direito* – Uma introdução. 2. ed. Belo Horizonte, Fórum, 2016.

TORRES, Ronny Charles Lopes de. *Leis de Licitações Públicas Comentadas*. 9. ed. Salvador: JusPodium, 2018. p. 366.

YOUR EUROPE. *Regras aplicáveis aos contratos públicos*. 07 jul. 2022. Disponível em: https://europa.eu/youreurope/business/selling-in-eu/public-contracts/public-tendering-rules/index_pt.htm. Acesso em: 20 fev. 2020.

Informação bibliográfica deste texto, conforme a NBR 6023:2018 da Associação Brasileira de Normas Técnicas (ABNT):

PÉRCIO, Gabriela Verona. Contratação de soluções inovadoras para atendimento de demandas administrativas: caminhos à luz do ordenamento jurídico vigente. *In*: PÉRCIO, Gabriela Verona; FORTINI, Cristiana (Coord.). *Inteligência e inovação em contratação pública*. 2. ed. Belo Horizonte: Fórum, 2023. p. 17-40. ISBN 978-65-5518-474-7.

DISPUTE BOARD NOS CONTRATOS ADMINISTRATIVOS

ÉRICA MIRANDA DOS SANTOS REQUI

1 A utilização de mecanismos privados para solução de conflitos pela administração pública

A utilização de mecanismos privados para solução de conflitos – como a mediação e a arbitragem – já há alguns anos faz parte da racionalidade dos contratos celebrados pela Administração Pública. Pode-se dizer que essa, inicialmente, foi compelida pelo mercado a inserir esses mecanismos em seus editais e contratos, em especial nos casos de concessões e parcerias público-privadas, sob pena de não atrair financiadores multilaterais nem investidores privados para a formação desses contratos.

Hoje, porém, é possível identificar um movimento diferente. A Lei nº 13.129, de 26 de maio de 2015, alterou a Lei de Arbitragem (Lei nº 9.307, de 23 de setembro de 1996) para suplantar qualquer dúvida a respeito da legalidade da adoção da arbitragem nos contratos firmados pela Administração Pública direta ou indireta.[1]

A ampliação do uso da mediação culminou na edição da Lei nº 13.140, de 26 de junho de 2015, consolidando a autocomposição dos conflitos no âmbito da Administração Pública. E, mais recentemente,

---

[1] Muito embora antes da alteração da Lei de Arbitragem o Poder Judiciário já tivesse se manifestado favoravelmente à adoção da arbitragem pela Administração Pública (como no Caso Lage, pelo Supremo Tribunal Federal no julgamento do Agravo de Instrumento nº 52.181, e pelo Superior Tribunal de Justiça, no Recurso Especial nº 904.813/PR), ainda havia resistência em diversas decisões proferidas pelo Tribunal de Contas da União (Decisão nº 286/1993 e Acórdão nº 2.573/2012, por exemplo).

é o que está ocorrendo com o surgimento de normas sobre a utilização de *dispute boards* (ou comitês de resolução de disputa) nos contratos administrativos. Inclusive, a Nova Lei de Licitações (NLL), a Lei nº 14.133, de 1º de abril de 2021, previu expressamente a utilização "dos meios alternativos de resolução de controvérsias", assim considerados a conciliação, a mediação, o comitê de resolução de disputas e a arbitragem.

Observa-se, portanto, que os contratos públicos, para além de preverem métodos privados para dirimir as controvérsias contratuais, fomentaram a introdução do *dispute board* no sistema normativo brasileiro, ponto que se pretende avaliar no presente artigo.

Isso leva a crer que a Administração Pública tem reconhecido que esses são, de fato, instrumentos adequados para a solução de controvérsias, como alternativa ao Poder Judiciário. E há mais de uma razão para a incorporação de mecanismos privados de solução de conflitos nos contratos administrativos – como alternativas à judicialização, mas certamente três são as principais: a celeridade do processo, a tecnicidade da decisão e a solução de continuidade para o contrato.

1.1 A celeridade do processo

A demora na conclusão de um processo judicial, até que se obtenha uma decisão transitada em julgado, coloca as partes contratuais e a sociedade interessada na consecução do objeto contratual em situação de insegurança jurídica e econômica.

Diferentemente do que ocorre no processo arbitral – em que as partes irão prefixar no termo de abertura os atos e prazos, sendo possível definir com clareza o tempo de duração do processo e, portanto, prever da data de início e de conclusão do processo – no processo judicial sabe-se o momento em que o processo se inicia, mas não se sabe ao certo quando ele irá se encerrar.

1.2 A tecnicidade da decisão

Os contratos administrativos apenas por terem como parte a Administração Pública já atraem uma série de normas e procedimentos específicos, como as normas sobre licitações (e suas diversas modalidades e especificidades), concessões, parcerias público-privadas, improbidade administrativa e regulação setorial, por exemplo. Em se tratando de contratos, a depender do conflito, a celeuma dependerá de conhecimentos da área da engenharia, economia, análises de custos ou de tecnologias, por exemplo.

A cada dia que passa o direito passa a ser mais compartimentalizado. A figura do advogado generalista está em extinção (se já não foi extinta). A dinâmica do mercado não admite mais o profissional que atende – sozinho – o cliente de A a Z. Tal e qual o médico não é mais clínico geral, os advogados e escritórios foram obrigados a especializar-se.

De início, especializaram-se por matérias: direito administrativo, direito empresarial, direito penal. Isso também não foi suficiente. Os profissionais que antes eram especializados em direito administrativo, por exemplo, passam a se especializar em áreas ainda mais específicas e setorizadas: servidores públicos, improbidade administrativa, *compliance*, infraestrutura, setor elétrico, setor de óleo e gás, setor portuário etc.

Esse movimento não ocorreu (ou está ocorrendo de forma menos ágil) com o Poder Judiciário. Por mais que existam varas especializadas, ainda há pouca especialização entre os magistrados. Além disso, muitas vezes as soluções para as controvérsias contratuais não são jurídicas, mas demandam outra *expertise* do julgador. E isso coloca em risco a tecnicidade das decisões e torna moroso o processo decisório.

Nos mecanismos privados de solução de conflitos as partes podem contar com profissionais com formação e experiência na área específica do tema objeto da controvérsia, garantindo maior tecnicidade no conteúdo da decisão e, por via oblíqua, tornando mais célere a resolução da disputa.

1.3 A solução de continuidade para o contrato

Segundo dados do Acórdão nº 1.079/2019 – TCU – Plenário, foi realizada auditoria operacional que analisou mais de 38 (trinta e oito) mil contratos de obras públicas, financiadas com recursos federais. Desses, mais de 14 (catorze) mil encontravam-se paralisados. Isso quer dizer que "mais de um terço das obras que deveriam estar em andamento pelo país, cerca de 37%, não tiveram avanço ou apresentaram baixíssima execução nos últimos três meses analisados em cada caso. Juntas elas alcançam um investimento previsto de R$144 bilhões, dos quais R$10 bilhões já foram aplicados".[2]

---

[2] BRASIL. Tribunal de Contas da União. *TC nº 011.196/2018-1. Acórdão nº 1.079/2019 – Plenário*. Rel. Min. Vital do Rêgo. Julgado em: 15 maio 2019.

Especificamente no caso do Programa de Aceleração do Crescimento (PAC) – aquelas consideradas mais relevantes para o país, o relatório demonstra que "cerca de 21% delas encontram-se paralisadas. Isso significa que, dos R$663 bilhões inicialmente previstos para serem investidos no PAC, R$127 bilhões estão atrelados a obras paralisadas. Das 2.914 obras paralisadas do PAC, Apenas seis delas tiveram indicação de paralisação pelo TCU".[3]

Entre as consequências apontadas pela auditoria – além do desperdício de recursos financeiros – estão os prejuízos ao crescimento do país e a falta de prestação dos serviços à população. No que toca aos recursos destinados às creches do Programa Proinfância, a auditoria destaca que 75 mil vagas deixaram de ser criadas e ofertadas, em razão da paralisação das obras.

No que tange aos motivos para a paralisação das obras, o relatório da auditoria apresenta o gráfico abaixo:

GRÁFICO 1: Motivos da paralisação das obras

Motivos da paralisação

- Técnico — 47%
- Abandono pela empresa — 23%
- Outros — 12%
- Orçamentário/Financeiro — 10%
- Órgãos de Controle — 3%
- Judicial — 3%
- Titularidade/Desapropriação — 1%
- Ambiental — 1%

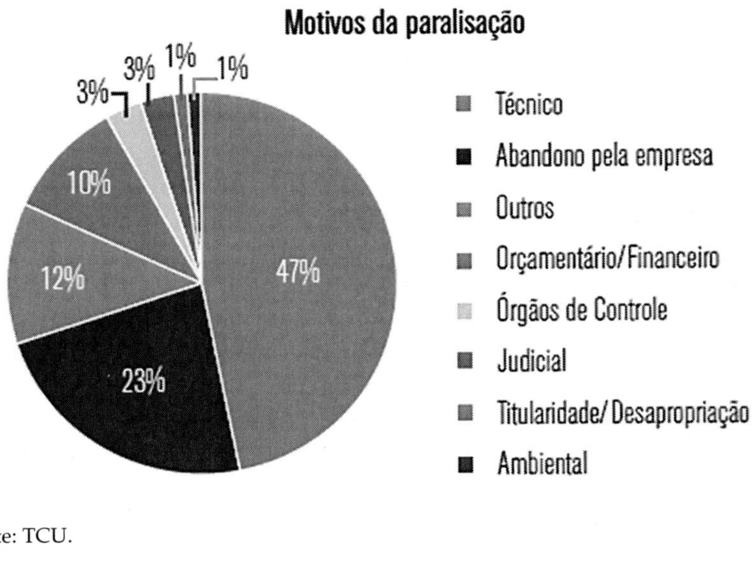

Fonte: TCU.

---

[3] *Ibidem.*

Observe-se que 47% das obras estão paralisadas por razões de ordem técnica. Assim, é singular para os contratos administrativos prever mecanismos que obstem a paralisação do contrato ou, quando menos, façam-na pelo menor tempo possível. E, nesse ponto, um importante instrumento à disposição da Administração Pública para evitar a paralisação dos contratos é o *dispute board*.[4] Esse é um instituto contratual cujo objetivo é solucionar controvérsias de forma técnica sem a paralisação do contrato, ainda que a decisão do comitê possa ser questionada ou revista por tribunal arbitral ou judicialmente.

2 *Dispute boards* ou comitês de resolução de disputas

Os *dispute boards* (DB) ou comitês de resolução de disputas (CRD) surgiram na década de 1970, nos Estados Unidos, com o objetivo de discutir de forma mais célere e menos custosa as demandas surgidas nos contratos de grandes projetos de infraestrutura.

Cyril Chern e Michael Kamprath citam a *Boundary Dam*, em Washington, na década de 1960, como o embrião do *dispute review board*, projeto no qual houve a formação de uma "junta para solucionar divergências técnicas, [e as] partes contratantes solicitaram que esta junta permanecesse em operação ao longo da vigência do contrato com vistas a tomar decisões a respeito de todos os demais problemas e disputas existentes na obra".[5]

No entanto, o caso mais emblemático que marca o surgimento de um *dispute board* foi a obra do túnel de *Eisenhower*, no Colorado, no ano de 1975, quando se confirmou a eficácia da instituição do *dispute board* para acompanhar a execução do projeto de construção.[6] A partir

---

[4] A Lei nº 13.655, de 25 de abril de 2015, trouxe uma série de condicionantes às decisões administrativa, controladora e judicial, tal como a impossibilidade de se decidir com base em valores jurídicos abstratos sem que sejam consideradas as consequências práticas da decisão, o que poderia obstar – ou ao menos diminuir – a suspensão de contratos e a paralisação de obras. Todavia, ainda existem inúmeros contratos paralisados enquanto se aguarda uma solução técnica ou a decisão do órgão de controle ou judicial da demanda. E a demora no processo decisório pode, por vezes, tornar inócua ou impossível a retomada do contrato, pelos mais diversos motivos – porque os materiais foram expostos ao decurso do tempo e deixaram de ser úteis, foram roubados, vandalizados, tornaram-se obsoletos ou outros prejuízos ocasionados pela paralisação contratual.

[5] TRINDADE, B. R et al. Conhecimento e aplicabilidade do comitê de resolução de disputas – CRD em obras de médio e grande porte. In: TRINDADE, Bernardo Ramos. (org). *Comitê de Resolução de Disputas – CRD nos contratos de construção e infraestrutura*: uma abordagem prática sobre a aplicação de dispute boards no Brasil. São Paulo: Pini, 2016. p 35.

[6] Dados da *Dispute Resolution Board Foundation* apontam que 99% dos conflitos que usam

dos anos 90, passou a ser obrigatória a adoção de *dispute boards* regidos pelas normas publicadas pela *Fedération des Ingénieurs-Conseils – FIDIC* nos contratos de construção financiados pelo Banco Mundial, o que propagou a utilização do instituto.[7]

Em brevíssima síntese, os *dispute boards* são instrumentos contratuais para prevenção e solução consensual de conflitos e constituem-se num corpo de profissionais independentes e com conhecimento técnico sobre o objeto contratual, com o objetivo de resolver de maneira célere e técnica os litígios que porventura ocorram no decorrer da execução do contrato,[8] de forma a evitar a paralisação da execução.

Podem funcionar de forma *ad hoc* – sendo formado quando da ocorrência de um conflito até o exaurimento dos procedimentos para a sua resolução – ou permanente, desde o início do contrato, acompanhando a sua execução, até a extinção da avença, independentemente da existência de conflitos.

Além disso, podem ser classificados quanto à força vinculante de suas decisões, as quais podem ser vinculantes ou não vinculantes ou, ainda, apresentar ambos os efeitos. São os chamados *dispute review board* (comitê por revisão), *dispute adjudication board* (comitê por adjudicação) e *combined dispute board* (comitê híbrido).

No *dispute review board*, as decisões conformam opiniões ou orientações e têm caráter de mera recomendação, podendo ser espontaneamente cumpridas pelas partes. Se uma das partes não concordar com a decisão, pode objetá-la, apresentando suas razões de discordância, impedindo a produção de efeitos. No silêncio das partes, decorrido prazo previamente estabelecido, assumem efeito vinculante e obrigatório.

No *dispute adjudication board,* a decisão é desde o início vinculante para ambas as partes, sem prejuízo ao direito de impugnação. No

---

dispute boards são resolvidos em menos de 90 dias e que 98% das disputas encerram-se com os *dispute boards* (ARMES, Murray. Dispute avoidance and dispute boards. *FGV – Câmara Projetos*, Rio de Janeiro, apresentado em 17 jun. 2016. Disponível em: http://mediacao.fgv.br/wp-content/uploads/2016/06/Dispute-Avoidance-and-Dispute-Boards.pdf. Acesso em: 12 jun. 2020).

[7] CHERN, Cyril. *Cher non dispute boards*: pratice and procedure. 3. ed. Londres: Ed. Informa Law, 2015. p. 12.

[8] Inclusive, são esses os parâmetros constantes da justificativa do Projeto de Lei nº 9883/2018, da Câmara dos Deputados, que dispõe sobre o uso dos Comitês de Resolução de Disputas (*Dispute Boards*) em contratos administrativos e que será avaliado adiante. Atualmente está aguardando Parecer do Relator na Comissão de Trabalho, de Administração e Serviço Público (CTASP). Está disponível em: https://www.camara.leg.br/proposicoesWeb/fichad etramitacao?idProposicao=2170449. Acesso em: 12 jun. 2020).

entanto, a decisão produz efeitos até que a controvérsia seja solucionada, obstando a paralisação do contrato.

No *combined dispute board*, para que a decisão seja vinculante, uma das partes deve requerer o caráter vinculante e a outra deve anuir ou silenciar, ou, ainda, o contrato/regulamento poderá prever os casos em que a decisão será vinculante.

2.1 Uso e normatização no Brasil

No Brasil, vários contratos já previram o *dispute board*, apesar de a escassez de normas legais no ordenamento jurídico brasileiro. Inicialmente, a previsão do instituto se deu em função da celebração de contratos com recursos de instituições internacionais como o Banco Mundial, cujas normas internas assim determinavam.[9] Mas paulatinamente, o ordenamento jurídico brasileiro está incorporando a regulamentação do uso dos comitês de resolução de disputa e o vetor tem sido os contratos firmados pela Administração Pública.

Um exemplo bastante conhecido no país sobre esse mecanismo é o caso da Linha-4 (amarela) do Metrô de São Paulo.[10] Nesse caso, houve a instalação do comitê de resolução de disputas e houve judicialização da decisão proferida. O Metrô ajuizou ação declaratória de inexigibilidade de obrigação e de revisão da decisão proferida pelo conselho de resolução de disputas (CRD), que reconheceu a sua obrigação de pagamento pela prestação de serviços, executados Consórcio TC-Linha

---

[9] Anote-se que o art. 42, §5º, da Lei nº 8.666/93 dispõe que "Para a realização de obras, prestação de serviços ou aquisição de bens com recursos provenientes de financiamento ou doação oriundos de agência oficial de cooperação estrangeira ou organismo financeiro multilateral de que o Brasil seja parte, poderão ser admitidas, na respectiva licitação, as condições decorrentes de acordos, protocolos, convenções ou tratados internacionais aprovados pelo Congresso Nacional, bem como as normas e procedimentos daquelas entidades, inclusive quanto ao critério de seleção da proposta mais vantajosa para a administração, o qual poderá contemplar, além do preço, outros fatores de avaliação, desde que por elas exigidos para a obtenção do financiamento ou da doação, e que também não conflitem com o princípio do julgamento objetivo e sejam objeto de despacho motivado do órgão executor do contrato, despacho esse ratificado pela autoridade imediatamente superior".

[10] É salutar destacar que o desembargador reconhece que nos contratos em que há a atuação do *dispute board* "a interferência judicial deve dar-se com moderação e em casos que fujam à normalidade, para que a resolução amigável não ser torne uma fase sem sentido ou eficácia ou que a vinda a juízo não represente mais que inconformismo com uma decisão fundamentada e, ao seu modo, correta" (TJSP. *Agravo de Instrumento 2096127-39.2018.8.26.0000*. rel. Des. Torres de Carvalho, 10ª Câmara de Direito Público, j. 30.07.2018, Data de Registro: 02.08.2018).

04 Amarela – TIISA Infraestrutura e Investimentos S/A e COMSA-S/A, de retirada e disposição de solo contaminado proveniente do CVA Vila Sônia.
Houve a concessão de liminar para suspender os efeitos da decisão do comitê. No entanto, em sede de Agravo de Instrumento, o Tribunal de Justiça do Estado de São Paulo revogou a tutela de urgência, em síntese, que o requisito "probabilidade do direito" esvaiu-se quando se verificou que a decisão do comitê tratou minuciosamente dos pontos técnicos que justificam alteração contratual suscitada na hipótese e, ainda, que o perigo de dano ou risco ao resultado útil do processo é mitigado pela existência de seguro-garantia que assegura o pagamento de indenização em quantia superior à discutida nos autos em caso de prejuízos decorrentes de eventual inadimplemento das obrigações da Concessionária.[11]

Apesar de uma maior visibilidade em contratos de construção, podemos observar cada vez mais a sua incidência em contratos de outras naturezas, como acordos de acionistas, recuperação judicial e contratos internacionais. No Brasil, a previsão desses comitês já é prática nos contratos de parceria, como o citado contrato do Metrô.[12] Inclusive,

---

[11] ADMINISTRATIVO. Capital. Contrato administrativo nº 4107521301. Linha 4 – Amarela do Metrô. Execução da obra civil, obra bruta e acabamentos para conclusão da fase 2. VCA Vila Sônia. Serviços de retirada e disposição de solo contaminado. Decisão do Conselho de Resolução de Disputas (CRD). Revisão. 1. CRD. Decisão. O item 20.2 do Edital prevê o envio dos litígios a um Conselho de Resolução de Disputas, composto por três membros qualificados e admitidos por ambas as partes. A cláusula 7.2.8.3 do Termo de Acordo do Conselho de Resolução de Disputas assegura que "a decisão do Conselho somente deixará de ser exigível pelas Partes quando for notificada ou revisada, integral ou parcialmente, por meio de um acordo ou de um laudo arbitral ou sentença judicial". As decisões proferidas pelo CRD do Metrô podem ser submetidas à apreciação do Poder Judiciário, tanto com fundamento no art. 5º, XXXV da CF quanto com base no Edital e Termo de Acordo que permeiam o contrato administrativo nº 4107521301; a concessão da tutela de urgência, por sua vez, é admitida desde que presentes os requisitos exigidos na lei (CPC, art. 300, 'caput'), sem que isso represente desprestígio ao relevante instituto do 'dispute board'. 2. Tutela de urgência. A decisão do CRD trata minuciosamente da (i) falha e demora na comunicação do Metrô sobre a contaminação do solo; (ii) suposta mistura do solo contaminado com solo limpo; e (iii) opção pelo sistema de coprocessamento em detrimento da dessorção térmica. A probabilidade do direito resta abalada pela embasada decisão do CRD; e o perigo de dano ou risco ao resultado útil do processo é mitigado pela existência de seguro garantia que assegura o pagamento de indenização em quantia superior à discutida nos autos em caso de prejuízos decorrentes de eventual inadimplemento das obrigações assumidas pelo agravante. Ausentes os requisitos autorizadores da concessão da tutela de urgência (CPC, art. 300, 'caput'), a revogação é medida de rigor. Tutela de urgência deferida. Agravo provido. – *Ibidem*.

[12] Nos termos da Lei nº 13.334/2016, consideram-se contratos de parceria a concessão comum, a concessão patrocinada, a concessão administrativa, a concessão regida por legislação setorial, a permissão de serviço público, o arrendamento de bem público, a concessão

o PL nº 7063/17, que propõe a Lei Geral de Concessões (LGC), indica expressamente no art. 173 o comitê de resolução de disputas como um dos meios alternativos de prevenção e solução de controvérsias que pode ser previsto no contrato.[13] Trata-se de importante avanço, uma vez que, apesar de sua adoção já ser bastante difundida em contratos dessa natureza, ainda não há norma geral que preveja especificamente o instituto.[14]

Ademais, verifica-se a ampliação do uso dos comitês de resolução de disputas para os demais contratos celebrados pela Administração Pública.

De forma pioneira, o município de São Paulo, por meio da Lei nº 16.873, de 22 de fevereiro de 2018, reconheceu e regulamentou a instalação de comitês de prevenção e solução de disputas *em contratos administrativos continuados* celebrados pela Prefeitura de São Paulo. Tais comitês tanto podem se reportar às regras de alguma instituição especializada (como câmaras de mediação e arbitragem) como podem ter suas regras regulamentadas pelo contrato, em anexo próprio.[15]

O município de Belo Horizonte seguiu a mesma trilha no ano de 2020 e, por meio da Lei nº 11.241, de 19 de junho, regulamentou a utilização de Comitê de Prevenção e Solução de Disputas para prevenir e para solucionar conflito relativo a direito patrimonial presente em contrato administrativo de execução continuada.

---

de direito real e os outros negócios público-privados que, em função de seu caráter estratégico e de sua complexidade, especificidade, volume de investimentos, longo prazo, riscos ou incertezas envolvidos, adotem estrutura jurídica semelhante. (art. 1º, §2º)

[13] Art. 173. Nas contratações regidas por esta Lei, poderão ser utilizados meios alternativos de prevenção e resolução de controvérsias, tais como a conciliação, a mediação, o comitê de resolução de disputas e a arbitragem.
§1º Os contratos poderão ser aditados para permitirem a adoção dos meios alternativos de prevenção e resolução de controvérsias.
§2º Aplica-se o disposto no §1º inclusive na hipótese de já ter sido proposta ação judicial por qualquer das partes.

[14] É salutar destacar que a previsão de métodos alternativos como o *dispute board* e a mediação já vem sendo exigida por parte das Cortes de Contas. Cite-se, como exemplo julgado do Tribunal de Contas do Estado de Santa Catarina, que recomendou a inserção na minuta contratual de "regramento quanto ao modo amigável de solução das divergências contratuais, em atenção ao inc. XV do art. 23 da Lei (federal) nº 8.987/95" (TCE/SC. @19/00966678. DLC nº 848/2019).

[15] Na esfera municipal, para além do município de São Paulo (que foi pioneiro ao regulamentar o tema com a Lei nº 16.873/2018), os municípios catarinenses de Ilhota (Lei nº 1917/2018), Itapema (Lei nº 3775/2018), Penha (Lei nº 3023/2018), Porto Belo (Lei nº 2634/2018) e Itajaí (Lei nº 7107/2019) disciplinam o uso dos comitês, mas para os contratos de concessão e parcerias público-privadas.

Nesse mesmo sentido, há projetos de lei em andamento no âmbito federal, que buscam regulamentar os *dispute boards* nos contratos continuados celebrados pela Administração Pública.

O PLS nº 206/2018, do Senado Federal, regulamenta a instalação de comitês de prevenção e solução de disputas em contratos administrativos continuados celebrados pela União. Já o PL nº 9883/2018, da Câmara dos Deputados, dispõe sobre o uso dos comitês de resolução de disputas em contratos administrativos, sendo obrigatório para contratos com valor superior a R$50 milhões (cinquenta milhões de reais) e facultativo nos demais casos.

Em suma, as proposições dos projetos de lei citados justificam-se sob o argumento de que esse é um instrumento "*de rápida superação de conflitos afetos à execução de contratos, prevenindo disputas judiciais demoradas e desnecessárias e, assim, promovendo a redução de custos e a observância do cronograma e das demais cláusulas contratuais*".[16] E, também, reconhecem os ganhos de segurança jurídica e eficiência com a adoção dos *dispute boards*, "inclusive com o efeito benéfico de evitar a judicialização de contratos administrativos, fato duplamente indesejável (por afogar o Judiciário em demandas e por comprometer a continuidade do serviço público)".[17]

Esse entendimento também reverberou na Nova Lei de Licitações, que previu no Capítulo XII a utilização dos métodos privados, os quais nominou "meios alternativos de resolução de controvérsias".

De acordo com o art. 151 do diploma, os contratos regidos pela Lei nº 14.133/2021 poderão utilizar a conciliação, a mediação, o comitê de resolução de disputas e a arbitragem às controvérsias relacionadas a direitos patrimoniais disponíveis, como as questões relacionadas ao restabelecimento do equilíbrio econômico-financeiro do contrato, ao inadimplemento de obrigações contratuais por quaisquer das partes e ao cálculo de indenizações.

Outra disciplina importante da NLL foi a de autorizar expressamente que os contratos podem ser alterados para permitir a adoção desses métodos, caso não os tenha previsto inicialmente.

---

[16] BRASIL. Câmara dos Deputados. *Projeto de Lei nº 9.883, de 2019*. Excerto extraído do voto do relator. Disponível em: https://www.camara.leg.br/proposicoesWeb/prop_mostrarintegra?codteor=1777417&filename=Tramitacao-PL+9883/2018. Acesso em: 12 jun. 2020.

[17] BRASIL. Senado Federal. *Parecer da Câmara de Constituição, Justiça e Cidadania*. Disponível em: https://legis.senado.leg.br/sdleg-getter/documento?dm=8069448&ts=1583151460767&disposition=inline. Acesso em: 12 jun. 2020.

Por fim, o art. 138 elencou que a extinção do contrato poderá ser consensual, por acordo entre as partes, por conciliação, por mediação ou por comitê de resolução de disputas, desde que haja interesse da Administração.

No que concerne à regulamentação dos comitês de resolução de disputas, a NLL apenas destacou que o processo de escolha deve observar critérios isonômicos, técnicos e transparentes. Assim, competirá, via de regra, ao Edital e ao Contrato disciplinarem a instalação e o seu funcionamento.

2.1.1 Instalação e funcionamento dos *dispute boards*

As legislações municipais em vigor e os projetos de lei que estão em trâmite no Congresso Nacional para regulamentar especificamente os *dispute boards* nos contratos administrativos seguem, em grande parte, as mesmas regras para instalação e funcionamentos dos comitês. Neste tópico serão abordadas as regras previstas nas legislações municipais citadas em vigor, sendo destacados os pontos em que os projetos de lei fazem previsão diversa.

De acordo com as leis municipais citadas,[18] os comitês têm por objetivo dirimir conflitos relativos a direitos patrimoniais disponíveis e devem estar previstos no edital e no contrato. Ressalva neste ponto se faz à lei do município de Belo Horizonte, que não distingue direitos patrimoniais disponíveis e indisponíveis,[19] mas limita-se a autorizar a atuação dos comitês em temas que versem sobre "direitos patrimoniais".

Quanto ao funcionamento, estarão regularmente constituídos por meio da assinatura do respectivo Termo de Compromisso pelas partes e membros, o que deverá ocorrer em até 30 (trinta) dias contados da celebração do contrato.

Por se tratar de instituto que envolve a Administração Pública, os procedimentos atinentes ao comitê deverão observar a legalidade e o princípio da publicidade.[20]

---

[18] São Paulo (Lei nº 16.873/2018), Ilhota (Lei nº 1917/2018), Itapema (Lei nº 3775/2018), Penha (Lei nº 3023/2018), Porto Belo (Lei nº 2634/2018) e Itajaí (Lei nº 7107/2019).

[19] Lei nº 11.241/2020. Sobre o tema, confira: FORTINI, Cristiana; DANIEL, Felipe Alexandre Santa Anna Mucci. A nova Administração Pública por contratos e o surgimento dos "dispute boards" no Brasil. *Revista de Contratos Públicos*, n. 26, p. 145-179, abr. 2021.

[20] Os mecanismos privados para a solução de conflitos têm como uma característica peculiar o sigilo do procedimento e das decisões, inclusive – e especialmente – nos tribunais arbitrais. Todavia, essa regra é relativizada quando se trata de disputas que envolvem a

Poderão ter natureza revisora, adjudicativa ou híbrida, a depender dos poderes que lhe forem outorgados pelo contrato administrativo celebrado, sendo possível que as decisões proferidas pelos comitês com poderes de adjudicação[21] sejam submetidas à jurisdição judicial ou arbitral em caso de inconformidade de uma das partes.

A lei faculta que o edital de licitação ou o contrato reporte-se às regras de instituição especializada (Câmara de Mediação ou Arbitragem). Nesse caso, o comitê será instituído e processado de acordo com as regras de tal instituição, podendo-se, igualmente, definir em anexo contratual a regulamentação própria para a instalação e processamento.

No que tange ao pagamento dos honorários dos membros do comitê, prevê a legislação dos municípios citados que os valores respectivos devem constar do orçamento da contratação, cabendo ao contratado privado o pagamento da integralidade dos custos atinentes à instalação e manutenção e, ao órgão contratante, o reembolso da metade de tais custos, após aprovação das medições previstas no contrato. Exceção ao município de Belo Horizonte que não previu a hipótese de reembolso pela Administração Pública, mas atribuiu à contratada o pagamento da integralidade dos custos, inclusive da remuneração dos membros, quando de sua utilização.

A legislação municipal ainda prevê que o comitê será composto por três pessoas capazes e de confiança das partes, indicados por meio de consenso entre as partes contratantes, e deverão atuar com imparcialidade, independência, competência e diligência.[22] Competirá ao órgão ou ente público contratante, em conjunto com a entidade contratada, indicar os membros que comporão o Comitê.

Já no PLS nº 206/2018 a proposta para a formação do comitê de três membros é que a escolha de um seja feita pelo Poder Público, do segundo pelo particular contratado e que o terceiro seja escolhido em conjunto pelos outros dois membros e esse seja o presidente do comitê.

Administração Pública. Nesse sentido, é o art. 2º, 3º, da Lei nº 9.307/96: A arbitragem que envolva a Administração Pública será sempre de direito e respeitará o princípio da publicidade.

[21] Rememorando que, ao comitê, por adjudicação, é conferido o poder de emitir decisões contratualmente vinculantes às partes em litígio.

[22] Segundo as leis municipais aqui em análise, aplicam-se aos membros dos comitês, no que couber, os casos de impedimentos e suspeições, assim como deveres e responsabilidades, aplicáveis aos juízes e previstos no Código de Processo Civil. Por isso, as pessoas indicadas para funcionar como membros do Comitê têm o dever de revelar, antes da aceitação da função, qualquer fato que denote dúvida justificada quanto à sua imparcialidade e independência.

No PL nº 9883/2018 a proposta é a de que os comitês sejam compostos por três membros, sendo dois com conhecimento técnico sobre o objeto do contrato e um com formação jurídica para atuar na função de presidente. Quanto à escolha, delega ao contrato prever o procedimento, esclarecendo apenas que os membros do comitê deverão ser pessoas de confiança das partes, escolhidas consensualmente, e deverão agir, no desempenho de suas funções, com independência, imparcialidade, competência e diligência. O PL ainda admite que, excepcionalmente, quando a complexidade do contrato assim o exigir, os comitês poderão ter em sua composição um número maior de membros técnicos.

2.1.2 É possível adotar dispute boards nos contratos em vigor que não previram, inicialmente, sua utilização?

Como dito no início, o comitê de resolução de disputas pode ser criado concomitantemente ao início do contrato e acompanhar de forma permanente a execução contratual, mas também pode ser criado quando do surgimento de uma demanda (*ad hoc*). Quando se trata de contrato celebrado pela Administração Pública, a rigor, os editais de licitação (no anexo correspondente à minuta de contrato) já devem prever suas cláusulas de *dispute board*, com fundamento no art. 151 da NLL.

Todavia, caso isso não tenha sido feito, é possível alterar o contrato, mediante alteração bilateral devidamente formalizada por termo aditivo, para incluir a cláusula de *dispute board* bem como para disciplinar o seu regulamento. Inclusive, como citado acima, foi exatamente esse o caminho proposto pela Lei nº 14.133/2021, sopesando os princípios que regem a Administração Pública e os contratos públicos, bem como reconhecendo a consensualidade como meio legítimo para a solução de controvérsias administrativas, possível defender a legitimidade da alteração contratual.

É de se destacar que a Lei nº 13.655/2018 introduziu na Lei de Introdução às Normas do Direito Brasileiro, disposições sobre segurança jurídica e eficiência na criação e na aplicação do direito público. Entre as quais, vale citar o art. 26, segundo o qual "Para eliminar irregularidade, incerteza jurídica ou situação contenciosa na aplicação do direito público, inclusive no caso de expedição de licença, a autoridade administrativa poderá, após oitiva do órgão jurídico e, quando for o caso, após realização de consulta pública, e presentes razões de relevante interesse geral, celebrar compromisso com os interessados, observada a legislação aplicável, o qual só produzirá efeitos a partir de sua publicação oficial".

Portanto, para afastar eventual situação contenciosa, a Administração Pública contratante e o particular contratado poderiam, após a consulta ao órgão jurídico e presentes razões relevantes de interesse geral, celebrar o compromisso de incluir, por termo aditivo, cláusula de instalação de comitê de resolução de disputas para evitar a paralisação da execução do contrato, buscando solucionar técnica e adequadamente as divergências entre as partes.[23]

Nessa hipótese, é salutar que o termo aditivo – tal e qual a minuta de contrato, em caso de edital de licitação – defina se o comitê será permanente ou *ad hoc*; se será regulado por Câmara de Mediação e Arbitragem ou se será estabelecido regulamento no contrato; como se dará o custeio das despesas do comitê etc.

3 Considerações finais

A atividade da Administração Pública nos dias de hoje é cada vez mais dinâmica e demanda soluções inovadoras, com vistas a dar efetividade e segurança jurídica a todos os envolvidos: contratante, contratado, servidores e, principalmente, para a sociedade.

Assim, ousa-se dizer ser dever do Poder Público adotar todos os mecanismos legítimos que estão à sua disposição para a tomada de decisões e, em última *ratio*, para garantir a continuidade dos serviços públicos prestados para a sociedade. É preciso que o gestor público conheça e tome posse da caixa de ferramentas e das multiportas que o ordenamento (composto não apenas do arcabouço legal, mas acompanhado da doutrina, jurisprudência e boas práticas) apresenta, a fim de ofertar resultados concretos e eficientes.

O *dispute board* é uma das ferramentas, uma das portas, à disposição do gestor público. Um mecanismo privado para solução de controvérsias, interno ao contrato administrativo, de fundamental importância, porque tem como objetivo apresentar recomendações técnicas com vistas a resolver divergências entre as partes, evitando a paralisação dos serviços ou das obras.

A NLL trouxe de forma concreta a possibilidade de utilizar o *dispute board*, ali nominado de comitê de resolução de disputas, desde

---

[23] Aliás, é importante rememorar que o Projeto de Lei nº 7063/17, que estabelece a Lei Geral de Concessões (LGC), indica no §1º do art. 173 que "Os contratos poderão ser aditados para permitirem a adoção dos meios alternativos de prevenção e resolução de controvérsias".

a sua concepção ou mediante a inclusão em contrato já existente, por termo aditivo. Assim, se havia qualquer dúvida sobre a possibilidade de sua utilização nos contratos celebrados pela Administração Pública – para além das concessões e parcerias público-privadas – agora está claro que essa é uma ferramenta contratual legítima também nos contratos fundados na Lei nº 14.133/2021.

Referências

ARMES, Murray. Dispute avoidance and dispute boards. *FGV – Câmara Projetos*, Rio de Janeiro, apresentado em 17 jun. 2016. Disponível em: http://mediacao.fgv.br/wp-content/uploads/2016/06/Dispute-Avoidance-and-Dispute-Boards.pdf. Acesso em: 12 jun. 2020.

BRASIL. Câmara dos Deputados. *Projeto de Lei nº 9.883, de 2019*. Excerto extraído do voto do relator. Disponível em: https://www.camara.leg.br/proposicoesWeb/prop_mostrarintegra?codteor=1777417&filename=Tramitacao-PL+9883/2018. Acesso em: 12 jun. 2020.

BRASIL. Senado Federal. *Parecer da Câmara de Constituição, Justiça e Cidadania*. Disponível em: https://legis.senado.leg.br/sdleg-getter/documento?dm=8069448&ts=1583151460767&disposition=inline. Acesso em 12 jun. 2020.

BRASIL. Tribunal de Contas da União. *TC nº 011.196/2018-1. Acórdão nº 1.079/2019* – Plenário. Rel. Min. Vital do Rêgo. Julgado em: 15 maio 2019.

CHERN, Cyril. *Cher non dispute boards*: pratice and procedure. 3. ed. Londres: Ed. Informa Law, 2015.

FORTINI, Cristiana; DANIEL, Felipe Alexandre Santa Anna Mucci. A nova Administração Pública por contratos e o surgimento dos "dispute boards" no Brasil. *Revista de Contratos Públicos*, n. 26, p. 145-179, abr. 2021.

SANTA CATARINA. Tribunal de Contas. *Processo nº 19/00966678*. DLC n 848/2019.

TJSP. *Agravo de Instrumento 2096127-39.2018.8.26.0000*. rel. Des. Torres de Carvalho, 10ª Câmara de Direito Público, j. 30.07.2018, Data de Registro: 02.08.2018.

TRINDADE, B. R et al. Conhecimento e aplicabilidade do comitê de resolução de disputas – CRD em obras de médio e grande porte. In: TRINDADE, Bernardo Ramos. (org.). *Comitê de Resolução de Disputas – CRD nos contratos de construção e infraestrutura*: uma abordagem prática sobre a aplicação de dispute boards no Brasil. São Paulo: Pini, 2016.

* REFERÊNCIA: REQUI, Érica Miranda dos Santos. Dispute board nos contratos administrativos. In: PÉRCIO, Gabriela Verona; FORTINI, Cristiana (Coord.). *Inteligência e inovação em contratação pública*. Belo Horizonte: Fórum, 2021. p. 39-53.

Informação bibliográfica deste texto, conforme a NBR 6023:2018 da Associação Brasileira de Normas Técnicas (ABNT):

REQUI, Érica Miranda dos Santos. *Dispute board* nos contratos administrativos. In: PÉRCIO, Gabriela Verona; FORTINI, Cristiana (Coord.). *Inteligência e inovação em contratação pública*. 2. ed. Belo Horizonte: Fórum, 2023. p. 41-55. ISBN 978-65-5518-474-7.

"TERMO DE AJUSTAMENTO DE CONDUTA" E O REGIME SANCIONATÓRIO DA NOVA LEI DE LICITAÇÕES: UMA INOVAÇÃO POSSÍVEL?

VIVIANE MAFISSONI

Introdução

Objetivando (r)evolução nos procedimentos de aplicação de penalidades a licitantes, através do regime legal sancionatório da Lei nº 14.133/2021 – Nova Lei de Licitações e Contratos Administrativos – NLLC –, o presente artigo apresenta considerações quanto à possibilidade de utilização de sistema administrativo consensual de resolução de conflito, a partir da chancela de instrumento de ajuste de conduta e de boas práticas entre Administração Pública e licitantes.

Através da criação de um fluxo moderno de procedimentos para mediação, conciliação e negociação, os órgãos públicos licitadores, em especial na figura das centrais de compras, poderão envolver os interessados na construção de um acordo mais adequado a cada caso, considerando o melhor interesse público, o respeito à licitação e suas regras e o poder-dever do gestor de dar uma resposta em relação às condutas praticadas por essas empresas.

Deve-se levar em conta a atuação das centrais de licitações em todo país, no sentido de que essas centralizam procedimentos licitatórios para atender diversas secretarias, entidades, órgãos e unidades administrativas que, no cumprimento do dever de apurar condutas, acabam se tornando verdadeiras centrais de investigação e penalização, prejudicando, em parte, a sua atuação principal: de seleção de melhores propostas para aquisição de bens e contratação de serviço.

Por conseguinte, com a entrada em vigor da NLLC prevendo também capítulo específico sobre as infrações e sanções a licitantes e contratados, bem como sobre os meios alternativos de solução de controvérsias, a realidade de uma nova visão em relação ao enfrentamento da ocorrência de infrações poderá seguir novos rumos.

Não medindo esforços na atuação em relação à busca da melhor compra, respeitados em especial os princípios da imparcialidade e da publicidade, a construção conjunta de um instrumento negocial consensual entre administrador e licitante, envolvendo órgãos de controle interno, órgão jurídico consultivo e técnicos que atuam diretamente na área de compras, a Administração Pública pode se ver diante de uma prática idônea, de desburocratização, de aproximação com o mercado, redefinindo seu papel de punidora e abrindo espaço para uma função de conciliadora, não perdendo o enfoque de movimentação para concretude de práticas de combate à corrupção.

Ademais, poder-se-á buscar uma identificação da real intenção dos licitantes em se tornarem efetivos contratados e parceiros da Administração Pública, contribuindo para a melhor execução da política pública de compras, de modo a eliminar conflitos e condutas que atrasam os pregões e, consequentemente, as aquisições e contratações, tão importantes para os órgãos e sociedade, fidelizando e educando uns dos principais parceiros da execução das atividades administrativas: o fornecedor.

1 Do regime sancionatório da Nova Lei de Licitações e Contratos

O regime sancionatório da NLLC inicia-se pela descrição das infrações administrativas no artigo 155 – primeiro artigo a tratar da matéria na nova norma. Situação essa que não é explícita na Lei nº 8.666/1993, mas vem tratada, de forma tímida, no art. 7º da Lei do Pregão (Lei nº 10.520/2002) e no art. 47 da Lei do Regime Diferenciado de Contratação (Lei nº 12.462/2011).

À vista disso, não há grandes modificações em relação às infrações previstas nas leis esparsas, mas é importante citar uma nova referência destacada no inciso XII do art. 155, que trata da prática de atos lesivos previstos no art. 5º da Lei nº 12.846/2013, assim como a não previsão da infração "cometer fraude fiscal", disposta nas Leis nº 10.520/2002 e nº 12.462/2011, de forma assertiva pelo legislador, pois o cometimento de crime fiscal tem seus aspectos já previstos e regulados em normas específicas.

Sobre as espécies de sanções, a NLLC extingue a sanção de suspensão temporária de participação em licitações e impedimento de contratar com a Administração por prazo não superior a dois anos constante do art. 87, inc. III da Lei nº 8.666/1993, mantendo a advertência, a multa, o impedimento de licitar e contratar da Lei nº 10.520/2020 e a declaração de inidoneidade.

Normatiza de forma conclusiva a amplitude das sanções restritivas de licitar e contratar, destacando nos parágrafos 4º e 5º do art. 156 a abrangência dos efeitos das sanções de impedimento e de inidoneidade, sendo que atualmente a jurisprudência ainda diverge sobre a amplitude das sanções de suspensão, inidoneidade e impedimento.[1]

Enquanto o §4º rege a sanção de impedimento e impede o infrator de licitar e contratar com toda a Administração Pública direta e indireta do ente federativo que tiver aplicado a sanção, pelo prazo máximo de 3 (três) anos,[2] o §5º normatiza que a sanção de inidoneidade impedirá o responsável de licitar e contratar no âmbito da Administração Pública direta e indireta de todos os entes federativos, pelo prazo mínimo de 3 (três) anos e máximo de 6 (seis) anos (sanção mais grave da norma).[3]

Já o §1º do art. 156 fixa aparatos para a observância da garantia da justa punição e do devido processo legal, a partir da necessidade de análise de requisitos de proporcionalidade, observando o caso concreto, a natureza e a gravidade da infração, as circunstâncias agravantes e atenuantes, os danos que dela decorrerem e a implantação ou aprimoramento de programa de integridade (normas em sua maioria já destacadas em leis esparsas, editais e jurisprudência). Contudo, é um importante norteador do gestor público na criação de regulamento

---

[1] Para compreensão, cito o Acórdão nº 2530/2015 do Plenário do TCU, que aborda ser a sanção de inidoneidade de abrangência para com todos os entes federados, a sanção de impedimento com amplitude apenas dentro do ente sancionador e a sanção de suspensão com amplitude apenas dentro do órgão sancionador. Já a decisão em REsp nº 151567/RJ, da Segunda Turma do STJ, assevera que a amplitude das sanções de inidoneidade e de suspensão seria a mesma, ou seja, no sentido de fazer valer sobre todos os entes da federação.

[2] Ressaltando que a Lei nº 10.520/2002 já falava nesse mesmo âmbito de efeitos, contudo pelo prazo de até cinco anos.

[3] Lembrando que a Lei nº 8.666/1993 não traz prazo específico para a pena de inidoneidade, apenas destacando que a sanção é vigente enquanto perdurar os motivos determinantes da punição e o infrator não for reabilitado.

próprio para a condução de processos administrativos sancionadores, em especial quanto às circunstâncias a serem consideradas atenuantes e agravantes, promovendo uma parametrização de análise das situações verificadas.

Ainda, os parágrafos 2º, 3º, 4º e 5º do art. 156 inovam no sentido de vincular a infração ao tipo de sanção a ser aplicada, ou seja, expressamente comunica a infração ocorrida com a sanção a ser passível de aplicação. No caso da advertência (sanção do inc. I do *caput* do art. 156), por exemplo, apenas resta vinculada a uma infração, qual seja: relativa à conduta do inc. I do art. 155. Isso proporciona mais clareza, auxiliando sobre a definição de qual sanção aplicar diante do cometimento das infrações por licitantes e contratados, impedido discricionariedades. Por conseguinte, a norma deixa de associar a sanção de multa a algum tipo determinado de infração, destacando que essa poderá ser aplicada a todas as infrações do art. 155, de forma cumulativa com as demais previstas (nos termos do §7º do art. 156), regra já prevista na Lei nº 8.666/1993.

Sobre a sanção de multa, então, há de ser bem mais salgada em relação às que já vinham sendo aplicadas pela Administração, por força de normas esparsas, editais e jurisprudência. As atuais normas não traziam a previsão de percentual, restando ao gestor regulamentação sobre os percentuais mínimos e máximos. Agora a NLLC padroniza que a multa não poderá ser inferior à 0,5% e nem superior a 30% do valor do contrato licitado ou celebrado.

A assessoria jurídica, assim como para diversos outros procedimentos da nova norma, tem papel importante no procedimento administrativo sancionar. Pelo menos em quatro momentos tem-se a previsão da necessidade de análise pela assessoria jurídica, ampliando o controle de legalidade. São eles: o constante do §6º do art. 156, que obriga, no caso de aplicação da sanção de inidoneidade, a precedida análise jurídica; o constante do art. 160, que exige análise jurídica prévia à decisão de desconsideração da personalidade jurídica; e, o procedimento do art. 163 (reabilitação do licitante ou contratado) que obriga a análise jurídica prévia, com posicionamento conclusivo, sobre o cumprimento dos requisitos de reabilitação previstos no ato sancionador.

Sobre o procedimento sancionador em si, a Nova Lei destaca, no art. 158, a necessidade de observância de determinadas regras para o processamento do licitante ou contratado: de instauração de processo de responsabilização; de constituição de comissão formada por no mínimo 2 (dois) servidores estáveis em caso de órgão composto por servidores estatutários ou, no caso de órgão não composto por servidores estatutários, formada de 2 (dois) ou mais empregados públicos pertencentes aos seus quadros permanentes, preferencialmente com, no mínimo, 3 (três) anos de tempo de serviço no órgão ou entidade; de providências de intimação para manifestação do licitante ou contratado em 15 dias úteis; da oportunidade de solicitação do licitante ou contratado para produzir provas; bem como do deferimento do pedido de produção de provas ou com provas juntadas pela comissão, proporcionar ao interessado a apresentação de alegações finais no prazo de 15 (quinze) dias úteis. Reforçando que a obrigatoriedade de instauração de processo e de designação de comissão é retratada apenas para as sanções restritivas de licitar e contratar (impedimento e declaração de inidoneidade).

Quanto à necessidade de instauração de processo para apuração de responsabilidade, já se pronunciou a jurisprudência do Tribunal de Contas da União – TCU,[4] no sentido de que o comando legal trata do poder-dever do gestor público, devendo não se manter inerte diante do descumprimento da norma, impondo-lhes a necessidade de tomada de providências e instauração de processo para análise, verificação e apuração das condutas praticadas. Em outras palavras, sempre que o gestor constatar a existência de infração à licitação, nasce para ele a obrigação de agir, no sentido de instaurar procedimento específico visando à apuração dos fatos.

O mesmo acórdão tratou das situações de condutas irregulares praticadas por licitantes, que vinham ocorrendo de forma reiterada em pregões eletrônicos no âmbito federal, detectando a falta de apuração de responsabilidade, em especial, quando do cometimento de condutas de não entrega de documentos e de não manutenção de proposta pelos participantes. Solicitou, portanto, que a Administração do determinado órgão observasse condutas nesse sentido, instaurando processo de apuração de responsabilidade e tomando medidas em relação a licitantes que se comportassem, seguidamente, em condutas do tipo "não manutenção de proposta".

---

[4] *Acórdão nº 754/2015* – Plenário, TC nº 015.239/2012-8, relatora Ministra Ana Arraes, 8.4.2015. Os gestores das áreas responsáveis por conduzir licitações devem autuar processo administrativo com vistas à apenação das empresas que praticarem, injustificadamente, na licitação, na contratação ou na execução contratual, ato ilegal tipificado no art. 7º da Lei 10.520/2002, sob pena de responsabilização (...) Ponderou, contudo, que a autuação de procedimento administrativo deve ser pautada por racionalidade administrativa, evitando-se autuações quando existir *"justificativa plausível para o suposto comportamento condenável"*(...)

Seguindo sobre as principais normas do direito sancionador na NLLC, por força do art. 160, a personalidade jurídica poderá ser desconsiderada no caso dessa ser utilizada com abuso do direito para facilitar, encobrir ou dissimular a prática dos atos ilícitos previstos nessa Lei ou para provocar confusão patrimonial, estendendo todos os efeitos das sanções aplicadas à pessoa jurídica aos seus administradores e sócios com poderes de administração, a pessoa jurídica sucessora ou a empresa do mesmo ramo com relação de coligação ou controle, de fato ou de direito, com o sancionado, novidade da norma geral, lembrando que a desconsideração aqui não tem o objetivo pecuniário da teoria, e sim a intenção de assegurar o cumprimento da restrição de licitar e contratar, em razão da criação de novas empresas após a punição, por exemplo.[5]

A última previsão em matéria sancionadora, e bastante importante para a contextualização do tema deste artigo, é aquela do art. 163, que regulamenta a reabilitação, antes pouco tratada na Lei nº 8.666/1993. Fala da observância de exigências cumulativas para a reabilitação, sendo a especial delas a necessidade de transcurso mínimo de um ano da sanção de impedimento e de três anos no caso da aplicação da sanção de inidoneidade, ou seja, a reabilitação mostra-se possível tanto para o caso da imposição da sanção de impedimento quanto para a sanção de inidoneidade, desde que se tenha cumprido, entre outros, com os prazos mínimos de sanção estipulados. Por conseguinte, prevê para a utilização do instituto a obrigatoriedade de análise jurídica prévia, com posicionamento conclusivo sobre o cumprimento dos requisitos de reabilitação, a reparação integral do dano causado, o pagamento da multa aplicada e o cumprimento de demais condições previstas no ato punitivo (destaque especial para a obrigatoriedade de se prever no ato punitivo as condições de reabilitação).

---

[5] Situação essa já pacífica na jurisprudência do TCU, vejamos: "O abuso da personalidade jurídica evidenciado a partir de fatos como (i) a completa identidade dos sócios-proprietários de empresa sucedida e sucessora, (ii) a atuação no mesmo ramo de atividades e (iii) a transferência integral do acervo técnico e humano de empresa sucedida para a sucessora permitem a desconsideração da personalidade jurídica desta última para estender a ela os efeitos da declaração de inidoneidade aplicada à primeira, já que evidenciado o propósito de dar continuidade às atividades da empresa inidônea, sob nova denominação" (Acórdão nº 1831/2014 – Plenário, TC nº 022.685/2013-8, relator Ministro José Múcio Monteiro, 9.7.2014).

2 Dos meios alternativos de resolução de controvérsias

Em meio às novidades, merece destaque capítulo específico (Título III – Capítulo XII) da NLLC contendo regras sobre os meios alternativos de resolução de controvérsias.

Conforme art. 151, estabelece-se que, nas contratações regidas pela nova lei, poderão ser utilizados meios alternativos de prevenção e resolução de controvérsias, notadamente a conciliação, a mediação, o comitê de resolução de disputas e a arbitragem, sendo que terão por objeto controvérsias relacionadas a direitos patrimoniais disponíveis, como as questões relacionadas ao restabelecimento do equilíbrio econômico-financeiro do contrato, ao inadimplemento de obrigações contratuais por quaisquer das partes e ao cálculo de indenizações.

Por conseguinte, é importante frisar que não se trata de rol exaustivo. As situações ali postas como objetos possíveis de resolução alternativa são meramente exemplificativas.

Entretanto, ainda que a arbitragem não seja novidade, já que disputas envolvendo a Administração Pública são usuais e pacíficas, a nova previsão legislativa traz maior segurança jurídica e ainda abrirá grandes debates sobre sua efetivação em diversos contextos.

3 Da possibilidade de celebração de termo de ajustamento de conduta

Para iniciar a contextualização da ideia, passo a tratar sobre o Acórdão nº 754/2015 –Plenário do TCU,[6] destacando sobre a

---

[6] Acórdão nº 754/2015 – Plenário, TC nº 015.239/2012-8, relatora Ministra Ana Arraes, 8.4.2015. (...) II. Da tipificação das condutas irregulares e aplicação da sanção. 28. No que se refere à aplicabilidade das sanções constantes do art. 7º da Lei nº 10.520/2002, entende-se que basta a incidência em qualquer uma das condutas ilegais tipificadas no dispositivo para que o licitante esteja sujeito às sanções ali previstas. 29. Depreende-se, ainda, da leitura do enunciado do item 9.2.1.1 do Acórdão nº 1.793/2011 –TCU – Plenário, que compete à unidade gestora responsável pelo pregão a instauração de processo administrativo destinado a penalizar o licitante infrator. 30. Para a aplicação das sanções previstas no art. 7º da Lei nº 10.520/2002, a norma não requer a comprovação de dolo ou má-fé no cometimento dos ilícitos nela elencados. É suficiente que o licitante tenha se conduzido culposamente ao cometer uma das irregularidades elencadas no dispositivo. As condutas de 'fraudar na execução do contrato' e de 'cometer fraude fiscal', constituem exceções, pois suas tipologias requerem a presença de elemento subjetivo caracterizado pelo dolo (parágrafo 61). 31. A respeito da avaliação da culpabilidade, Marçal Justen Filho (*in* Pregão: comentários à legislação do pregão comum e eletrônico. 6. ed. São Paulo: Dialética, 2013. p. 241-242), traz importantes considerações que auxiliam nesse entendimento (grifou-se): *1.3) A questão da culpabilidade objetivada. Aquele que participa do pregão tem o* dever jurídico *de atentar para todas as exigências. Esse dever objetivo de diligência*

impossibilidade de o gestor analisar determinadas condutas utilizando-se da investigação de dolo e culpa. A decisão baseia-se na análise de infrações ocorridas em procedimentos eletrônicos e sobre a dificuldade de verificação de meios de provas a serem justificados pelos licitantes. Fala o acórdão que é caso de presunção absoluta da conduta, consoante ser de conhecimento de todos os licitantes os documentos regulares de habilitação, tendo ele, inclusive, prazos prévios ao procedimento para solicitar esclarecimentos ou impugnar qualquer exigência que seja ilegal.

Em que pese a avaliação do acórdão sobre a presunção absoluta da conduta, é a partir desse contexto que se busca analisar a possibilidade de a Administração (re)avaliar as infrações de baixa reprovabilidade (conceito ainda amplo) e utilizar-se de seu poder-dever para firmar acordos de ajustamento de conduta (se assim poderíamos nomear) entre ela e o licitante ou contratado, buscando o efetivo cumprimento de seus interesses e a conciliável repressão ao fornecedor, ou seja, avaliando as situações postas, propor-se-á uma sugestão para as práticas de repressão e educação de licitantes e contratados.

Na busca da conformidade para com o interesse público, do fomento da economia, do atendimento da função social da empresa, da busca pela melhor compra pública, do atendimento dos princípios licitatórios e do poder-dever de atuação do gestor público frente a irregularidades cometidas por licitantes e contratados, busca-se apresentar considerações para uma possível solução conciliadora em relação ao combate às infrações administrativas.

Sucintamente, inicia-se a linha de raciocínio a partir da análise do enfoque das finalidades das sanções administrativas, quais sejam: a) repressiva em relação à conduta praticada pelo sancionado, objetivando

---

propicia uma avaliação peculiar acerca da culpabilidade. O sujeito tem o dever de comprovar sua diligência e a infração a tal dever caracteriza conduta reprovável, sujeita a sancionamento. Quem participa de pregão sem atentar para a ausência de preenchimento dos requisitos necessários conduz-se culposamente. (...) Em suma, não se trata de uma modalidade de responsabilidade objetiva, *conceito incompatível com um Estado Democrático de Direito.* <u>A punibilidade da conduta do sujeito dependerá de elemento subjetivo objetivado na conduta externa. A materialidade externa (infração às exigências de participação) fará presumir a existência de um elemento subjetivo reprovável</u>, *consistente na ausência de previsão do evento danoso derivado da própria conduta e da omissão da adoção das cautelas imprescindíveis a sua concretização.* 32. Em face do exposto, é oportuno registrar que a presença da conduta dolosa faz-se necessária não para a caracterização do cometimento de infração prevista no art. 7º da Lei do Pregão, mas sim para a comprovação de fraude à licitação, ilícito que pode resultar na declaração da inidoneidade da empresa para participar de licitação na Administração Pública Federal, na forma do art. 46 da Lei nº 8.443/1992.

punir o licitante faltoso, bem como desestimular a sua reincidência; b) preventiva em relação a coibição da prática futura de condutas; e c) educativa. A finalidade repressiva basicamente se resume na aplicação da sanção restritiva de licitar e contratar. Já as finalidades preventiva e educativa ainda pendem de ações junto à gestão pública, tanto na necessidade de se criar mecanismos de prevenção quanto na necessidade de os órgãos públicos atuarem fortemente na educação de seus licitantes.

E o que as sanções buscam combater? Por óbvio responder-se-á: as infrações administrativas. Mas o que exatamente são as infrações administrativas? A norma principal que rege as licitações – Lei nº 8.666/1993 – não traz um conceito sobre o termo, assim como não diz quais são os elementos que devem estar presentes para configuração da infração. Bem destaca Francisco Zardo,[7] citando Daniel Ferreira:

> A Lei nº 8.666/1993 não estabelece um conceito nem refere os elementos necessários à configuração de uma infração administrativa. E, de acordo com Daniel Ferreira, a doutrina especializada não tem se debruçado com mais profundidade sobre o tema. Ferreira procura explicar essa lacuna afirmando que o foco sempre esteve sobre a sanção, embora o lógico fosse estudar primeiro a infração, pois "sem a comprovada e juridicamente qualificada ocorrência do ilícito administrativo não se cogita de sanção administrativa".

Já a Lei nº 14.133/2021 traz em seu art. 155, conforme já destacado, quais são as infrações administrativas, descrevendo de forma ampla, as condutas passíveis de sanção.

As infrações previstas na norma merecem atenção e precisam ser tratadas de forma diferente uma das outras, dado o seu grau de reprovabilidade e gravidade para com a Administração Pública. E para tais, soluções diversas podem ser dadas.

Por conseguinte, reforça-se o enfoque de atuação dos órgãos de controle quanto à cobrança em relação à necessidade de o gestor público não restar inerte diante do cometimento de irregularidades por licitantes e contratados, em que sempre se sugere providências, através da autuação de processo administrativo de apuração e repressão das condutas ilícitas. Contudo, a exigência fundamental de proporcionalidade nas ações desses gestores e a dificuldade em relação

---

[7] ZARDO, Francisco. *Infrações e sanções em licitações e contratos administrativos*: com as alterações da Lei anticorrupção (Lei 12.846/2013). 1. ed. São Paulo: Editora Revista dos Tribunais. 2014. p. 62.

às previsões escassas das normas, quase sempre abstratas e genéricas, sendo insuficientes na aplicação totalmente direta pelos gestores públicos, tem gerado controvérsias e resultados não satisfatórios no âmbito da repressão, ou seja, a norma legal traz as infrações e prevê a sanção. A doutrina e a jurisprudência exige que a pena seja proporcional à conduta reprovável, destacando que a punição excessiva viola preceitos fundamentais. A lei dá parâmetros máximos e mínimos, bem como ressalta a necessidade de avaliar a gravidade da conduta. E o gestor se vê obrigado à tomada de providências e à criação de regulamentos próprios para dar utilização de seu poder discricionário em relação aos caminhos para se cumprir a norma.

Ainda, fomenta-se trazer à discussão o efetivo papel das centrais de compras no país, que centralizam a maioria das demandas do ente federativo, executando centenas de procedimentos licitatórios ao ano, e precisam trabalhar no combate a irregularidades nos procedimentos licitatórios e contratações. Deverá existir espaço nessas estruturas para discussão não só das estratégicas de compras, mas também de soluções de aproximação, educação e repressão de licitantes e contratados.

Seria a consensualidade uma ferramenta possível? Com toda certeza já se entende a consensualidade como possível técnica de gestão administrativa, por meio da qual acordos entre administração e administrado poderiam ser firmados com vistas à solução consensual do interesse público. Conforme já destaco, inclusive, como previsão na NLLC.

Por esse caminho, vislumbrando-se uma visão possível de flexibilização e alcance mais objetivo da política pública de compras públicas, vê-se como percurso a possível proposição de termo de ajuste entre gestor e infrator. Não suprindo, por obviedade, o fluxo quanto à necessidade de juízo ou exame de admissibilidade diante da análise prévia da notícia de irregularidade e a subsequente decisão adotada pela autoridade competente de, em sendo o caso, reprimir o licitante, ou, dentro do possível, conciliar. Nesse sentido, discorrer-se-á para justificar a possibilidade de referida inovação, trazendo argumentos para tanto.

A propósito, na esfera conceitual, o termo de ajustamento de conduta significa ferramenta de garantias e interesses. É instrumento de composição de conflitos, célere e efetivo na execução de obrigações.

Na linha principiológica, a análise dos preceitos da oportunidade, da eficiência e da razoabilidade não nos parecem trazer objeções à utilização, pelo órgão público, de termo de ajuste de conduta como ferramenta de solução de pequenos incidentes, evitando assim o sancionamento de potenciais fornecedores da Administração Pública que, por descuido, falta de atenção, imprudência, negligências e imperícias, praticam condutas reguladas em instrumentos normativos.

Já no que diz respeito à legislação, iniciando-se pela previsão constitucional, tem-se a regra estabelecida de que a União legislará privativamente sobre as normas gerais de licitação – art. 22, XXVI da Constituição Federal – CF – e que os Estados podem legislar sobre procedimentos em matéria processual (art. 24, XI da CF), oportunizando caminho para criação de instrumento legal próprio no âmbito dos entes interessados.

Por conseguinte, as diretrizes do Código de Processo Civil – CPC –, que dispõem sobre a aplicação supletiva e subsidiária, nos processos administrativos, das regras processuais (art. 15 do CPC), e normatiza que os entes buscarão sempre a solução consensual dos conflitos (art. 3º, §2º do CPC).

Ainda, a Lei nº 13.655, de 25 de abril de 2018, que alterou a Lei de Introdução às Normas do Direito Brasileiro (LINDB), representando um marco à consensualidade administrativa, em que no artigo 26 do Decreto-Lei nº 4.657/1942[8] estabeleceu o permissivo necessário para que a Administração Pública firme acordos. Ademais, o Decreto Federal nº 9.830/2019[9] que regulamenta a LINDB, informando em seu artigo 10

---

[8] Art. 26. Para eliminar irregularidade, incerteza jurídica ou situação contenciosa na aplicação do direito público, inclusive no caso de expedição de licença, a autoridade administrativa poderá, após oitiva do órgão jurídico e, quando for o caso, após realização de consulta pública, e presentes razões de relevante interesse geral, celebrar compromisso com os interessados, observada a legislação aplicável, o qual só produzirá efeitos a partir de sua publicação oficial. BRASIL. *Decreto-Lei nº 4.657, de 04 de setembro de 1942*. Lei de Introdução às normas do Direito Brasileiro. Casa Civil. Rio de Janeiro, 04 de setembro de 1942. Disponível em: http://www.planalto.gov.br/ccivil_03/decreto-lei/del4657.htm. Acesso em: 07 set. 2022.

[9] Art. 10. Na hipótese de a autoridade entender conveniente para eliminar irregularidade, incerteza jurídica ou situações contenciosas na aplicação do direito público, poderá celebrar compromisso com os interessados, observada a legislação aplicável e as seguintes condições: I – após oitiva do órgão jurídico; II – após realização de consulta pública, caso seja cabível; e III – presença de razões de relevante interesse geral. §1º A decisão de celebrar o compromisso a que se refere o caput será motivada na forma do disposto no art. 2º.§2º O compromisso: I – buscará solução proporcional, equânime, eficiente e compatível com os interesses gerais; II – não poderá conferir desoneração permanente de dever ou condicionamento de direito reconhecido por orientação geral; e III – preverá: a) as obrigações das partes; b) o prazo e o modo para seu cumprimento; c) a forma de fiscalização quanto a sua observância; d) os fundamentos de fato e de direito; e) a sua eficácia de título executivo extrajudicial; e f) as sanções aplicáveis em caso de descumprimento. §3º O compromisso firmado somente produzirá efeitos a partir de sua publicação. §4º O processo que subsidiar a decisão de celebrar o compromisso será instruído com: I – o parecer técnico conclusivo do órgão competente sobre a viabilidade técnica, operacional e, quando for o caso, sobre as obrigações orçamentário-financeiras a serem assumidas;

sobre a possibilidade de firmatura de compromissos pelos interessados e quais são as condições que devem ser observadas.

Quanto ao possível questionamento em relação à possibilidade de disponibilidade do interesse público pelo gestor, traz-se antiga jurisprudência do Supremo Tribunal Federal (RE 253.885/MG, Primeira Turma, da relatora Ministra Ellen Gracie, em 04.06.2002), que já vinha para justificar a "relativização" do princípio da indisponibilidade do interesse público, tendo por ementa:

> Poder Público. Transação. Validade. Em regra, os bens e o interesse público são indisponíveis, porque pertencem à coletividade. É, por isso, o Administrador, mero gestor da coisa pública, não tem disponibilidade sobre os interesses confiados à sua guarda e realização. Todavia, há casos em que o princípio da indisponibilidade do interesse público deve ser atenuado, mormente quando se tem em vista que a solução adotada pela Administração é a que melhor atenderá à ultimação deste interesse. Assim, tendo o acórdão recorrido concluído pela não onerosidade do acordo celebrado, decidir de forma diversa implicaria o reexame da matéria fático-probatória, o que é vedado nesta instância recursal (Súmula nº 279/STF). Recurso extraordinário não conhecido.

Adiciona-se a linha de argumentações, mas já na esteira de exemplificações de atuação na solução de controvérsias administrativas que envolvem a Administração Pública, a experiência da Procuradoria-geral do Estado do Rio Grande do Sul, quando da criação do Centro de Conciliação e Mediação, instituído pela Lei Estadual nº 14.794/2015,[10]

II – o parecer conclusivo do órgão jurídico sobre a viabilidade jurídica do compromisso, que conterá a análise da minuta proposta; III – a minuta do compromisso, que conterá as alterações decorrentes das análises técnica e jurídica previstas nos incisos I e II; e IV – a cópia de outros documentos que possam auxiliar na decisão de celebrar o compromisso. §5º Na hipótese de o compromisso depender de autorização do Advogado-Geral da União e de Ministro de Estado, nos termos do disposto no §4º do art. 1º ou no art. 4º-A da Lei nº 9.469, de 10 de julho de 1997, ou ser firmado pela Advocacia-Geral da União, o processo de que trata o §3º será acompanhado de manifestação de interesse da autoridade máxima do órgão ou da entidade da administração pública na celebração do compromisso. §6º Na hipótese de que trata o §5º, a decisão final quanto à celebração do compromisso será do Advogado-Geral da União, nos termos do disposto no parágrafo único do art. 4º-A da Lei nº 9.469, de 1997. Em BRASIL. *Decreto nº 9.830, de 10 de junho de 2019*. Regulamenta o disposto nos art. 20 ao art. 30 do Decreto-Lei nº 4.657, de 04 de setembro de 1942, que institui a Lei de Introdução às normas do Direito brasileiro. Secretaria-Geral, Brasília, DF, 10 de junho de 2019. Disponível em: http://www.planalto.gov.br/ccivil_03/_Ato2019-2022/2019/Decreto/D9830.htm. Acesso em: 07 set. 2022.

[10] ESTADO DO RIO GRANDE DO SUL. *Lei nº 14.794, de 17 de dezembro de 2015*. Institui o Sistema Administrativo de Conciliação e Mediação e dá outras providências. Palácio Piratini, Porto Alegre, 17 de dezembro de 2015. Disponível em: http://www.legislacao.sefaz.rs.gov.br/Site/Document.aspx?inpKey=244371&inpCodDispositive=&inpDsKeywords=LEI%20AND%2014.794. Acesso em: 07 set. 2022.

no qual "por meio de mecanismos simplificados e menos custosos (...) visa ampliar os canais de relacionamento com os cidadãos, propiciando que determinados conflitos possam ser solucionados de forma mais adequada e eficaz pela própria Administração Pública Estadual",[11] assim como o exemplo da recente Portaria nº 71, de 28 de fevereiro de 2020, do Ministério da Justiça e Segurança Pública, que dispõe sobre as regras para a formalização de termo de ajustamento de conduta nos processos administrativos sancionatórios, no âmbito da Secretaria Nacional do Consumidor.[12]

Objetivando combater atos de corrupção, a Lei nº 12.846/2013, que trata sobre a responsabilização administrativa e civil de pessoas jurídicas pela prática de atos contra a Administração Pública, nacional ou estrangeira, também pautada na consensualidade, regulamentou a possibilidade de celebração de acordo de leniência diante de práticas nela previstas e desde que colaborem efetivamente com as investigações.[13]

Na esfera ambiental, a firmatura de instrumento de ajuste de conduta é uma realidade de sucesso,[14] considerando a necessidade de

---

[11] Centro de Conciliação e Mediação do Estado do Rio Grande do Sul. PGE – Procuradoria Geral do Estado – RS. Disponível em: https://www.pge.rs.gov.br/centro-de-conciliacao-e-mediacao-do-estado-do-rio-grande-do-sul. Acesso em: 07 set. 2022.

[12] Art. 4º A celebração de termo de ajustamento de conduta será possível em averiguações preliminares e em procedimentos sancionatórios instaurados contra fornecedores relativos a descumprimento de normas consumeristas.
§1º A celebração de termo de ajustamento de conduta será possível antes, durante ou após a conclusão do procedimento sancionatório, em primeira ou segunda instância administrativa, ainda que após o exaurimento da atuação decisória da Secretaria Nacional do Consumidor.
§2º Quando o compromisso de ajustamento de conduta for firmado no curso de ação judicial, estará sujeito à participação obrigatória da unidade contenciosa da Advocacia-Geral da União responsável pelo acompanhamento do processo e pela consequente homologação judicial.
§3º Quando a multa aplicada no curso de processo administrativo sancionatório for inscrita em Dívida Ativa da União e constar como objeto do termo de ajustamento de conduta, deverá, antes mesmo da celebração do ajuste, ser colhida manifestação expressa de concordância da unidade contenciosa da Procuradoria-Geral da Fazenda Nacional.

[13] Art. 16. A autoridade máxima de cada órgão ou entidade pública poderá celebrar acordo de leniência com as pessoas jurídicas responsáveis pela prática dos atos previstos nesta Lei que colaborem efetivamente com as investigações e o processo administrativo, sendo que dessa colaboração resulte: I - a identificação dos demais envolvidos na infração, quando couber; e II - a obtenção célere de informações e documentos que comprovem o ilícito sob apuração.

[14] "É utilizado como forma de composição de conflitos em busca da celeridade e da efetiva execução das obrigações. O compromisso firmado poderá ser de cunho preventivo ou objetivar a reparação do dano ambiental. Contudo, em razão das especificidades que o dano ambiental apresenta, boa parte da doutrina e jurisprudência defende que a forma de reparação civil não seria a mais adequada, devendo-se adotar, primordialmente, a recomposição

uma forma de composição dos conflitos existentes, objetivando maior celeridade em alcançar resultados na execução das ações em prol do meio ambiente.

No âmbito de autarquias reguladoras, os termos de ajustes entre administrados e administradores para busca da adequação das relações e de soluções alternativas já é estudado desde 2014. Os estudos promovidos pela Agência Nacional do Cinema (Ancine)[15] culminaram na Instrução Normativa nº 118, de 16 de junho de 2015.[16]

Deve ser levado em conta, ainda, que a aplicação do ajustamento de conduta pela Administração Pública nada tem a ver com o aplicado pelo Ministério Público. O fundamento do instrumento sugerido está ligado ao princípio da discricionariedade do gestor na apuração da responsabilidade do licitante, que tem origem no princípio da oportunidade, na mediação e na conciliação entre Administração Pública e licitante, destacando que o documento poderá ser firmado para atendimento do objetivo principal: repressão e educação do administrado licitante ou contratado. Em outras palavras, esse

---

do ambiente danificado" (A Efetividade Dos Termos de Ajustamento de Conduta na Espera Ambiental. *Portal Âmbito Jurídico*, 19 set. 2019. Disponível em: https://ambitojuridico.com.br/cadernos/direito-ambiental/a-efetividade-dos-termos-de-ajustamento-de-conduta-na-espera-ambiental/. Acesso em: 07 set. 2022).

[15] "Na mesma data, a Agência Nacional do Cinema (Ancine) colocou em consulta pública (até 21 de outubro de 2014) a minuta de instrução normativa que dispõe sobre o procedimento de celebração e acompanhamento de TAC. Essa minuta prevê a forma, os procedimentos e a competência interna para negociação para a assinatura dos termos entre a Ancine e os agentes regulados, assim como as sanções decorrentes do descumprimento e os impactos nos respectivos processos administrativos sancionadores. A minuta traz, ainda, a possibilidade de o TAC ser proposto de ofício pelo Superintendente de Fiscalização da Ancine e estabelece expressamente o valor das multas a serem aplicadas em caso de descumprimento total ou parcial (de R$2 mil a R$2 milhões para cada infração cometida). Como se percebe, essa é uma alternativa negociada aderente ao interesse público, cuja utilização deve ser ampliada tanto pelas agências como pelos agentes dos setores regulados, em especial levando-se em consideração os potenciais benefícios aos usuários de serviços públicos e regulados. No caso das agências que ainda não editaram resoluções específicas, é desejável que os reguladores e os agentes discutam propostas de regulamentação tendo em vista as especificidades de cada setor e os objetivos da regulamentação, estabelecendo regras claras e garantindo maior previsibilidade e segurança jurídica" (JORGE, Álvaro; SARAGOÇA, Mariana. Eficientes, Termos de Ajuste de Conduta crescem na Administração Pública. *Consultor Jurídico*, 04 out. 2014. Disponível em: https://www.conjur.com.br/2014-out-04/termos-ajuste-conduta-crescem-administracao-publica. Acesso em: 07 set. 2022).

[16] DIRETORIA COLEGIADA DA AGÊNCIA NACIONAL DO CINEMA – ANCINE. *Instrução Normativa nº 118, de 16 de junho de 2015*. Dispõe sobre o procedimento de celebração e acompanhamento de Termo de Ajuste de Conduta – TAC e dá outras providências. Disponível em: https://www.ancine.gov.br/pt-br/legislacao/instrucoes-normativas-consolidadas/instru-o-normativa-n-118-de-16-de-junho-de-2015. Acesso em: 07 set. 2022.

instrumento conciliador seria firmado no atendimento do interesse público, entre a Administração Pública e o particular (licitante ou contratado – pessoa física ou jurídica) visando à qualificação desse durante o período de prova estabelecido, no qual poderá ser prescrito sua atuação pelos critérios da boa prática administrativa, cumprindo as obrigações nele previstas, sob pena de efetivo sancionamento restritivo de licitar e contratar com o ente processador.

Nessa acepção, destaca-se novamente a necessidade de enfrentamento do objetivo de uma central de compras *versus* o dever de providências em razão da prática de infrações administrativas. A viabilidade de uma solução, como a trazida neste texto, possibilitaria que a atenção da Administração se voltasse à educação do licitante, buscando aproximação e parcerias para repensar o objetivo principal das compras públicas: chegar ao melhor interesse público, ao melhor resultado, ao melhor preço, com transparência e eficiência.

Muito bem argumenta o professor Victor Amorin quando da necessidade de se compreender a atividade sancionadora como uma ferramenta de gestão e dar a ela a consensualidade como técnica regulatória:[17]

> Nessa quadra de evolução das normas concernentes ao sancionamento nos contratos administrativos, é admissível concluir que o fundamento de justificação da necessária observância de um procedimento dialógico ínsito ao agir punitivo da Administração nas contratações públicas decorre da compreensão da atividade sancionatória como ferramenta institucional de gestão pública, na qual a consensualidade se apresenta como técnica regulatória para a obtenção de soluções mais efetivas e legítimas, na perspectiva de formação democrática e dialógica das ações, para o atingimento das finalidades públicas ínsitas à contratação.

Pautando-se nessa lógica, deve-se ter que o termo de ajuste seja visto como um conjunto de obrigações, com o objetivo de eliminar ou mitigar as causas geradoras da irregularidade, tais como: exigência de programas de integridade (*compliance*), treinamento de equipe, solicitação de esclarecimentos em editais de licitação e impugnações, com período de prova, prevendo prazo de validade durante o qual o particular deverá comprovar o atendimento aos requisitos nele

---

[17] AMORIN, Victor. Consensualidade e atividade sancionatória nas contratações públicas. *Portal L&C – Licitação e Contrato*. Disponível em: http://www.licitacaoecontrato.com.br/artigo_detalhe.html. Acesso em: 07 set. 2022.

estabelecidos, sob pena de retomada do procedimento regular de aplicação de penalidade. É um movimento de conciliação, de educação, de aproximação, buscando a gestão pública acolher as dificuldades e, por muitas vezes, o despreparo dos licitantes e contratados. No contexto, os bons licitantes serão parceiros. Já os corruptores serão mais facilmente identificados e devidamente reprimidos.

Há de se entender da importância cada vez mais presente do estreitamento de relações entre administrado e administrador, rompendo com os preconceitos de que uma aproximação gera corrupção.

Previsão normativa para tanto? Penso que os entes da federação possuem espaços para regulamentar as previsões da NLLC e, portanto, poderiam destacar alguns mecanismos de prevenção das infrações em suas normas e, quem sabe, dispor sobre os meios alternativos de resolução de controvérsias voltados ao processo administrativo sancionador.

Conclusão

O direito administrativo sancionador tem merecido atenção especial dos gestores públicos. É momento de se utilizar melhor das atuais regras que abrem espaço para negociações e firmatura de ajustes entre público e privado.

No sentido de trazer inovações cada vez mais práticas para a solução de conflitos geradas no âmbito da execução das atividades pela Administração Pública, como forma de atingir uma política de compra pública de qualidade e de atendimento de toda cadeia da contratação pública, acompanhar o "infrator" de uma maneira mais próxima e com atuação legal e constante, através da firmatura de termo de compromisso, parece ser uma ideia prática e possível.

Ainda que exista a necessidade de aprimoramento de instâncias fiscalizadoras na gestão pública, capazes de identificar possível transgressão no cumprimento dos acordos, é momento de retirarmos a visão dos licitantes e contratados de que o objetivo da Administração é banir empresas dos certames, arrecadar com multas e desconstituir contratos.

É um desafio, por óbvio. Mas um caminho possível. É momento de unir órgãos jurídicos e de controle, tanto interno quanto externo, para um pensar mais atuante na educação e na ressocialização da empresa, caminhando em direção à relativização da indisponibilidade do interesse público e do repensar das regras quando da apresentação de necessidades e de situações que exigem ações diferentes e inovadoras da Administração.

É importante, inclusive, uma análise da justificação das alterações legislativas que implantaram, a partir da situação de pandemia, a flexibilização de toda a estrutura extremamente rígida das leis licitatórias, oportunizando que, inclusive, em determinadas situações, os órgãos públicos pudessem contratar empresa que estivesse penalizada, ou seja, os fatos justificando os meios.

Por vezes, incluir essa demanda em uma normativa poderá trazer ao gestor público maior segurança jurídica na implantação de providências de conciliação junto aos licitantes, tornando a demanda uma alternativa legal, célere e de acordo com o interesse público.

Conclui-se a referir que a implementação da proposta atenderá seu fim social, no sentido de estabelecer uma política pública de enfrentamento das infrações em licitações com a aproximação de um dos atores mais importantes no sistema de compras públicas – o licitante. Vamos desburocratizar a visão estritamente legalista do direito administrativo sancionador?

Referências

AMORIN, Victor. Consensualidade e atividade sancionatória nas contratações públicas. *Portal L&C – Licitação e Contrato*. Disponível em: http://www.licitacaoecontrato.com.br/artigo_detalhe.html. Acesso em: 07 set. 2022.

ARAGÃO, Alexandre dos Santos. A consensualidade no direito administrativo. *Boletim de Licitações e Contratos – BLC*, Curitiba, ano 19, n. 9, set. 2006.

BRASIL. *Decreto nº 9.830, de 10 de junho de 2019*. Regulamenta o disposto nos art. 20 ao art. 30 do Decreto-Lei nº 4.657, de 04 de setembro de 1942, que institui a Lei de Introdução às normas do Direito brasileiro. Secretaria-Geral, Brasília, DF, 10 de junho de 2019. Disponível em: http://www.planalto.gov.br/ccivil_03/_Ato2019-2022/2019/Decreto/D9830.htm. Acesso em: 07 set. 2022.

BRASIL. *Decreto-Lei nº 4.657, de 04 de setembro de 1942*. Lei de Introdução às normas do Direito Brasileiro. Casa Civil. Rio de Janeiro, 04 de setembro de 1942. Disponível em: http://www.planalto.gov.br/ccivil_03/decreto-lei/del4657.htm. Acesso em: 07 set. 2022.

BRASIL. TCU. *Acórdão nº 1831/2014* – Plenário, TC nº 022.685/2013-8, relator Ministro José Múcio Monteiro, 9.7.2014.

BRASIL. TCU. *Acórdão nº 754/2015* – Plenário, TC nº 015.239/2012-8, relatora Ministra Ana Arraes, 8.4.2015.

CAMARÃO, Tatiana; LINHARES, Camila. Os impactos da pandemia do covid-19 nas contratações públicas: a hora e a vez da mediação. *Fórum de Contratação e Gestão Pública – FCGP*, Belo Horizonte, ano 19, n. 221, p. 75-83, maio 2020.

Centro de Conciliação e Mediação do Estado do Rio Grande do Sul. PGE – Procuradoria Geral do Estado – RS. Disponível em: https://www.pge.rs.gov.br/centro-de-conciliacao-e-mediacao-do-estado-do-rio-grande-do-sul. Acesso em: 07 set. 2022.

DIRETORIA COLEGIADA DA AGÊNCIA NACIONAL DO CINEMA – ANCINE. *Instrução Normativa nº 118, de 16 de junho de 2015*. Dispõe sobre o procedimento de celebração e acompanhamento de Termo de Ajuste de Conduta – TAC e dá outras providências. Disponível em: https://www.ancine.gov.br/pt-br/legislacao/instrucoes-normativas-consolidadas/instru-o-normativa-n-118-de-16-de-junho-de-2015. Acesso em: 07 set. 2022.

DOTTI, Marinês Restelatto. *Governança nas contratações públicas*: aplicação efetiva de diretrizes, responsabilidade e transparência. Inter-relação com o direito fundamental à boa administração e o combate à corrupção. Belo Horizonte: Fórum, 2018.

ESTADO DO RIO GRANDE DO SUL. *Lei nº 14.794, de 17 de dezembro de 2015*. Institui o Sistema Administrativo de Conciliação e Mediação e dá outras providências. Palácio Piratini, Porto Alegre, 17 de dezembro de 2015. Disponível em: http://www.legislacao.sefaz.rs.gov.br/Site/Document.aspx?inpKey=244371&inpCodDispositive=&inpDsKeywords=LEI%20%20AND%2014.794. Acesso em: 07 set. 2022.

JORGE, Álvaro; SARAGOÇA, Mariana. Eficientes, Termos de Ajuste de Conduta crescem na Administração Pública. *Consultor Jurídico*, 04 out. 2014. Disponível em: https://www.conjur.com.br/2014-out-04/termos-ajuste-conduta-crescem-administracao-publica. Acesso em: 07 set. 2022.

MIRAGEM, Bruno. *A nova administração pública e o direito administrativo*. 2. ed. rev. e atual. São Paulo: Editora Revista dos Tribunais. 2013.

PAZ, Thabata Mentzingen. A Efetividade Dos Termos de Ajustamento de Conduta na Espera Ambiental. *Portal Âmbito Jurídico*, 19 set. 2019. Disponível em: https://ambitojuridico.com.br/cadernos/direito-ambiental/a-efetividade-dos-termos-de-ajustamento-de-conduta-na-espera-ambiental/. Acesso em: 07 set. 2022.

TORRES, Ronny Charles Lopes de. *Leis de licitações públicas comentadas*. 9. ed. Salvador: Ed. Juspodivm, 2018.

TORRES, Ronny Charles Lopes de. *Leis de licitações públicas comentadas*. 12. ed. rev., ampl. e atual. São Paulo: Ed. Juspodivm, 2021.

ZARDO, Francisco. *Infrações e sanções em licitações e contratos administrativos*: com as alterações da Lei anticorrupção (Lei 12.846/2013). 1. ed. São Paulo: Editora Revista dos Tribunais, 2014.

ZIMMER JUNIOR, Aloísio. *Corrupção e improbidade administrativa*: cenários de risco e a responsabilização dos agentes públicos municipais. São Paulo: Thomson Reuters Brasil, 2018.

Informação bibliográfica deste texto, conforme a NBR 6023:2018 da Associação Brasileira de Normas Técnicas (ABNT):

MAFISSONI, Viviane. "Termo de ajustamento de conduta" e o regime sancionatório da Nova Lei de Licitações: uma inovação possível? *In*: PÉRCIO, Gabriela Verona; FORTINI, Cristiana (Coord.). *Inteligência e inovação em contratação pública*. 2. ed. Belo Horizonte: Fórum, 2023. p. 57-74. ISBN 978-65-5518-474-7.

A AVALIAÇÃO DE RISCO DE FORNECEDORES E A (I)LEGALIDADE DO AFASTAMENTO DE LICITANTES EM RAZÃO DO GRAU DE RISCO ATRIBUÍDO

MIRELA MIRÓ ZILIOTTO

1 Crise de confiança e gestão de riscos

Vivemos uma crise aguda de confiança, não há como negar.[1] E esse é, sem dúvida, um enorme problema, já que ambientes sem confiança mútua e sem senso de obrigação tácito são propícios para a permanência de uma cultura cotidiana e endêmica de corrupção.

Em tempos de crise, portanto, é imprescindível que a Administração Pública se preocupe em conhecer todas as variáveis endógenas e exógenas que possam impactar em suas contratações, já que os danos financeiros e reputacionais causados pela consumação de um evento de risco podem implicar consequências irreparáveis ao interesse público. Nesse sentido, a Administração Pública deve zelar pela análise periódica dos riscos de relacionamento com terceiros, notadamente de seus fornecedores, eis que os reflexos decorrentes de práticas de corrupção são incalculáveis.

Diante desse cenário, a Lei Federal nº 13.303/2016, popularmente conhecida como Estatuto Jurídico das Estatais, trouxe a termos legais o *compliance* público, exigindo que todas as empresas estatais adotem regras gerais de governança, integridade e gestão de riscos. Visando

---

[1] HARARI, Yuval Noah. *Na batalha contra o coronavírus, faltam líderes à humanidade.* Trad. Odorico Leal. São Paulo: Companhia das Letras, 2020.

cumprir o comando normativo em referência, portanto, inúmeras estatais passaram a avaliar o grau de risco de suas contratações com fornecedores. Exatamente o que fez a Eletrobras no artigo 71 de seu Regulamento de Licitações e Contratos, bem como no item 10 do seu Programa de Integridade. Assim, a problemática do presente artigo se dá em relação à legalidade e à constitucionalidade em utilizar o grau de risco da contratação como critério de exclusão de licitantes do certame.

2 A Lei Federal nº 13.303/2016 e o combate à corrupção nas contratações públicas

A Lei Federal nº 13.303/2016 estabeleceu um novo marco jurídico às empresas públicas, sociedades de economia mista e suas subsidiárias.[2] Dentre as inovações propostas por essa lei, disciplinou-se a obrigatoriedade de as estatais observarem regras de governança corporativa, de transparência e de estruturas, práticas de gestão de riscos e de controle interno, composição da Administração e mecanismos para proteção de acionistas.[3] Para além da exigência acima externada, às empresas cuja receita operacional bruta seja superior a 90 milhões,[4] há ainda a obrigatoriedade de adoção de regras de estruturas e práticas de gestão de riscos e controle interno que contemple uma área responsável pela verificação de cumprimento de obrigações e de gestão de riscos.[5]

Referidas exigências vêm ao encontro de movimentos em prol da valorização do bom funcionamento do mercado e do combate às condutas que implicam prejuízos e impactos negativos à sociedade,[6] que, no Brasil, decorreram principalmente de movimentos legislativos

---

[2] CASTRO, Rodrigo Pironti Aguirre de; ZILIOTTO, Mirela Miró. *Compliance* e a lógica do controle interno prevista no artigo 70 da Constituição da República de 1988: trinta anos de atualidade. *In*: DI PIETRO, Maria Sylvia Zanella; MOTTA, Fabrício (Coord.). *O Direito Administrativo nos 30 anos da Constituição*. Belo Horizonte: Fórum, 2018. p. 276.

[3] Sobre o tema cf. artigo 6º, da Lei Federal nº 13.303/2016. *In*: BRASIL. *Lei Federal nº 13.303, de 30 de junho de 2016*. Disponível em: http://www.planalto.gov.br/ccivil_03/_ato2015-2018/2016/lei/l13303.htm. Acesso em: 06 nov. 2019.

[4] Sobre o tema cf. artigo 1º, §1º, da Lei Federal nº 13.303/2016. *In*: BRASIL. *Lei Federal nº 13.303, de 30 de junho de 2016*. Disponível em: http://www.planalto.gov.br/ccivil_03/_ato2015-2018/2016/lei/l13303.htm. Acesso em: 06 nov. 2019.

[5] Sobre o tema cf. artigo 9º, inciso II, da Lei Federal nº 13.303/2016. *In*: BRASIL. *Lei Federal nº 13.303, de 30 de junho de 2016*. Disponível em: http://www.planalto.gov.br/ccivil_03/_ato2015-2018/2016/lei/l13303.htm. Acesso em: 06 nov. 2019.

[6] MENDES, Francisco Schertel; CARVALHO, Vinícius Marques. *Compliance*: concorrência e combate à corrupção. São Paulo: Trevisan, 2017. p. 11.

voltados a punir ilícitos praticados contra o poder público,[7] como é o caso, por exemplo, da Lei Federal nº 12.846/2013, popularmente conhecida como Lei Anticorrupção.

Em relação aos mecanismos de *compliance* previstos na Lei Federal nº 13.303/2016, além de servirem de instrumento ao combate à corrupção, não se pode olvidar da sua importância como instrumento de autoconhecimento e aculturamento das estatais para uma realidade da integridade, conformidade, ética e transparência, já que o modo como os indivíduos se comportam é reflexo do que eles veem e percebem de outros indivíduos.[8] Assim, o que move a sociedade são os valores nela inseridos, de modo que, se a incorreção em determinada comunidade for aceitável, aqueles que a integram serão mais propensos à desonestidade.[9] Entretanto, da mesma forma que a presença de comportamento corrupto encoraja outros comportamentos corruptos, a diminuição do predomínio da corrupção pode enfraquecê-la ainda mais, de modo que a inversão de direção desse círculo vicioso implica a existência de um círculo virtuoso.[10]

No âmbito das contratações públicas, é de extrema importância a valorização da mudança organizacional da cultura do "custo propina". Não há dúvidas de que a corrupção é uma forma de exercer influência ilícita, ilegal e ilegítima,[11] sendo seus reflexos incalculáveis, sobretudo se se considerar que a prevalência de condutas corruptas em uma determinada sociedade é uma das mais graves barreiras no caminho do desenvolvimento. Um nível elevado de corrupção em determinado país, por exemplo, pode tornar ineficazes as políticas públicas propostas, bem como afastar o investimento nas atividades econômicas de setores produtivos.[12] Daí, então, a importância do

---

[7] CARVALHO, Itamar; ALMEIDA, Bruno. Programas de Compliance: foco no programa de integridade. In: *Manual de Compliance*. Rio de Janeiro: Forense, 2019. p. 57.

[8] Tradução literal de *"how people behave often depends on how they see-and perceive others as be having. Much depends, therefore, on the reading of prevailing behavioral norms"* (SEN, Amartya Kumar. *Development as Freedom*. 4. reimp. 2000. p. 277).

[9] RESENDE, André Lara. Corrupção e capital cívico. *Valor Econômico*, São Paulo, 31 jul. 2015.

[10] Tradução literal de *"just as the presence of corrupt behavior encourages other corrupt behavior, the diminution of the hold of corruption can weaken it further. In trying to alter a climate of conduct, it is encouraging to bear in mind the fact that each vicious circle entails a virtuous circle if the direction is reversed"* (SEN, Amartya Kumar. *Development as Freedom*. 4. reimp. 2000. p. 278).

[11] BOBBIO, Norberto; MATTEUCI, Nicola; PASQUINO, Gianfranco. *Dicionário de Política*. 5. ed. Brasília: Universidade de Brasília, 2000. p. 292.

[12] Tradução literal de: *"a high level of corruption can make public policies ineffective and can also draw investment and economic activities away from productive pursuits toward the towering rewards of underhanded activities"* (SEN, Amartya Kumar. *Development as Freedom*. 4. reimp. 2000. p. 275).

fortalecimento de instrumentos aptos a monitorar, desincentivar, controlar, reduzir e reprimir essas condutas, que apenas acarretam prejuízos à economia, agravam as desigualdades sociais e impedem o adequado desenvolvimento econômico-social e sustentável,[13] especialmente no âmbito das contratações públicas. Já que a inclusão do "custo propina" nos valores dos contratos e a inadequação do direcionamento dos recursos públicos, principalmente por ausência de planejamento adequado, são exemplos de que a corrupção é parte integrante das contratações públicas, e mais, que afeta de forma mais acentuada aqueles economicamente mais frágeis, eis que os recursos públicos que deveriam ser alocados de forma a suprir suas carências não o serão.[14]

Pode-se chegar a um consenso de que um comportamento corrupto envolve a violação de regras estabelecidas em prol do autointeresse para o ganho e o lucro pessoal,[15] o que, no Brasil, comumente ocorre nas três fases da licitação. Casos práticos de corrupção, entretanto, devem ser desincentivados, reduzidos e reprimidos, o que se inicia com um sistema normativo eficaz e uma cultura organizacional aderente.

No âmbito normativo das contratações públicas, não são novas as disciplinas legais em prol do combate à fraude e ilícitos. Principiologicamente, a própria Constituição da República disciplina expressamente a moralidade como um dos cinco pilares da Administração Pública brasileira.[16] Da mesma forma, a Lei Federal nº 8.666/1993 prevê expressamente a observância necessária da moralidade, da probidade administrativa, do desenvolvimento sustentável e do julgamento objetivo das propostas nas contratações públicas. Para além dessa base principiológica, a Lei Federal nº 8.666/1993 também

---

[13] Sobre o tema, conferir MOREIRA NETO, Diogo de Figueiredo; FREITAS, Rafael Véras de. *A juridicidade da Lei Anticorrupção - reflexões e interpretações prospectivas.* p. 01. Disponível em: http://www.editoraforum.com.br/wp-content/uploads/2014/01/ART_Diogo-Figueiredo-Moreira-Neto-et-al_Lei-Anticorrupcao.pdf. Acesso: 06 nov. 2019.

[14] FORTINI, Cristiana; MOTTA, Fabrício. Corrupção nas licitações e contratações públicas: sinais de alerta segundo a Transparência Internacional. *A&C - Revista de Direito Administrativo & Constitucional*, Belo Horizonte, ano 16, n. 64, p. 93-113, abr./jun. 2016. p. 94.

[15] Tradução literal de *"what, then, is 'corrupt' behavior? Corruption involves the violation of established rules for personal gain and profit"* (SEN, Amartya Kumar. *Development as Freedom.* 4. reimp. 2000. p. 275).

[16] Art. 37. A administração pública direta e indireta de qualquer dos Poderes da União, dos Estados, do Distrito Federal e dos Municípios obedecerá aos princípios de legalidade, impessoalidade, moralidade, publicidade e eficiência e, também, ao seguinte: (...) (BRASIL. *Constituição da República Federativa do Brasil de 1988.* Disponível em: http://www.planalto.gov.br/ccivil_03/constituicao/constituicao.htm. Acesso em: 06 nov. 2019).

tipifica como crime alguns ilícitos e fraudes à licitação.[17] Igualmente, a Lei Federal nº 13.303/2016 se ocupou em conceituar, prevenir e evitar operações em que se caracterize sobrepreço ou superfaturamento, destacando a observância da integridade como diretriz nas transações com partes interessadas no âmbito das licitações e contratos das estatais.[18] O que falta, entretanto, é a efetividade dos comandos desses diplomas na prática.

Indo além, portanto, a Nova Lei Geral de Licitações e Contratações Públicas, Lei nº 14.133/2021, propõe a implementação de ferramentas de governança e gestão nas contratações públicas, propondo expressamente em seu artigo 11 um alinhamento para que a governança esperada seja voltada "à efetiva entrega de benefícios às partes interessadas, com simultânea otimização de riscos e de recursos",[19] podendo ser realizada mediante a implementação de práticas de gestão de riscos e ferramentas de inovação, fortalecendo e indo ao encontro da disciplina sobre o tema no Estatuto Jurídico das Estatais.

3 A gestão de riscos nas contratações das Estatais

A implementação de gestão de riscos é medida obrigatória às estatais, devendo essas se preocupar em exercer funções destinadas ao fortalecimento de mecanismos de controle interno da organização para gestão de riscos e crises, com vistas a prevenir o cometimento de fraudes e ilegalidades praticados internamente ou por terceiros, avaliando-se as perdas e ganhos desses relacionamentos.[20]

Do que se depreende da Lei Federal nº 13.303/2016, os artigos 42, inciso X, e 69, inciso X, conceituam a matriz de riscos como cláusula contratual necessária que define os riscos e responsabilidades entre

---

[17] Sobre o tema, cf. artigos 89 a 99 da Lei Federal nº 8.666/93. In: BRASIL. *Lei Federal nº 8.666, de 21 de julho de 1993*. Disponível em: http://www.planalto.gov.br/ccivil_03/leis/l8666cons.htm. Acesso em: 06 nov. 2019.

[18] Sobre o tema, cf. artigos 31 e 32 da Lei Federal nº 13.303/2016. In: BRASIL. *Lei Federal nº 13.303, de 30 de junho de 2016*. Disponível em: http://www.planalto.gov.br/ccivil_03/_ato2015-2018/2016/lei/l13303.htm. Acesso em: 06 nov. 2019.

[19] BRASIL. Tribunal De Contas Da União – TCU. *Índices De Governança E Gestão De Órgãos E Entidades Da Administração Pública Federal De 2021* (IGG2021). Brasília: TCU, 2021. p. 24. Disponível em: https://portal.tcu.gov.br/data/files/4B/62/5D/1B/8EBEB710C74E7EB7E18818A8/011.574-2021-6-BD%20-%20IGG2021.pdf. Acesso em: 10 nov. 2021.

[20] MENEGAT, Fernando; MIRANDA, Gustavo. Gestão de riscos x matriz de riscos em contratos administrativos de empreitada. *Conjur*, 03 jun. 2019. Disponível em: https://www.conjur.com.br/2019-jun-03/opiniao-gestao-riscos-matriz-riscos-contratos-empreitada. Acesso em: 06 nov. 2019.

as partes, sendo cláusula caracterizadora do equilíbrio econômico-financeiro inicial do contrato. Referida matriz de riscos, portanto, de acordo com as alíneas "a", "b" e "c" do artigo 42, inciso X, deverá conter informações como (i) detecção de eventos supervenientes à assinatura do contrato que possam impactar o equilíbrio econômico-financeiro da avença, com a correspondente previsão de celebração de termo aditivo em caso de ocorrência desses eventos; e (ii) disciplina precisa das frações do objeto em que as contratadas terão ou não liberdade para inovar em soluções metodológicas ou tecnológicas, em obrigações de meio e resultado, em termos de modificação das soluções previamente delineadas no anteprojeto ou no projeto básico da licitação.

Quando a Lei Federal nº 13.303/2016 trata da matriz de riscos contratual, identificando riscos e determinando responsabilidades pelos mesmos, portanto, o faz no sentido de mapear e adotar mecanismos de mitigação desses potenciais riscos, aferíveis em uma escala de priorização. Difere, portanto, de um simples mapa de riscos ou uma tabela de *checklist*, eis que estes são processos de identificação de riscos, e não matriz de riscos propriamente.[21] Desse modo, os riscos devem ser alocados de forma racional, responsável e equitativa pela estatal, de acordo com a capacidade dos envolvidos de mitigá-los, e não de forma equivalente, eis que a alocação de riscos àquele que terá mais condições de geri-los trará eficiência à contratação.[22]

Veja-se, dessa forma, a importância da elaboração e revisão de uma matriz de riscos aderente, inclusive, em relação ao fornecedor, sobretudo em relação à garantia de segurança jurídica à contratação e simetria de informação entre contratante e contratado, definindo de forma clara e objetiva as consequências contratuais decorrentes de eventos futuros.[23] Nesse sentido, portanto, ganham espaço os mecanismos de investigação utilizados para avaliar o grau de risco das contratações em razão do fornecedor selecionado, que podem e devem existir, mas com cautelas em relação às consequências adotadas em razão de determinadas avaliações.

---

[21] PIRONTI, Rodrigo. *Compliance e Gestão de Riscos nas Estatais*: como elaborar uma efetiva matriz de riscos contratuais. Fórum. Disponível em: https://www.editoraforum.com.br/noticias/compliance-e-gestao-de-riscos-nas-estatais-como-elaborar-uma-efetiva-matriz-de-riscos-contratuais/. Acesso em: 06 nov. 2019.

[22] PIRONTI, Rodrigo. *A corrida contra o tempo para o Compliance e a Gestão de Riscos nas Estatais*. Zênite. Disponível em: https://www.zenite.blog.br/a-corrida-contra-o-tempo-para-o-compliance-e-a-gestao-de-riscos-nas-estatais/. Acesso em: 06 nov. 2019.

[23] ALTOUNIAN, Cláudio Sarian; CAVALCANTE, Rafael Jardim; COELHO, Sylvio Kelsen. *Empresas Estatais*: governança, compliance, integridade e contratações. 1. reimp. Belo Horizonte: Fórum, 2019. p. 284.

Hoje, grande parte das estatais utiliza mecanismos de *due diligence*[24] para averiguar o risco de contratar com determinado *stakeholder*. É o caso, por exemplo, da Petrobras, que, após a publicação de seu novo Regulamento de Licitações e Contratos (RLCP),[25] incluiu em seu processo de contratação de fornecedores a exigência de assunção ao compromisso anticorrupção e às suas políticas, procedimentos e regras de integridade, conforme disciplina do artigo 4º da referida normativa interna. Assim, organizações que desejem iniciar ou manter relacionamento com a estatal serão submetidas a diligências de integridade (DDI), que correspondem à avaliação do risco de integridade ao qual a Petrobras pode estar exposta no relacionamento com terceiros, dentre os quais estão seus fornecedores, parceiros operacionais e, em contrapartes, nos processos de aquisição ou desinvestimento.[26] Essa avaliação de riscos se dá a partir de informações relacionadas à localização geográfica da empresa e da execução dos negócios, ao histórico reputacional na empresa, à interação da empresa com agentes públicos, à efetividade do programa de integridade da empresa, à natureza do negócio pretendido, à reputação, à idoneidade e às práticas de combate à corrupção dos terceiros com que pretende se relacionar.

O resultado dessa diligência de integridade implicará a determinação do Grau de Risco de Integridade (GRI) dos fornecedores, que poderá ser baixo, médio ou alto. Caso o grau de integridade do fornecedor seja determinado alto, segundo o §3º do artigo 4º do RLCP,[27] aquele ficará impedido de participar de procedimentos de contratação da Petrobras, salvo nos casos de: inaplicabilidade de licitação, conforme previsão no artigo 28, §3º, da Lei nº 13.303/2016; dispensa de licitação,

---

[24] A *due diligence* é um processo que visa buscar informações sobre determinadas empresas e pessoas com as quais a empresa tem intenção de se relacionar. (...) Durante esse processos, são analisadas informações fornecidas pela pessoa jurídica ou física interessada e informações coletadas por meio de base de dados pública. Essas informações são estruturadas de forma que apoiem os gestores de tomada de decisão acerca da contratação pretendida e na gestão dos contratos oriundos dessas relações (PIRONTI, Rodrigo; GONÇALVES, Francine Pacheco. *Compliance e gestão de riscos nas empresas estatais*. 2. ed. Belo Horizonte: Fórum, 2019. p. 139).

[25] BRASIL. Petrobras. *Regulamento de Licitações e Contratos da Petrobras - RLCP*. Disponível em: https://canalfornecedor.petrobras.com.br/media/filer_public/fc/62/fc62e81b-7a2a-44da-9dba-bd5463d2d7db/cartilha-rlcp_rev01.pdf. Acesso em: 06 nov. 2019.

[26] BRASIL. Petrobras. *Due Diligence de Integridade - DDI*. Disponível em: https://canalfornecedor.petrobras.com.br/pt/compliance/due-diligence-de-integridade/. Acesso em: 06 nov. 2019.

[27] Art. 4º (...) §3º As Partes Interessadas às quais seja atribuído grau de risco de integridade alto não poderão participar de procedimentos de contratação com a PETROBRAS, salvo exceções previstas em normas internas da Companhia.

nas hipóteses descritas no artigo 29, incisos V, VIII, X, XI, XIII, XV, XVI, XVII, e XVIII, da Lei nº 13.303/2016; inviabilidade de competição, devidamente demonstrada, nos termos da Lei e do Regulamento de Licitações; e nas licitações para alienação de bens.

Como se pode notar, uma vez avaliado o fornecedor em potencial, o resultado da DDI será utilizado para a tomada de decisão sobre o início ou permanência do seu relacionamento comercial com a Petrobras, bem como para a definição do nível de monitoramento dos riscos potenciais de fraude e corrupção identificados. O problema, entretanto, surge quando esse processo de avaliação de riscos acaba por impedir licitantes de participar do processo licitatório ou, eventualmente, excluir aqueles que tenham participado, a partir de exigência em regulamentos internos nas estatais, que não possuem amparo legal ou constitucional, conforme análise que se realizará na sequência.

Mecanismos de gestão de riscos, portanto, não só podem, como devem ser utilizados nas contratações das estatais, seja para elaboração de matriz de risco contratual, seja como mecanismo de avaliação de licitantes, eis que se prestam a assegurar, entre outros parâmetros, eficiência, vantajosidade e sustentabilidade às contratações públicas. Devem, entretanto, ser utilizados conforme os parâmetros previamente estabelecidos na lei, conforme será analisado em relação ao caso da Eletrobras.

4 O caso da Eletrobras

A exemplo do que foi citado em relação à Petrobras, inúmeras outras estatais adotaram o mesmo mecanismo de avaliação de fornecedores. Senão, esse é o caso da Centrais Elétricas Brasileiras S.A. (Eletrobras). A Eletrobras é uma sociedade anônima de economia mista federal, constituída em conformidade com a autorização contida na Lei nº 3.890-A, de 25 de abril de 1961, com receita operacional bruta anual superior a 90 milhões de reais; portanto, a ela se aplicam os ditames do artigo 6º (aplicável a todas às estatais) e do artigo 9º (aplicação restrita às estatais com receita operacional bruta anual acima do parâmetro legal) da Lei Federal nº 13.303/2016.

No ano de 2016, portanto, a Eletrobras criou o seu Programa de Integridade, que teve como destaque 5 (cinco) dimensões: 1. desenvolvimento do ambiente de gestão do programa de integridade; 2. análise periódica de riscos; 3. estruturação e implantação de políticas e procedimentos do programa de integridade; 4. comunicação e treinamento;

e 5. monitoramento do programa, medidas de remediação e aplicação de penalidades.[28] A primeira delas disciplina o necessário comprometimento da organização para com a promoção da cultura da ética e da integridade. A segunda dimensão, por sua vez, diz respeito ao processo de identificação, avaliação, tratamento e monitoramento das vulnerabilidades e dos riscos de fraude e corrupção. Já a terceira dispõe sobre a estruturação de uma base para difusão do apoio à promoção da cultura da ética e da integridade, mediante elaboração e implementação de políticas e normativos que abordem o tema. A quarta demonstra a importância da disseminação do Programa de Integridade, mediante ações de comunicação e treinamento. Por fim, a quinta dimensão determina a necessidade de um monitoramento contínuo do programa para garantir sua eficiência.

Nesse período de criação e implementação inicial do programa da Eletrobras, um dos instrumentos de destaque foi a inserção de princípios de integridade nos principais normativos da empresa, bem como o mapeamento e a avaliação das principais áreas da empresa expostas aos riscos de fraude e corrupção, com a conseguinte adoção de mecanismos de integridade para terceiros. Nesse sentido, um dos princípios elencados na política anticorrupção das Empresas Eletrobras é "utilizar critérios e mecanismos éticos e íntegros para estabelecer os relacionamentos com terceiros". Dessa forma, as Empresas Eletrobras devem avaliar, mediante critérios e mecanismos éticos e íntegros, o cenário para estabelecer relacionamentos com terceiros, utilizando-se ferramentas para verificação de conflitos de interesses e identificação de condutas antiéticas.[29]

Em relação aos terceiros,[30] considerados como fornecedores, parceiros de negócio, patrocinadores, membros de empresas que atuam com participação acionária da Eletrobras e instituições donatárias, os mecanismos de integridade são executados mediante a realização de *due diligence* e de *background checks* para classificação do risco de fraude e corrupção no relacionamento, definição das ações de monitoramento

---

[28] BRASIL. Eletrobras. *Programa de Integridade*. Disponível em: https://eletrobras.com/pt/Paginas/Programa-de-Integridade.aspx. Acesso em: 06 nov. 2019.
[29] BRASIL. Eletrobras. *Política Anticorrupção das Empresas Eletrobras*. p. 6. Disponível em: https://eletrobras.com/pt/GestaoeGorvernancaCorporativa/Estatutos_politicas_manuais/Politica-Anticorrupcao.pdf. Acesso em: 06 nov. 2019.
[30] BRASIL. Eletrobras. *Política Anticorrupção das Empresas Eletrobras*. p. 5. Disponível em: https://eletrobras.com/pt/GestaoeGorvernancaCorporativa/Estatutos_politicas_manuais/Politica-Anticorrupcao.pdf. Acesso em: 06 nov. 2019.

do terceiro e, por fim, realização de um plano de ação para mitigar os riscos de fraude e corrupção identificados em razão do relacionamento com aquele terceiro.[31]

Nesse sentido, antes da contratação, todos os possíveis representantes[32] das Empresas Eletrobras devem passar por esse processo de investigação, conforme previsão no item 10.1 do Manual do Programa Anticorrupção das Empresas Eletrobras. O objetivo principal da *due diligence*, segundo o manual, é assegurar que o relacionamento com o representante ou o pagamento de alguma quantia ao mesmo não impliquem violação a condutas proibidas pelo programa. Segundo esse mesmo item, as informações para investigação serão definidas pelo gerente de *compliance*[33] e, em geral, decorrerão do grau de risco avaliado pela Comissão Diretiva de *Compliance*.[34] Assim, todas as informações obtidas após a realização da *due diligence* devem ser registradas em um questionário e confirmadas pelo representante em potencial. O modelo de questionário poderá ser adaptado considerando a realidade de cada avaliado e, quando se julgar necessário, para além da avaliação via questionário, pode-se exigir a realização de uma entrevista pessoal com o representante em potencial, que será conduzida pelo gerente de *compliance*.[35]

---

[31] BRASIL. Eletrobras. *Programa de Integridade*. Disponível em: https://eletrobras.com/pt/Paginas/Programa-de-Integridade.aspx. Acesso em: 06 nov. 2019.

[32] Representantes para fins do item 10 do manual são todos os fornecedores de bens ou serviços, agentes, corretores ou outros intermediários (BRASIL. Eletrobras. *Política Anticorrupção das Empresas Eletrobras*. p. 17. Disponível em: https://eletrobras.com/pt/GestaoeGorvernancaCorporativa/Estatutos_politicas_manuais/Politica-Anticorrupcao.pdf. Acesso em: 06 nov. 2019).

[33] As Empresas Eletrobras e a *Holding* designam um gerente de *compliance*, cuja principal atribuição é administrar as tarefas estabelecidas no Manual de Programa Anticorrupção das Empresas Eletrobras, reportando-se diretamente à alta administração de cada empresa. Somente poderão ser nomeados para esse cargo empregados da própria empresa, de modo que o gerente de *compliance* será o titular da área de *compliance* (BRASIL. Eletrobras. *Política Anticorrupção das Empresas Eletrobras*. p. 5-6. Disponível em: https://eletrobras.com/pt/GestaoeGorvernancaCorporativa/Estatutos_politicas_manuais/Politica-Anticorrupcao.pdf. Acesso em: 06 nov. 2019).

[34] A equipe formada pelo gerente de *compliance* da *holding*, o gerente de *compliance* de cada uma das Empresas Eletrobras e um secretário executivo integrarão, em conjunto, a Comissão Diretiva de *Compliance*, que será responsável pela disseminação e cumprimento das Leis Anticorrupção nas Empresas Eletrobras (BRASIL. Eletrobras. *Política Anticorrupção das Empresas Eletrobras*. p. 6. Disponível em: https://eletrobras.com/pt/GestaoeGorvernancaCorporativa/Estatutos_politicas_manuais/Politica-Anticorrupcao.pdf. Acesso em: 06 nov. 2019.

[35] BRASIL. Eletrobras. *Política Anticorrupção das Empresas Eletrobras*. p. 17. Disponível em: https://eletrobras.com/pt/GestaoeGorvernancaCorporativa/Estatutos_politicas_manuais/Politica-Anticorrupcao.pdf. Acesso em: 06 nov. 2019.

São quesitos avaliados na *due diligence*, segundo o item 10.1.1 do manual, os seguintes: (a) a legitimidade da justificativa para contratação dos representantes; (b) a reputação do representante, o que inclui, mas não se limita, a informação negativa constante em fontes públicas, como serviços de notícias ou cartórios; (c) quaisquer questões relacionadas ao beneficiário final do representante; (d) a capacidade e experiência profissional do representante; (e) a situação financeira e a credibilidade do representante; (f) o histórico de *compliance* do representante aos dispositivos aplicáveis das Leis Anticorrupção; e (g) quaisquer itens adicionais conforme determinado pela Comissão Diretiva de *Compliance*.[36]

Além disso, serão considerados sinais de alerta, segundo o item 10.1.2 do manual, os seguintes: (a) agentes do governo são relacionados ao representante; (b) o representante solicitou pagamento em uma conta *offshore*, a que não está em seu nome, ou solicitou o pagamento a um terceiro; (c) o representante fez pedidos incomuns ou suspeitos, tais como faturas antedatadas; (d) o representante propôs ou usou empresas de fachada, *holdings* ou *blind trusts* para manter fundos ou facilitar transações; (e) o representante hesitou ou se mostrou relutante em fornecer certificados nos termos das Leis Anticorrupção; (f) o representante pediu comissões substancialmente mais altas do que a taxa normal aplicada na região em questão por prestadores de serviços comparáveis, sem fornecer justificativa comercial razoável pela diferença; (g) o representante foi recomendado por um agente do governo; (h) a empresa do representante parece não ter os recursos e/ou qualificações para fornecer os serviços oferecidos; (i) um membro da família do representante é agente do governo; (j) o representante é novo no negócio, não apresenta referências ou não comprova a experiência alegada; (k) o representante parece enfrentar dificuldades financeiras ou tem histórico de insolvência; e (l) a pesquisa sobre a reputação do representante indica alegações ou incidentes passados de corrupção, fraude ou irregularidade similar ou, de outra forma, causa preocupação quanto à sua integridade.[37]

---

[36] BRASIL. Eletrobras. *Política Anticorrupção das Empresas Eletrobras*. p. 18. Disponível em: https://eletrobras.com/pt/GestaoeGorvernancaCorporativa/Estatutos_politicas_manuais/Politica-Anticorrupcao.pdf. Acesso em: 06 nov. 2019.

[37] BRASIL. Eletrobras. *Política Anticorrupção das Empresas Eletrobras*. p. 18-19. Disponível em: https://eletrobras.com/pt/GestaoeGorvernancaCorporativa/Estatutos_politicas_manuais/Politica-Anticorrupcao.pdf. Acesso em: 06 nov. 2019.

Referidos itens deverão ser atualizados periodicamente, dentro do período de relacionamento do representante com as Empresas Eletrobras, bem como armazenados pelo período de 10 (dez) anos após o término do relacionamento, de modo a assegurar que informações atualizadas estarão sempre à disposição. A responsabilidade por confirmar anualmente que as respostas ao questionário de *due diligence* permanecem precisas e completas é do próprio representante.[38]

Percebe-se, portanto, que riscos de fraude e corrupção são riscos priorizados pela entidade, os quais devem ser periodicamente atualizados, aprimorando-se a matriz de riscos de fraude e corrupção, observando-se as mudanças estratégicas da empresa, do cenário, do ambiente regulatório e até mesmo dos relacionamentos que possui com terceiros, de modo que a Eletrobras não seja exposta aos eventos que podem ser causados por esses riscos.[39]

Nesse sentido, portanto, em seu Regulamento de Licitações e Contratos, no artigo 71, a Eletrobras determinou em seus itens 5, 6 e 7 que, nas licitações de grande vulto, de alta complexidade técnica ou de riscos elevados, cuja definição é atribuição da diretoria executiva, a homologação do processo licitatório ou da contratação direta deve ser antecedida de análise de integridade. Nessa análise de integridade, portanto, deve-se (i) reunir informações sobre o fornecedor em potencial, bem como sobre seus representantes, incluindo sócios e administradores, de modo a concluir que não há hipótese de impedimento à contratação; (ii) determinar o grau de risco do contrato para realização da supervisão adequada; (iii) realizar análise circunstanciada dos licitantes, das propostas e das possíveis alterações contratuais, bem como a verificação das cláusulas contidas nos editais, a fim de obstar direcionamento, conluio, fracionamento do objeto ou jogo de planilhas, entre outros tipos de irregularidades; e (iv) recomendar à autoridade competente a homologação ou não homologação da licitação e a tomada de outras providências consideradas adequadas, como anulação parcial da licitação, desclassificação ou inabilitação de licitante e instauração de processos administrativos disciplinares.

---

[38] BRASIL. Eletrobras. *Política Anticorrupção das Empresas Eletrobras*. p. 20. Disponível em: https://eletrobras.com/pt/GestaoeGorvernancaCorporativa/Estatutos_politicas_manuais/Politica-Anticorrupcao.pdf. Acesso em: 06 nov. 2019.

[39] BRASIL. Eletrobras. *Programa de Integridade*. Disponível em: https://eletrobras.com/pt/Paginas/Programa-de-Integridade.aspx. Acesso em: 06 nov. 2019.

Como se pode notar, diferentemente do Regulamento de Licitações e Contratos da Petrobras, não existe um artigo específico no Regulamento de Licitações e Contratos da Eletrobras[40] com a possibilidade de afastamento de licitantes em razão do grau de risco da contratação atribuído. Entretanto, uma análise conjunta dos itens 5, 6 e 7 do artigo 71 permite a conclusão pela exclusão de licitantes em razão do grau de risco da contratação, sobretudo ao considerar que a avaliação de integridade deve ser realizada antes da homologação do processo licitatório (itens 5 e 6), bem como que uma das decisões após a realização da análise de integridade, conforme item 7, alínea "d", é a desclassificação ou inabilitação do licitante.

Assim, a possibilidade de se afastarem licitantes em razão do grau de risco da contratação também existe no caso da Eletrobras e deve ser mais bem avaliada. É que a exclusão prévia de licitantes em razão única e exclusiva da avaliação de riscos de integridade, que possui apenas alguma orientação de certeza, viola frontalmente a disciplina dos artigos 38 e 58 da Lei nº 13.303/2016, que dispõem as hipóteses exclusivas de impedimento e de exigências para habilitação, bem como viola o artigo 37, inciso XXI, da Constituição, que determina que somente poderão ser exigidas condições indispensáveis à garantia do cumprimento das obrigações.[41]

Além dos artigos já citados, pode-se dizer que a avaliação de riscos da contratação que finda em exclusão da participação de licitantes também viola o artigo 31 da Lei Federal nº 13.303/2016, responsável por disciplinar os princípios gerais da licitação, dentre os quais estão os da isonomia, da obtenção de competitividade e do julgamento objetivo. E, para além dos princípios e diretrizes basilares, existem regras expressamente disciplinadas no mesmo diploma que baliza, de forma taxativa, as hipóteses de participação e exclusão de participantes do certame. Assim, apenas nas hipóteses expressamente previstas em lei é que licitantes podem ser impedidos, desclassificados ou inabilitados.

Nesse sentido, nos termos do artigo 38 da Lei Federal nº 13.303/2016, estão impedidos de participar das contratações os licitantes que (i) possuam conflito de interesse com a estatal, nos termos

---

[40] BRASIL. Eletrobras. *Regulamento de Licitações e Contratos*. p. 70. Disponível em: https://eletrobras.com/pt/GestaoeGorvernancaCorporativa/Estatutos_politicas_manuais/Regulamento_de_Licitacoes_e_Contratos.pdf. Acesso em: 06 nov. 2019.

[41] DI PIETRO, Maria Sylvia Zanella. *Direito Administrativo*. 30 ed. rev., atual. e ampl. Rio de Janeiro: Forense, 2017. p. 463-464.

do inciso I do *caput* e dos incisos I e II do parágrafo único; (ii) tenham sido sancionados ou cujos sócios possuam vínculo com empresas sancionadas, nos termos dos incisos II a VIII do *caput*; ou (iii) que tenham relação de parentesco até o terceiro grau civil com dirigentes da estatal, colaboradores da área de licitações e contratos da estatal ou autoridade do ente público que a estatal esteja vinculada, nos termos do inciso II do parágrafo único.

Da mesma forma, em que pese possam participar do certame, serão desclassificados os fornecedores cujas propostas apresentadas contenham vícios insanáveis, descumpram as especificações do edital, apresentem preços inexequíveis e se encontrem acima do orçamento estimado pela estatal, nos termos dos incisos do artigo 56 da Lei Federal nº 13.303/2016.

Ainda, em caso de não atendimento das exigências habilitatórias do edital, os licitantes poderão ser inabilitados, conforme se depreende dos critérios taxativos previstos no artigo 58 da Lei Federal nº 13.303/2016: (i) apresentação de documentos aptos a comprovar a habilitação jurídica e idoneidade fiscal e trabalhista do licitante; (ii) demonstração de qualificação técnica; (iii) demonstração de capacidade econômica e financeira; e (iv) exigência de recolhimento de quantia a título de adiantamento, nos casos de licitações que utilizem a maior oferta de preço como critério de julgamento.

Do que se depreende dos artigos em referência, percebe-se que em nenhum dos casos o fator "risco da contratação" é determinante para impedir, desclassificar ou inabilitar a participação do licitante. Por isso, não aparenta legalidade a extensão dos critérios preestabelecidos em lei em normativos internos das estatais.

Diante do descontentamento de licitantes que passaram a ser impedidos de licitar, ou excluídos de certames, notadamente de licitações da Petrobras, a discussão entorno da legalidade do impedimento ou exclusão de licitantes em razão do grau de risco atribuído à contratação foi alçada ao Poder Judiciário, bem como ao Tribunal de Contas da União.

O caso paradigma trata-se da exclusão de um fornecedor de um processo de contratação da Petrobras em razão, senão, da atribuição de grau de risco alto àquele. Ao se manifestar sobre o caso, o Tribunal Regional Federal da 2ª Região (TRF2) decidiu pela legalidade da exclusão, ao fundamento de que a análise de fatores de risco de integridade coaduna com a adoção de políticas contra a corrupção.[42]

---

[42] BRASIL. *Tribunal Regional Federal (2. Região)*. Apelação em Mandado de Segurança nº 0035486-47.2018.4.02.5101. Relator: Marcelo Pereira da Silva. Julgamento: 15 abr. 2019.

Nesse sentido, os membros da 8ª Turma Especializada do Tribunal Regional Federal da 2ª Região assinalaram que, em que pese o artigo 38 da Lei Federal nº 13.303/2016 não tenha contemplado como hipótese de impedimento a inexistência de programa de integridade implementado na empresa licitante ou a existência de investigação criminal do mesmo, o art. 32 do mesmo diploma legal elenca as diretrizes a serem observadas nas licitações promovidas por estatais, dentre as quais está a "observação da política de integridade nas transações com partes interessadas", nos termos do inciso V. Além disso, decidiram que é permitido às estatais, em seus procedimentos auxiliares às contratações, restringir a participação de fornecedores de acordo com as condições estabelecidas em regulamento, conforme previsão expressa nos artigos 64, §2º (pré-qualificação permanente), e 65, §2º (cadastramento).

Lastreada nos fundamentos acima destacados, portanto, a 8ª Turma Especializada do TRF2 determinou a legalidade da vedação da participação de licitantes aos quais sejam atribuídos grau de risco de integridade alto dos procedimentos de contratação da Petrobras. Em que pesem os argumentos aventados pelo Tribunal Regional Federal da 2ª Região, os mencionados artigos da Lei Federal nº 13.303/2016 devem ser apreciados com maior cautela, eis que, em que pese, de fato, a necessária e obrigatória observância da política de integridade das estatais pelos próprios colaboradores das estatais e pelas partes interessadas, notadamente dos mecanismos de gestão de riscos da Estatal, não se pode criar hipóteses de exclusão de licitantes quando a própria lei não as previu. É que tanto o artigo 64 quanto o artigo 65 do referido diploma disciplinam procedimentos auxiliares para averiguar condições de *habilitação*. Ora, se o artigo 58 da Lei Federal nº 13.303/2016 disciplina, justamente, critérios taxativos para análise da habilitação e não disciplina a hipótese de inabilitação de licitantes cujo grau de risco da contratação seja alto, vedado é aos Regulamentos de Licitações e Contratos das estatais ampliar esse rol.

Destaque-se que o que se pretende com a crítica ora formulada não é impedir a adoção de medidas de avaliação de risco. Ao contrário. Essas medidas devem ocorrer e ser sempre aprimoradas, de modo que

---

Disponibilização: 24 abr. 2019. Disponível em: https://www10.trf2.jus.br/consultas/?movimento=cache&q=cache:QEgI_mTgQXsJ:acordaos.trf2.jus.br/apolo/databucket/idx%3Fprocesso%3D201851010354866%26coddoc%3D2289680%26datapublic%3D2019-04-25%26pagdj%3D385/394+convida+refei%C3%A7%C3%B5es+ltda.&site=v2_jurisprudencia&client=v2_index&proxystylesheet=v2_index&lr=lang_pt&ie=UTF-8&output=xml_no_dtd&acces-s=p&oe=UTF-8. Acesso em: 06 nov. 2019.

as contratações públicas sejam mais eficientes e sustentáveis, com uma melhor fiscalização do contrato. Isso, senão, é o que propõe a Lei nº 14.133/2021, diante da inclusão expressa em seu texto de obrigação ao Poder Público para implementação de processos e estruturas de gestão de riscos e controles internos para avaliar, direcionar e monitorar os processos licitatórios e os respectivos contratos, promovendo, assim, um ambiente íntegro e confiável, bem como eficiência, efetividade e eficácia em suas contratações.[43] Além disso, o diploma em referência elevou a transparência ao patamar de princípio, em seu artigo 5º, e passou a exigir a implementação de sistemas de integridade em situações específicas, conforme disciplinam os artigos 25, §4º, 60, inciso IV, 156, §1º, inciso V e 163, parágrafo único, demonstrando seu compromisso com mecanismos de compliance, gestão de riscos e governança nas contratações.

O que não se aceita, entretanto, é a restrição da competitividade, mediante critérios que o próprio legislador pátrio deixou de estabelecer e cuja conduta é rechaçada pela Constituição da República de 1988.

Assim, não se discute que a corrupção deve ser combatida, mas não se pode combatê-la a qualquer custo.[44] As garantias constitucionais devem ser observadas. Mesmo porque, segundo Marçal Justin Filho, "nenhum interesse público autoriza ignorar ou violar direitos fundamentais garantidos constitucionalmente".[45] Esse, senão, é o princípio básico de um Estado Democrático de Direito.[46]

De modo diverso do Tribunal Regional Federal da 2ª Região, ao ser instado a se manifestar sobre o caso, o Plenário do Tribunal

---

[43] Art. 11. O processo licitatório tem por objetivos:
I – assegurar a seleção da proposta apta a gerar o resultado de contratação mais vantajoso para a Administração Pública, inclusive no que se refere ao ciclo de vida do objeto;
II – assegurar tratamento isonômico entre os licitantes, bem como a justa competição;
III – evitar contratações com sobrepreço ou com preços manifestamente inexequíveis e superfaturamento na execução dos contratos;
IV – incentivar a inovação e o desenvolvimento nacional sustentável.
Parágrafo único. A alta administração do órgão ou entidade é responsável pela governança das contratações e deve implementar processos e estruturas, inclusive de gestão de riscos e controles internos, para avaliar, direcionar e monitorar os processos licitatórios e os respectivos contratos, com o intuito de alcançar os objetivos estabelecidos no *caput* deste artigo, promover um ambiente íntegro e confiável, assegurar o alinhamento das contratações ao planejamento estratégico e às leis orçamentárias e promover eficiência, efetividade e eficácia em suas contratações.

[44] SCHRAMM, Fernanda Santos. *Compliance nas Contratações Públicas*. Belo Horizonte: Fórum, 2019. p. 318-322.

[45] JUSTEN FILHO, Marçal. *Comentários à lei de licitações e contratos administrativos*. 16. ed. São Paulo: Revista dos Tribunais, 2014. p. 71.

[46] FREITAS, Juarez. *O controle dos atos administrativos e os princípios fundamentais*. 5. ed. rev. e ampl. São Paulo: Malheiros Editores, 2013. p. 60.

de Contas da União adotou posicionamento em prol da Constituição no Acórdão Plenário nº 898/2019,[47] asseverando que, em se tratando de habilitação de licitantes, apenas se podem exigir condições que sejam indispensáveis. Da mesma forma, destacou que, como não há transparência em relação à forma como o questionário de integridade será avaliado, tal situação poderá caracterizar critério de julgamento sigiloso em prejuízo ao princípio do julgamento objetivo expressamente previsto no artigo 31 da Lei nº 13.303/2016. Outro problema aventado no Acórdão nº 898/2019 foi a eficácia da *due diligence* de integridade, já que as informações prestadas pelos licitantes nos questionários de integridade são autodeclaratórias e, muitas vezes, de difícil averiguação pela estatal.

Entretanto, diante da complexidade do caso, não se decidiu de forma expressa pela legalidade ou não da exigência, deixando-se a cargo do Processo nº 005.881/2019-6 a sua avaliação definitiva. Referido processo teve sua conclusão no Acórdão Plenário nº 1945/2019,[48] em que se consignou, novamente, a necessidade de se discutir a questão da avaliação da legitimidade e legalidade da avaliação do Grau de Risco de Integridade (GRI) de forma mais aprofundada, bem como a possibilidade de utilização desse parâmetro como critério de habilitação em certames. Assim, decidiu-se pela avaliação da *due diligence* de integridade no sentido de ser ou não conduzida com objetividade e transparência, bem como se a sua utilização configuraria exigência restritiva e sem previsão legal. Dessa forma, recomendou-se que tal exame fosse realizado em processo específico a ser instruído pela Secretaria de Fiscalização de Infraestrutura de Petróleo e Gás Natural (SeinfraPetróleo).

Como se pode notar, em que pese um possível direcionamento da primeira decisão do Tribunal de Contas da União pela inconstitucionalidade e ilegalidade da exclusão de licitantes em razão da avaliação

---

[47] BRASIL. Tribunal de Contas da União. *Acórdão nº 898/2019* – Plenário. Relator: Benjamin Zymler. Julgamento: 16 abr. 2019. Disponível em: https://pesquisa.apps. tcu.gov.br/#/documento/acordao-completo/*/NUMACORDAO%253A898%25-20ANOACORDAO%253A2019/DTRELEVANCIA%20desc,%20NUMACORDAOINT%20 desc/0/%20?uuid=70347a70-ba9d-11e9-a483-9fb8528dc97d. Acesso em: 06 nov. 2019.

[48] BRASIL. Tribunal de Contas da União. *Acórdão nº 1845/2019* – Plenário. Relator: Augusto Nardes. Julgamento: 07 ago. 2019. Disponível em: https://pesquisa.apps.tcu.gov.br/#/documento/acordao-completo/risco%2520de%2520integridade/%2520%2520COPIARELATOR%253A%2522AUGUSTO%2520NARDES%2522/DTRELEVANCIA%2520desc%252-C%2520NUMACORDAOINT%2520desc/3/%2520?uuid=fcf77f60-0fe4-11ea-bc52-69b41eb ac977. Acesso em: 10 out. 2019.

de seu grau de risco, a segunda decisão apenas reforça a dúvida e encaminha o processo para avaliação de área específica, de modo que ainda não há um posicionamento definitivo por parte do TCU sobre o caso.

Entende-se, entretanto, que a melhor solução não é a exclusão do licitante após a avaliação de riscos, mas a adaptação da matriz de risco contratual, estabelecendo a responsabilidade pela retenção dos riscos averiguados à contratada e à fiscalização para que os mesmos não ocorram à contratante. Assim, o tratamento do risco se resolve na execução do contrato, e não no momento da escolha do fornecedor.

5 Conclusão

A falta da cultura de integridade e de transparência no âmbito das contratações públicas é o maior obstáculo à garantia de sua eficiência e sustentabilidade. Por tal razão, também, é que a corrupção é inerente às contratações públicas, mediante a prática de fraudes muito comuns de direcionamento da licitação, favorecimento de determinados licitantes, sobrepreço, superfaturamento e falta de fiscalização adequada.

A avaliação de fornecedores mediante mecanismos de gestão de riscos da contratação, portanto, auxilia o esforço de conferir prioridade às regras de comportamento honesto, correto, íntegro, tornando-se um baluarte contra a corrupção.[49] Entretanto, conforme destacado no decorrer deste artigo, em que pesem os mecanismos de gestão de riscos sejam necessários, e sua adoção, um dever às estatais, a aplicação dos mesmos nas contratações públicas deve ser apreciada com maior cautela, eis que não se podem criar hipóteses de exclusão de licitantes quando a própria lei não as previu. Isto é, se a própria lei não disciplina a hipótese de inabilitação, desclassificação ou impedimento de licitantes cujo grau de risco da contratação seja alto, vedado é aos Regulamentos de Licitação e Contratos ampliar essa previsão.

Destaque-se que o que se pretende com a crítica ora formulada não é impedir a adoção de medidas de avaliação de risco. Isto é, não se discute que a corrupção deve ser combatida, mas não se pode combatê-la a qualquer custo, devendo as garantias constitucionais ser observadas. Mesmo porque, conforme analisado, o interesse público

---

[49] *Giving priority to rules of honest and upright behavior can certainly be among the values that a person respects. And there are many societies in which respect for such rules provides a bulwark against corruption* (SEN, Amartya Kumar. *Development as Freedom*. 4. reimp. 2000. p. 277).

não autoriza ignorar ou violar direitos fundamentais garantidos constitucionalmente.[50]

Assim, a crítica não se apresenta como combate à utilização de mecanismos aptos a auxiliar a modificação da cultura da corrupção nas contratações públicas, tampouco contra o progresso para uma sociedade mais íntegra e transparente, mas, sim, no sentido de que os mesmos devem ser utilizados de acordo com os parâmetros legais, sob pena de subverter a própria lógica para a qual foram propostos, isto é, que passem a ser utilizados para fraudar as contratações públicas, mediante exclusões subjetivas de licitantes, ausência de transparência e ineficácia da medida.

Referências

ALTOUNIAN, Cláudio Sarian; CAVALCANTE, Rafael Jardim; COELHO, Sylvio Kelsen. *Empresas Estatais*: governança, compliance, integridade e contratações. 1. reimp. Belo Horizonte: Fórum, 2019.

ASSOCIAÇÃO BRASILEIRA DE NORMAS TÉCNICAS. *NBR ISO 31000*. Gestão de Riscos - Princípios e diretrizes. Rio de Janeiro: NBR, 2018.

BOBBIO, Norberto; MATTEUCI, Nicola; PASQUINO, Gianfranco. *Dicionário de Política*. 5. ed. Brasília: Universidade de Brasília, 2000.

BRASIL. *Lei Federal nº 13.303, de 30 de junho de 2016*. Disponível em: http://www.planalto.gov.br/ccivil_03/_ato2015-2018/2016/lei/l13303.htm. Acesso em: 06 nov. 2019.

BRASIL. *Constituição da República Federativa do Brasil de 1988*. Disponível em: http://www.planalto.gov.br/ccivil_03/constituicao/constituicao.htm. Acesso em: 06 nov. 2019.

BRASIL. *Lei Federal nº 8.666, de 21 de julho de 1993*. Disponível em: http://www.planalto.gov.br/ccivil_03/leis/l8666cons.htm. Acesso em: 06 nov. 2019.

BRASIL. Petrobras. *Regulamento de Licitações e Contratos da Petrobras – RLCP*. Disponível em: https://canalfornecedor.petrobras.com.br/media/filer_public/fc/62/fc62e81b-7a2a-44da-9dba-bd5463d2d7db/cartilha-rlcp_rev01.pdf. Acesso em: 06 nov. 2019.

BRASIL. Petrobras. *Due Diligence de Integridade – DDI*. Disponível em: https://canalfornecedor.petrobras.com.br/pt/compliance/due-diligence-de-integridade/. Acesso em: 06 nov. 2019.

BRASIL. Eletrobras. *Programa de Integridade*. Disponível em: https://eletrobras.com/pt/Paginas/Programa-de-Integridade.aspx. Acesso em: 06 nov. 2019.

BRASIL. Eletrobras. *Política Anticorrupção das Empresas Eletrobras*. p. 6. Disponível em: https://eletrobras.com/pt/GestaoeGorvernancaCorporativa/Estatutos_politicas_manuais/Politica-Anticorrupcao.pdf. Acesso em: 06 nov. 2019.

---

[50] JUSTEN FILHO, Marçal. *Comentários à lei de licitações e contratos administrativos*. 16. ed. São Paulo: Revista dos Tribunais, 2014. p. 71.

BRASIL. Eletrobras. *Regulamento de Licitações e Contratos*. p. 70. Disponível em: https://eletrobras.com/pt/GestaoeGorvernancaCorporativa/Estatutos_politicas_manuais/Regulamento_de_Licitacoes_e_Contratos.pdf. Acesso em: 06 nov. 2019.

BRASIL. Tribunal Regional Federal (2. Região). *Apelação em Mandado de Segurança nº 0035486-47.2018.4.02.5101*. Relator: Marcelo Pereira da Silva. Julgamento: 15 abr. 2019. Disponibilização: 24 abr. 2019. Disponível em: https://www10.trf2.jus.br/consultas/?movimento=cache&q=cache:QEgI_mTgQXsJ:acordaos.trf2.jus.br/apolo/databucket/idx%3Fprocesso%3D201851010354866%26coddoc%3D2289680%26datapublic%3D2019-04-25%26pagdj%3D385/394+convida+refei%C3%A7%C3%B5es+ltda.&site=v2_-jurisprudencia&client=v2_index&proxystylesheet=v2_index&lr=lang_pt&ie=UTF-8&output=xm-l_no_dtd&acces-s=p&oe=UTF-8. Acesso em: 06 nov. 2019.

BRASIL. Tribunal de Contas da União. *Acórdão nº 898/2019* – Plenário. Relator: Benjamin Zymler. Julgamento: 16 abr. 2019. Disponível em: https://pesquisa.apps.tcu.gov.br/#/documento/acordao-completo/*/NUMACORDAO%253A898-%25-20ANOACORDAO%253A2019/DTRELEVANCIA%20desc,%20NUMACORDAOINT%-20desc/0/%20?uuid=70347a70-ba9d-11e9-a483-9fb8528dc97d. Acesso em: 06 nov. 2019.

BRASIL. Tribunal de Contas da União. *Acórdão nº 1845/2019* – Plenário. Relator: Augusto Nardes. Julgamento: 07 ago. 2019. Disponível em: https://pesquisa.apps.tcu.gov.br/#/documento/acordao-completo/risco%2520de%2520integridade/%2520%2520COPIAR ELATOR%253A%2522AUGUSTO%2520NARDES%2522/DTRELEVANCIA%2520desc%252C%2520NUMACORDAOINT%2520desc/3/%2520?uuid=fcf77f60-0fe4-11ea-bc52-69b41ebac977. Acesso em: 10 out. 2019.

CARVALHO, Itamar; ALMEIDA, Bruno. Programas de Compliance: foco no programa de integridade. In: *Manual de Compliance*. Rio de Janeiro: Forense, 2019.

CASTRO, Rodrigo Pironti Aguirre de; ZILIOTTO, Mirela Miró. Compliance e a lógica do controle interno prevista no artigo 70 da Constituição da República de 1988: trinta anos de atualidade. In: DI PIETRO, Maria Sylvia Zanella; MOTTA, Fabrício (Coord.). *O Direito Administrativo nos 30 anos da Constituição*. Belo Horizonte: Fórum, 2018.

DI PIETRO, Maria Sylvia Zanella. *Direito Administrativo*. 30 ed. rev., atual. e ampl. Rio de Janeiro: Forense, 2017.

FREITAS, Juarez. *O controle dos atos administrativos e os princípios fundamentais*. 5. ed. rev. e ampl. São Paulo: Malheiros Editores, 2013.

FORTINI, Cristiana; MOTTA, Fabrício. Corrupção nas licitações e contratações públicas: sinais de alerta segundo a Transparência Internacional. *A&C – Revista de Direito Administrativo & Constitucional*, Belo Horizonte, ano 16, n. 64, p. 93-113, abr./jun. 2016.

GIOVANINI, Wagner. Programas de Compliance e Anticorrupção: importância e elementos essenciais. In: PAULA, Marco Aurélio Borges de; PIRONTI, Rodrigo (Coord.). *Compliance, Gestão de Riscos e Combate à Corrupção*. Belo Horizonte: Fórum, 2018.

HARARI, Yuval Noah. *Na batalha contra o coronavírus, faltam líderes à humanidade*. Trad. Odorico Leal. São Paulo: Companhia das Letras, 2020.

INSTITUTO BRASILEIRO DE GOVERNANÇA CORPORATIVA. *Guia de orientação para o gerenciamento de riscos corporativos*. São Paulo, SP: IBGC, 2007.

JUSTEN FILHO, Marçal. *Comentários à lei de licitações e contratos administrativos*. 16. ed. São Paulo: Revista dos Tribunais, 2014.

LAFER, Celso. Incerteza Jurídica. *O Estado de S. Paulo*. Disponível em: http://opiniao.estadao.com.br/noticias/geral,incerteza-juridica,70002231774. Acesso em: 06 nov. 2019.

MENEGAT, Fernando; MIRANDA, Gustavo. Gestão de riscos x matriz de riscos em contratos administrativos de empreitada. *Opinião*. 03 jun. 2019. Disponível em: https://www.conjur.com.br/2019-jun-03/opiniao-gestao-riscos-matriz-riscos-contratos-empreitada. Acesso em: 06 nov. 2019.

MENDES, Francisco Schertel; CARVALHO, Vinícius Marques. *Compliance*: concorrência e combate à corrupção. São Paulo: Trevisan, 2017.

MENDES, Renato Geraldo. *O processo de contratação pública*: fases, etapas e atos. Curitiba: Zênite, 2012.

MOREIRA NETO, Diogo de Figueiredo; FREITAS, Rafael Véras de. *A juridicidade da Lei Anticorrupção – reflexões e interpretações prospectivas*. Disponível em: http://www.editoraforum.com.br/wp-content/uploads/2014/01/ART_Diogo-Figueiredo-Moreira-Neto-et-al_Lei-Anticorrupcao.pdf. Acesso: 06 nov. 2019.

NEVES, Edmo Colnaghi; FIGUEIROA, Caio Cesar. Gestão de Riscos. *In*: CARVALHO, André Castro; ALVIM, Tiago Cripa; BERTOCELLI, Rodrigo de Pinho; VENTURINI, Otávio (Coord.). *Manual de Compliance*. Rio de Janeiro: Forense, 2019.

PIRONTI, Rodrigo; GONÇALVES, Francine Pacheco. *Compliance e gestão de riscos nas empresas estatais*. 2. ed. Belo Horizonte: Fórum, 2019.

PIRONTI, Rodrigo; ZILIOTTO, Mirela Miró. *Compliance nas contratações públicas*: exigências e critérios normativos. Belo Horizonte: Fórum, 2019.

PIRONTI, Rodrigo. *Compliance e Gestão de Riscos nas Estatais*: como elaborar uma efetiva matriz de riscos contratuais. Disponível em: https://www.editoraforum.com.br/noticias/compliance-e-gestao-de-riscos-nas-estatais-como-elaborar-uma-efetiva-matriz-de-riscos-contratuais/. Acesso em: 06 nov. 2019.

PIRONTI, Rodrigo. *A corrida contra o tempo para o Compliance e a Gestão de Riscos nas Estatais*. Disponível em: https://www.zenite.blog.br/a-corrida-contra-o-tempo-para-o-compliance-e-a-gestao-de-riscos-nas-estatais/. Acesso em: 06 nov. 2019.

RESENDE, André Lara. Corrupção e capital cívico. *Valor Econômico*, São Paulo, 31 jul. 2015.

SCHRAMM, Fernanda Santos. *Compliance nas contratações públicas*. Belo Horizonte: Fórum, 2019.

SEN, Amartya Kumar. *Development as Freedom*. 4. reimp. 2000.

SMITH, Adam. *The theory of moral sentiments*. 6. ed. 1970. p. 143. Disponível em: https://www.ibiblio.org/ml/libri/s/SmithA_MoralSentiments_p.pdf. Acesso em: 09 set. 2022.

Informação bibliográfica deste texto, conforme a NBR 6023:2018 da Associação Brasileira de Normas Técnicas (ABNT):

ZILIOTTO, Mirela Miró. A avaliação de risco de fornecedores e a (i)legalidade do afastamento de licitantes em razão do grau de risco atribuído. *In*: PÉRCIO, Gabriela Verona; FORTINI, Cristiana (Coord.). *Inteligência e inovação em contratação pública*. 2. ed. Belo Horizonte: Fórum, 2023. p. 75-95. ISBN 978-65-5518-474-7.

A IMPORTÂNCIA ESTRATÉGICA DAS REGIÕES METROPOLITANAS E DOS CONSÓRCIOS PÚBLICOS NAS CONTRATAÇÕES MUNICIPAIS: APRENDIZADOS DA COVID-19

MARIA FERNANDA PIRES DE CARVALHO PEREIRA
TATIANA MARTINS DA COSTA CAMARÃO

1 Introdução

O enfrentamento da pandemia causada pela COVID-19 impactou tudo e todos mundo afora e, no Brasil, para além de todas as repercussões jurídicas geradas, nos impôs a análise do pacto federativo. Isso porque, em nome da proteção da saúde da coletividade, diversas medidas foram adotadas pelos três níveis da federação, nem sempre harmônicas e congruentes no que tange às escolhas efetivadas.

Tamanho dissenso desaguou no âmbito do Supremo Tribunal Federal (STF) e, em sede de liminar (08.04.2020) proferida pelo ministro Alexandre de Moraes, definiu-se pela competência de estados e municípios para edição de suas próprias normas. O tema foi alvo de arguição de descumprimento de preceito fundamental proposta pelo Conselho Federal da Ordem dos Advogados do Brasil (ADPF nº 672/DF).[1] As decisões evidenciaram um conflito federativo, tendo como

---

[1] Conselho Federal da Ordem dos Advogados do Brasil. *Arguição de Descumprimento de Preceito Fundamental nº 672*. Disponível em: http://www.stf.jus.br/arquivo/cms/noticiaNoticiaStf/anexo/ADPF672liminar.pdf. Acesso em: 25 maio 2020.

objeto a cooperação entre municípios, estados, DF e União como ferramenta indispensável para a defesa do interesse público.

No mesmo sentido, no julgamento da Ação Direta de Inconstitucionalidade (ADI) nº 6.341, em 15.04.2020,[2] o plenário do STF reafirmou a competência concorrente dos entes federados para o combate ao coronavírus, resguardando-se à União a possibilidade de legislar sobre o tema, obviamente respeitada a autonomia dos estados e municípios.

Temos assim definida constitucionalmente e acatada pelo STF a competência do ente municipal no combate ao coronavírus, sendo certo, porém, a dificuldade para muitos desses municípios atuarem de modo assertivo, planejado e coordenado, razão pela qual é fundamental trazer a esfera metropolitana e os consórcios públicos para o âmbito do presente debate.

Infelizmente, contudo, a questão metropolitana passou ao largo da abordagem da COVID-19. Nas tratativas e debates, nada se disse sobre a importância das regiões metropolitanas no combate ao novo vírus, em que pesem todas as previsões contidas no Estatuto da Metrópole, em vigor desde 2015.[3]

E a participação do ente metropolitano no combate à COVID-19 seria extremamente importante. Da leitura do art. 2º do Estatuto da Metrópole já se extrai a vocação das regiões metropolitanas para atuação conjunta, inclusive em período pandêmico, ao se definir como função pública de interesse comum a política pública ou ação nela inserida cuja realização por parte de um município, isoladamente, seja inviável ou cause impacto em municípios limítrofes.

Assim, diante de uma crise vivenciada pelos municípios é recomendada a utilização do ente metropolitano para seu enfrentamento, uma vez que quaisquer políticas públicas adotadas devem levar em consideração o impacto nos diversos municípios vizinhos, além do reconhecimento da inviabilidade de que várias delas possam ser realizadas de *per si*, dada a total ausência de capacidade financeira de muitos dos municípios brasileiros.

---

[2] BRASIL. Supremo Tribunal Federal. *Ação Direta de Inconstitucionalidade nº 6.341*. Disponível em: http://portal.stf.jus.br/processos/listarProcessos.asp.numero.Origem.6341. Acesso em: 25 maio 2020.

[3] BRASIL. *Lei nº 13.089, de 12 de janeiro de 2015*. Institui o Estatuto da Metrópole, altera a Lei nº 10.257, de 10 de julho de 2001, e dá outras providências. Secretaria-Geral, Brasília. Disponível em: http://www.planalto.gov.br/ccivil_03/_ato2015-2018/2015/lei/l13089.htm. Acesso em: 27 maio 2020.

Lado outro, é fato que as grandes cidades que integram as regiões metropolitanas possuem 47,5% da população brasileira,[4] ou seja, quase a metade de toda a população do país, e sofrem com mais intensidade os impactos de situações de alta criticidade.

Contudo, em oposição à harmonia e conjugação de esforços, que podem ser alcançadas via da governança metropolitana e das ferramentas previstas no Estatuto da Metrópole, a divergência de conduta entre os diversos governos de esferas distintas apresenta-se como um dos maiores desafios que o país enfrenta para sua concretude.

Ora, a presença pujante de uma governança metropolitana seria fundamental no momento de crise, posto que as situações espinhosas de enfrentamento não reconhecem fronteiras e nem espaços geográficos, sendo certo que de nada adianta adotar medidas em determinada cidade que integre uma região metropolitana se as demais do entorno também não o fizerem e se o estado na qual se inserem não estiver acorde com as políticas públicas previstas e aplicadas, além de disposto a custear as aludidas ações. Vale dizer, a cooperação não é ideologia, mas necessidade premente para a efetividade das determinações de planos e ações a serem adotados.

Isso posto, a esfera metropolitana, seus instrumentos de gestão e as ferramentas previstas no art. 9º do Estatuto da Metrópole apresentam-se como reais possibilidades para um melhor e mais efetivo sistema de realização de políticas comuns. Dentre os instrumentos de desenvolvimento urbano integrado,[5] estão previstos o plano de desenvolvimento urbano integrado, os planos setoriais interfederativos, os fundos públicos, as operações urbanas consorciadas interfederativas, as zonas para aplicação compartilhada dos instrumentos urbanísticos previstos no Estatuto da Cidade, os consórcios públicos, observada

---

[4] IBGE divulga as estimativas da população dos municípios para 2019. *Agência IBGE Notícias*, 28 ago. 2019. Disponível em: https://agenciadenoticias.ibge.gov.br/agencia-sala-de-imprensa/2013-agencia-de-noticias/releases/25278-ibge-divulga-as-estimativas-da-populacao-dos-municipios-para-2019. Acesso em: 25 maio 2020.

[5] Art. 9º Sem prejuízo da lista apresentada no art. 4º da Lei nº 10.257, de 10 de julho 2001, no desenvolvimento urbano integrado de regiões metropolitanas e de aglomerações urbanas serão utilizados, entre outros, os seguintes instrumentos: I – plano de desenvolvimento urbano integrado; II – planos setoriais interfederativos; III – fundos públicos; IV – operações urbanas consorciadas interfederativas; V – zonas para aplicação compartilhada dos instrumentos urbanísticos previstos na Lei nº 10.257, de 10 de julho de 2001; VI – consórcios públicos, observada a Lei nº 11.107, de 6 de abril de 2005; VII – convênios de cooperação; VIII – contratos de gestão; IX – compensação por serviços ambientais ou outros serviços prestados pelo Município à unidade territorial urbana, conforme o inciso VII do *caput* do art. 7º desta Lei; X – parcerias público-privadas interfederativas.

a Lei nº 11.107, de 2005, os convênios de cooperação, os contratos de gestão, a compensação por serviços ambientais ou outros serviços prestados pelo município à unidade territorial urbana e as parcerias público-privadas interfederativas.

Para melhor desenvolvimento do tema voltado às contratações, cumpre registrar que esses instrumentos podem contribuir para o atendimento de comandos estratégicos da nova lei de licitações que é o atendimento do propósito do desenvolvimento sustentável e a realização das compras centralizadas ou compartilhadas.

De acordo com o art. 19, inciso I, da Nova Lei de Licitações e Eontratos, Lei nº 14.133/21, os órgãos e entidades da Administração Pública devem, preferencialmente, realizar a contratação por meio do consumo compartilhado. A economia compartilhada decorrente do volume das compras e rateio de recursos tem recebido atenção dos gestores, pois tem resultado em inúmeras vantagens comparado ao modelo de contratação tradicional.

2 As vantagens da centralização de compras

Como dito, é diretriz da nova lei a realização das compras colaborativas para desanuviar as contratações dos órgãos e entidades públicas, já que as aquisições compartilhadas apresentam várias vantagens: permite contratações com ganhos de escala; reduz o número de licitações e evita o retrabalho; reduz o número de servidores responsáveis pelas licitações nos municípios consorciados, que passam a apoiar as atividades-fim; possibilita maior abrangência de divulgação da contratação; e promove a ampliação do número de fornecedores concorrentes.

Nessa perspectiva, as contratações centralizadas por meio dos consórcios públicos e as compras compartilhadas, como instrumento de desenvoliemnto urbano integrado, podem ser uma excelente alternativa para o alcance desse resultado.

Com relação aos consórcios públicos, vale destacar que, a despeito de sua utilização desde há muito, visto que o marco regulatório dos Consórcios Públicos é de 2005, grande é o desafio vez que essas entidades enfrentam, pois dependem da cooperação entre os municípios, o que nunca foi tarefa fácil, seja pela autonomia de cada um dos entes federados, seja pela comum ausência de harmonia de pensamento entre eles, seja por constantes problemas de ordem política e financeira.

E é fato que se os conflitos transcendem os consensos, a ideia de governabilidade cooperativa resta prejudicada.

Passemos então à análise dos consórcios públicos no âmbito do Estatuto da Metrópole.

3 Os consórcios públicos como ferramenta de desenvolvimento urbano integrado no Estatuto da Metrópole e importante instrumento na pandemia

Os consórcios públicos, nos termos do art. 241 da CF, resultam do vínculo voluntário entre os entes federados visando à promoção associada de serviços públicos, assim como a transferência total ou parcial de encargos, serviços, pessoal e bens essenciais à continuidade dos serviços transferidos.

Pois bem, a Lei nº 11.107/2005[6] dispõe sobre normas gerais para a União, estados, Distrito Federal e municípios contratarem consórcios públicos para a realização de objetivos de interesse comum. O Decreto nº 6.017/2007,[7] que a regulamentou, qualifica o consórcio público como sendo a pessoa jurídica formada exclusivamente por entes da federação para estabelecer relações de cooperação federativa, inclusive a realização de objetivos de interesse comum, constituída como associação pública, com personalidade jurídica de direito público e natureza autárquica, ou como pessoa jurídica de direito privado sem fins lucrativos.

Vê-se, assim, que é da gênese do instrumento sua utilização em prol das regiões metropolitanas e aglomerações urbanas, visto que voltado à consecução de objetivos de interesse comum. Segundo Élida Seguin e Luciane Martins de Araújo:

> Ao colocar no Estatuto da Metrópole a prevalência do interesse comum acima do local, a lei deixa claro a imprescindibilidade de se compartilhar as responsabilidades entre os entes federativos envolvidos na gestão metropolitana, sem que estes percam sua autonomia, é claro.[8]

---

[6] BRASIL. *Lei nº 11.107, de 06 de abril de 2005.* Dispõe sobre normas gerais de contratação de consórcios públicos e dá outras providências. Casa Civil. Brasília. Disponível em: http://www.planalto.gov.br/ccivil_03/_ato2004-2006/2005/lei/l11107.htm. Acesso em: 24 abr. 2020.

[7] BRASIL. *Decreto nº 6.017, de 17 de janeiro de 2007.* Regulamenta a Lei nº 11.107, de 06 de abril de 2005, que dispõe sobre normas gerais de contratação de consórcios públicos. Casa Civil. Brasília. Disponível em: http://www.planalto.gov.br/ccivil_03/_Ato2007-2010/2007/Decreto/D6017.htm. Acesso em: 27 maio 2020.

[8] SEGUIN, Élida; ARAÚJO, Luciane Martins de. Estatuto da Metrópole. *Revista de Direito Ambiental*, São Paulo, v. 82, p. 359-390, 2016. Trimestral.

Apresentam-se os consórcios públicos como excelente instrumento que serve ao compartilhamento das responsabilidades de estado e municípios integrantes de dada região metropolitana com vistas à consecução de funções públicas de interesse comum, considerados os impactos que transcendem limites municipais e necessitam da implementação de mecanismos de governança, exatamente como acontece no presente momento pandêmico.

Em pesquisa publicada pelo repositório do IPEA,[9] registram-se mais de 3.100 municípios envolvidos em arranjos consorciais intermunicipais para diversos fins de interesse comum. É interessante registrar que, antes da Constituição Federal de 1988, esse número era infinitamente menor, sendo certo que, com a entrada em vigor da Lei nº 11.107/2005, introduziu-se uma nova modalidade de pacto federativo e estabeleceram-se regras mais adequadas para a efetivação do instrumento, ofertando melhores condições para sua implementação e maior segurança jurídica.

Com isso, o referido instrumento tem servido ao desenvolvimento regional aplicando-se as áreas da educação, saúde, turismo, cultura, habitação, meio ambiente, transporte e desenvolvimento urbano, em que pese a maior parte deles se dar na área da saúde.

Assim é que os consórcios públicos têm se apresentado como excelente auxílio aos municípios, que se, de um lado, fortaleceram-se com a transferência de responsabilidades pós-Constituição Federal de 1988, de outro, enfrentam grandes dificuldades em razão de deficiências organizacionais e financeiras, a exemplo da baixa qualificação dos servidores públicos, lacunas no planejamento, entraves burocráticos, poucos recursos, conflitos de agendas, disputas políticas entre os chefes dos executivos locais, entre outros.

Apesar dessas dificuldades, os consórcios públicos apresentam-se como efetiva e importante alternativa de ação conjunta municipal, podendo ser o protagonista de soluções capazes de mitigar os efeitos de problemas espinhosos e fortalecimento de ações conjuntas.

---

[9] LINHARES, Paulo de Tarso; MESSENBERG, Roberto Pires; FERREIRA, Ana Paula Lima. *Transformações na Federação Brasileira*: o consórcio intermunicipal no Brasil no início do Século XXI. Disponível em: www.repositorio.ipea.gov.br. Acesso em: 22 abr. 2020.

4 As contratações compartilhadas como instrumento de aquisição conjunta de bens e serviços em rede

A contratação compartilhada é a aquisição conjunta de bens e serviços que geram menor impacto ambiental, maior inclusão social, consideram a dimensão cultural da sustentabilidade e eficiência econômica, com ganho de escala, realizada por organizações públicas de diferentes setores ou entre unidades de uma mesma organização pública, visando fomentar a produção e o consumo sustentáveis no país.[10]

Para além da economia processual e ganho de escala, as compras compartilhadas permitem o fortalecimento das conexões interinstitucionais e padronização regional dos produtos e serviços contratados.

A propósito, o Conselho Nacional de Justiça editou a Resolução nº 347, de 13 de outubro de 2020, que dispõe sobre a Política de Governança das Contratações Públicas no Poder Judiciário, e determinou que os órgãos do Poder Judiciário devem, preferencialmente, efetuar suas compras na forma compartilhada, pelas inúmeras vantagens que essa modal oferece.

> Art. 19. As licitações para contratação de bens e serviços de uso comum pelos órgãos do Poder Judiciário serão, preferencialmente, efetuadas por compras compartilhadas.
>
> Art. 20. As unidades de compras dos órgãos do Poder Judiciário que atuam em nível nacional deverão, sempre que possível:
>
> I – desenvolver, propor e implementar modelos, mecanismos, processos e procedimentos para contratação compartilhada de bens e serviços de uso comum pelos órgãos;
>
> II – planejar, coordenar, monitorar e operacionalizar as atividades relacionadas à inteligência e à estratégia de licitação;
>
> III – fomentar o processo de padronização e catalogação de itens sob sua responsabilidade no catálogo de materiais e serviços, sempre que possível, com a inclusão de critérios de sustentabilidade.

Portanto, a promoção das compras compartilhadas e interação colaborativa deve ser prestigiada pelos órgãos e entidades públicas e a região metropolitana é um excelente instrumento para liderar essa rede.

---

[10] Definição constante do Anexo da Resolução nº 347, do CNJ.

5 As alternativas e possibilidades de inovação das contratações por meio dos consórcios públicos e das regiões metropolitanas: Os ensinamentos pós-pandemia Covid-19

A COVID-19 exigiu medidas para o enfrentamento da emergência de saúde pública, a resultar na edição de vários normativos.

Com a necessidade de se ter uma resposta célere, vários procedimentos de contratações públicas foram flexibilizados, criados e/ou ampliados. Ainda assim, os municípios, especialmente, foram impactados pela falta de produtos e elevação dos preços em patamares inaceitáveis.

Um dos resultados exitosos percebidos das contratações de enfretamento da pandemia é as vantagens das contratações conjuntas. Muita embora, inicialmente, a logística da aquisição tenha sofrido várias reclamações, o que se verificou é que a compra compartilhada entre os entes é uma excelente prática e deve ser priorizada.

Portanto, considerando que as modulagens de contratações conjuntas utilizadas no período pandêmico demonstraram várias vantagens para os municípios enfrentarem a covid-19, faz-se necessário buscar melhoria contínua nos processos e procedimentos mantenedores da máquina administrativa por meio de estudos de outras modelagens de contrações centralizadas.

Logo, criar uma estratégia para a contratação conjunta, de tal modo que se ganhe na economia de escala e atraia potenciais interessados, que não teriam interesse na relação negocial se feita isoladamente, é alternativa concreta à disposição dos municípios que integram regiões metropolitanas e consórcios públicos e deve ser medida estratégica a ser observada por todos.

O colapso financeiro no qual se encontram os municípios[11],[12] exige medidas de compartilhamento de despesas, otimização de recursos e novos modelos de negócios, mais modernos e com menor dispêndio.

Com isso, percebe-se que a participação dos consórcios e regiões metropolitanas para superar todas essas dificuldades e adversidades

---

[11] LIMA, Bianca; GERBELLI, Luiz Guilherme. Em ano de eleição, centenas de municípios estão à beira do colapso financeiro. *Portal G1*, 20 fev. 2020. Disponível em: https://g1.globo.com/economia/noticia/2020/02/20/em-ano-de-eleicao-centenas-de-municipios-estao-a-beira-do-colapso-financeiro.ghtml. Acesso em: 09 set. 2022.

[12] Pandemia impõe crise financeira aos Municípios. *FGM – Federação Goiana de Municípios*, 29 abr. 2020. Disponível em: https://fgm-go.org.br/pandemia-impoe-crise-financeira-aos-municipios/. Acesso em: 09 set. 2022.

pós-pandemia, bem como aperfeiçoar o ambiente de negócios dos municípios, é diretriz necessária para produzir resultados ótimos e sustentáveis.

Podemos citar como iniciativa estratégica a ser adotada pela articulação dos integrantes das regiões metropolitanas e consórcios e que representa uma solução baseada em custos a prestação de serviços continuados de *outsourcing* de almoxarifado virtual.

O almoxarifado virtual é uma plataforma de *e-commerce* na qual as unidades administrativas escolhem de forma *online* os insumos de acordo com sua demanda, dentro da quota mensal disponível, a ser entregue no prazo e local previamente ajustados.[13],[14]

Com essa dinâmica, órgãos e entidades públicas passam a economizar com armazenamento, estoques, seguro, locação de espaço físico, logística e transporte. Além disso, é uma excelente ferramenta de avaliação de qualidade, pois, se o produto não for adequado, é imediatamente devolvido, obrigando as empresas a manterem um rigoroso controle de qualidade, com análise de satisfação de ponta a ponta, evitando custos de troca ou substituição.

É importante registrar, ainda, que a plataforma oferece diversos relatórios, possibilitando maior controle do consumo dos materiais e evita desperdício.

Certo é que a implantação dessa modelagem só será possível pela maioria dos municípios por meio do compartilhamento de suas demandas, pois o poder de compra centralizado servirá para atrair potenciais fornecedores interessados, que não participariam da contratação caso realizada isoladamente.

Outra medida que se mostra adequada é a contratação de aplicativo de mobilidade para uso dos servidores. A utilização de frota própria, frequente nos municípios, envolve custos elevados de manutenção, guarda, reposição de peças, local físico para garagens, limpeza, seguro e pessoal terceirizado, em manifesto descompasso com a crise fiscal que enfrentam.[15]

---

[13] BRASIL. Portal de Compras. *Almoxarifado Virtual*. Disponível em: https://comprasgovernamentais.gov.br/index.php/central-de-compras/almoxarifado-virtual. Acesso em: 09 set. 2022.

[14] O Instituto Chico Mendes de Conservação da Biodiversidade (ICMBio) foi pioneiro na utilização dessa ferramenta e oferece dados que demonstram o êxito dessa modelagem de negócio. Disponível em: https://www.icmbio.gov.br/portal/ultimas-noticias/3824-icmbio-e-premiado-com-iniciativa-de-inovacao-na-gestao-publica-federal.

[15] BRASIL. Escola Nacional de Administração Pública. *Taxi Gov*: mobilidade de Servidores no Governo Federal. Disponível em: https://repositorio.enap.gov.br/handle/1/4154. Acesso em: 09 set. 2022.

Ademais, a maioria dos veículos encontram-se parados, com pouca ou quase nenhuma demanda, muito embora as despesas de operação e manutenção permaneçam sendo pagas. Nesse contexto de imperativa redução de custos, a alternativa de contratação de aplicativo e sistemas de solicitação de veículos, em que se paga apenas pela efetiva utilização do transporte, apresenta-se como uma ótima solução para os órgãos públicos.

Convém frisar, ainda, que no pós-COVID-19, com a realidade do aumento de servidores trabalhando remotamente, a demanda por transporte sofrerá redução significativa, exigindo, portanto, medidas de inovação.

Vê-se, mais uma vez, que a contratação dessa modelagem de gestão de frotas se torna interessante de ser efetuada pelos consórcios. Para além de inovar com a utilização de aplicativo que centraliza a gestão e o pagamento, permitirá que os municípios consorciados tenham acesso a serviços com maior agilidade, menor custo, controle dos registros das corridas por meio de sistema informatizado e recurso de avaliação da qualidade da prestação e tempo de atendimento. Não há dúvidas que a incorporação dessa solução vai ao encontro da necessidade pungente dos municípios que sofrem com a gestão de suas frotas de veículos.[16]

Mecanismo de atrativo similar a ser adotado pelos consórcios, em nome dos municípios, é a criação de aplicativo direcionado aos fornecedores dos consórcios e região metropolitana com o propósito de consultarem as oportunidades de negócios promovidas em nome de seus integrantes. Trata-se de ferramenta promotora de mais transparência e alcance para as demandas dos municípios, permitindo maior competitividade e modernização no sistema de contratações. O aplicativo poderá oferecer, ainda, filtros com informações exclusivas sobre as compras que mais interessam ao perfil da empresa.[17]

O uso de plataforma *online* também se apresenta como solução para a agilização do sistema de cadastro de fornecedores, que, hoje, é manual, complexo, contém uma infinidade de formulários e tem a exigência da entrega física de documentos.

Com essa realidade de incorporar ferramentas digitais nas ações e atividades ligadas à gestão pública, essa transformação digital do

---

[16] BRASIL. Escola Nacional de Administração Pública. *Taxi Gov*: mobilidade de Servidores no Governo Federal. Disponível em: https://repositorio.enap.gov.br/handle/1/4154. Acesso em: 09 set. 2022.

[17] Essa ferramenta foi criada pelo Sebrae para atender as microempresas e empresas de pequeno porte. BRASIL. Portal de Compras. *Compras Net Mobile*. Disponível em: https://comprasgovernamentais.gov.br/index.php/component/tags/tag/24. Acesso em: 09 set. 2022.

cadastro de fornecedores surge com maior intensidade e é mais fácil de ser implementada nos municípios por meio dos consórcios, pois possibilita o rateio dos custos de sua implantação e operacionalização. Além do cadastramento *online*, a plataforma também seria repositório de toda e qualquer documentação demandada nas contratações, assim como gerenciaria prazos de vigência de certidões exigidas com emissões de alertas e validade e apresentação das sanções aplicáveis.[18]

A criação de catálogo eletrônico de compras, serviços e obras também é medida merecedora da atenção ciosa dos gestores, podendo ser mais bem elaborado e gerenciado se realizado de forma concentrada pelos consórcios e regiões metropolitanas. A padronização de especificações é estratégica no planejamento das contratações públicas dos municípios, e sua deficiência, muitas vezes, leva ao desperdício passivo. Assim, é imperativo que se crie o catálogo eletrônico com itens padronizados e codificados, o qual facilitará a elaboração das requisições e permitirá a otimização das compras.

A pesquisa mercadológica é outro entrave das contratações pelos municípios. A dificuldade de obter várias fontes de consultas e a inexistência de valor consultado considerando a realidade local frequentemente fazem com que essa etapa demande tempo alargado de conclusão, sem, contudo, chegar-se ao resultado que espelhe o valor real de mercado. A possibilidade de o consórcio público e da região metropolitana incluir no catálogo eletrônico a pesquisa de preços dos bens e serviços considerando a realidade da região metropolitana mitigaria o trabalho dos cotistas nos municípios que a integram, já que poderão se utilizar da informação registrada.

Considerando, ainda, a necessidade de melhor adequação da gestão municipal à nova lei , é essencial que os servidores recebam treinamentos frequentes para aumentar o conhecimento, habilidade e aptidão para solucionar os novos problemas. Da mesma forma que as demais propostas, seria relevante centralizar a contratação dos cursos pelos consórcios e regiões metropolitanas, considerando as necessidades dos municípios envolvidos e o valor decorrente da demanda compartilhada.

Por fim, vale alertar que toda essa miríade de soluções possíveis apresentada como estratégia de negócio a ser implantada por meio de uma integração regional dos consórcios públicos e regiões

---

[18] Uma boa prática é a ferramenta e-fornecedor desenvolvida pelo governo do Estado do Mato Grosso do Sul. Disponível em: http://www.centraldecompras.ms.gov.br/fornecedores/.

metropolitanas encontra-se no nível das sugestões plausíveis. Contudo, qualquer implantação deve ser precedida de estudo técnico preliminar, o qual descreverá a necessidade da contratação, a avaliação dos custos e a identificação dos benefícios de cada opção, indicando a alternativa mais vantajosa.

5 Conclusão

A situação confirma a regra brasileira de que a positivação nem sempre é garantia de eficácia e efetividade. Vários desafios precisam ser superados para a adequada aplicação dos instrumentos de desenvolvimento urbano integrado, especialmente os consórcios públicos e as regiões metropolitanas avaliados ao longo do texto.

Primeiro, é necessário elevar o arranjo metropolitano ao patamar que merece, uma vez que é sempre relegado a um segundo plano no país, especialmente neste momento de crise, posto que representa concreta alternativa no combate à pandemia, até porque o vírus não reconhece fronteira municipal ou barreira geográfica. Assim, pensar a utilização do instrumento do consórcio público e da região metropolitana é viabilizar soluções várias que não seriam possíveis de adoção isolada, além de fortalecer os municípios e o estado integrante de dada região metropolitana.

Segundo, hão de ser superadas as dificuldades de alinhamento de objetivos comuns e disputas entre os entes que integram a região metropolitana. Sem a cooperação e harmonia entre os municípios que a integram, não será possível a implantação de quaisquer das proposições aqui indicadas ou, caso implantadas, não alcançarão os resultados desejáveis.

Terceiro, para a melhor consecução das alternativas apresentadas no texto, é fundamental a cooperação entre os municípios e o estado que integram a região metropolitana. Sabe-se que não é medida fácil, visto que a cooperação exige uma articulação complexa e a flexibilização dos envolvidos para não comprometer os interesses comuns em detrimento dos interesses locais.

Quarto, algumas fragilidades precisam ser enfrentadas no que tange às formas organizativas dos municípios, merecendo citação as seguintes fragmentações metropolitanas: baixa tradição em políticas regionais, ausência de capital humano com capacitação técnica adequada nos municípios, diferenças políticas e ideológicas dos seus representantes, falta do entendimento da gestão pública sobre as questões metropolitanas e sobre o desenvolvimento das cidades de maneira regional, além do dissenso caracterizado pelos conflitos metropolitanos.

Apesar das dificuldades apontadas, destaque-se a importância dos consórcios públicos intermunicipais como arranjos institucionais capazes de formular e conduzir projetos de interesse para a área de políticas públicas regionais, que exige decisões rápidas, hábeis e coletivas. Esse é, aliás, o comando da nova lei, que prestigia a centralização das contratações, preferencialmente por meio dos consórcios, no caso dos municípios com pouco poder de compra.

Em conclusão, é imperiosa a adoção de medidas e soluções que representem o melhor caminho para atender o interesse público coletivo. Considerando o caos econômico no qual se encontram os municípios, é essencial repensar o modelo atual de contratação isolada local, buscando novos modelos de gestão compartilhada e colaborativa, a melhor alternativa para redução dos custos com o ganho de escala e a desoneração processual das áreas-meio. E rever essa mudança organizacional mediante a centralização das contratações municipais nos consórcios e regiões metropolitanas é medida inadiável e benfazeja.

Referências

BRASIL. *Decreto nº 6.017, de 17 de janeiro de 2007*. Regulamenta a Lei nº 11.107, de 06 de abril de 2005, que dispõe sobre normas gerais de contratação de consórcios públicos. Casa Civil. Brasília. Disponível em: http://www.planalto.gov.br/ccivil_03/_Ato2007-2010/2007/Decreto/D6017.htm. Acesso em: 27 maio 2020.

BRASIL. Escola Nacional de Administração Pública. *Taxi Gov*: mobilidade de Servidores no Governo Federal. Disponível em: https://repositorio.enap.gov.br/handle/1/4154. Acesso em: 09 set. 2022.

BRASIL. *Lei nº 11.107, de 06 de abril de 2005*. Dispõe sobre normas gerais de contratação de consórcios públicos e dá outras providências. Casa Civil. Brasília. Disponível em: http://www.planalto.gov.br/ccivil_03/_ato2004-2006/2005/lei/l11107.htm. Acesso em: 24 abr. 2020.

BRASIL. *Lei nº 13.089, de 12 de janeiro de 2015*. Institui o Estatuto da Metrópole, altera a Lei nº 10.257, de 10 de julho de 2001, e dá outras providências. Secretaria-Geral, Brasília. Disponível em: http://www.planalto.gov.br/ccivil_03/_ato2015-2018/2015/lei/l13089.htm. Acesso em: 27 maio 2020.

BRASIL. Portal de Compras. *Almoxarifado Virtual*. Disponível em: https://comprasgovernamentais.gov.br/index.php/central-de-compras/almoxarifado-virtual. Acesso em: 09 set. 2022.

BRASIL. Portal de Compras. *Compras Net Mobile*. Disponível em: https://comprasgovernamentais.gov.br/index.php/component/tags/tag/24. Acesso em: 09 set. 2022.

BRASIL. Supremo Tribunal Federal. *Ação Direta de Inconstitucionalidade nº 6.341*. Disponível em: http://portal.stf.jus.br/processos/listarProcessos.asp.numero.Origem.6341. Acesso em: 25 maio 2020.

Conselho Federal da Ordem dos Advogados do Brasil. *Arguição de Descumprimento de Preceito Fundamental nº 672*. Disponível em: http://www.stf.jus.br/arquivo/cms/noticiaNoticiaStf/anexo/ADPF672liminar.pdf. Acesso em: 25 maio 2020.

GOVERNO DO ESTADO DO MATO GROSSO DO SUL. Disponível em: http://www.centraldecompras.ms.gov.br/fornecedores/. Acesso em: 09 set. 2022.

IBGE divulga as estimativas da população dos municípios para 2019. *Agência IBGE Notícias*, 28 ago. 2019. Disponível em: https://agenciadenoticias.ibge.gov.br/agencia-sala-de-imprensa/2013-agencia-de-noticias/releases/25278-ibge-divulga-as-estimativas-da-populacao-dos-municipios-para-2019. Acesso em: 25 maio 2020.

LIMA, Bianca; GERBELLI, Luiz Guilherme. Em ano de eleição, centenas de municípios estão à beira do colapso financeiro. *Portal G1*, 20 fev. 2020. Disponível em: https://g1.globo.com/economia/noticia/2020/02/20/em-ano-de-eleicao-centenas-de-municipios-estao-a-beira-do-colapso-financeiro.ghtml. Acesso em: 09 set. 2022.

LINHARES, Paulo de Tarso; MESSENBERG, Roberto Pires; FERREIRA, Ana Paula Lima. *Transformações na Federação Brasileira*: o consórcio intermunicipal no Brasil no início do Século XXI. Disponível em: www.repositorio.ipea.gov.br. Acesso em: 22 abr. 2020.

Pandemia impõe crise financeira aos Municípios. *FGM – Federação Goiana de Municípios*, 29 abr. 2020. Disponível em: https://fgm-go.org.br/pandemia-impoe-crise-financeira-aos-municipios/. Acesso em: 09 set. 2022.

SEGUIN, Élida; ARAÚJO, Luciane Martins de. Estatuto da Metrópole. *Revista de Direito Ambiental*, São Paulo, v. 82, p. 359-390, 2016. Trimestral.

Informação bibliográfica deste texto, conforme a NBR 6023:2018 da Associação Brasileira de Normas Técnicas (ABNT):

PEREIRA, Maria Fernanda Pires de Carvalho; CAMARÃO, Tatiana Martins da Costa. A importância estratégica das regiões metropolitanas e dos consórcios públicos nas contratações municipais: aprendizados da Covid-19. *In*: PÉRCIO, Gabriela Verona; FORTINI, Cristiana (Coord.). *Inteligência e inovação em contratação pública*. 2. ed. Belo Horizonte: Fórum, 2023. p. 97-110. ISBN 978-65-5518-474-7.

CONTRATUALIZAÇÃO ESTATAL, INOVAÇÃO E MATERIALIZAÇÃO DO INTERESSE PÚBLICO ATRAVÉS DE CONTRATOS DE FOMENTO: POR UMA NOVA RACIONALIDADE PARA O DESENVOLVIMENTO TECNOLÓGICO BRASILEIRO

ADRIANA DA COSTA RICARDO SCHIER
VIVIAN CRISTINA LIMA LÓPEZ VALLE

1 Introdução

A Constituição da República Federativa de 1988, recepcionando as demandas plurais impostas pela sociedade brasileira, atribui ao Estado o papel de protagonista na prestação de atividades voltadas a assegurar o desenvolvimento almejado e previsto no art. 3º, do texto. Imputou-se ao Poder Público, nesse cenário, o dever de atuar para garantir as promessas feitas pelos constituintes, assegurando às cidadãs e aos cidadãos brasileiros uma sociedade livre, justa e solidária, livre da pobreza, da marginalização e da discriminação. Assumiu-se como obrigação do Estado a redução das desigualdades e o dever de promoção do bem de todas e todos, sem preconceitos de qualquer origem.

Na esfera internacional, tais promessas foram confirmadas pelo Estado brasileiro em diversas oportunidades. Importa ao recorte da presente pesquisa a adesão à Agenda 2030, firmada em 2015 pela ONU, documento no qual a entidade estabelece os 17 Objetivos do Desenvolvimento Sustentável – ODS.

A adoção de tais modelos normativos, entretanto, não foi suficiente para extirpar da sociedade brasileira os altos índices de exclusão social. Seja na seara do desenvolvimento econômico, seja na seara do desenvolvimento socioambiental, o Brasil tem apresentado índices que distanciam o país daqueles que lideram o ranking do Índice de Desenvolvimento Humano.[1]

Diante de tal realidade, que vem sendo ainda mais afetada pelos efeitos da Pandemia da COVID-19,[2] exige-se da Administração Pública a adoção de soluções criativas que permitam ao Estado manter-se na condição de principal agente na consecução do desenvolvimento, admitindo-se, também, o reconhecimento de outros importantes atores nesse processo.

Nesse panorama, em sinergia com o ODS 17,[3] as parcerias com a sociedade civil caracterizam-se como alternativas nas quais o poder público fará o repasse aos particulares de recursos diversos, voltados à consecução de ações que atendam o interesse da coletividade.

O Estado brasileiro, nas mais diversas áreas, vem priorizando o ambiente de parceria e, nesse macro universo, pode ser identificado o pano de fundo dos contratos administrativos. Pode-se afirmar que a contratação pública, nesse recorte, assume "um papel de relevância na Administração contemporânea em substituição ou complementação às tradicionais formas unilaterais de ação administrativa, de modo que se tornou corriqueira a referência à ideia do exercício da atividade governamental por meio dos contratos em diferentes ordenamentos".[4] Os contratos despontam, destarte, como "pontes de cooperação do Estado com as entidades privadas, em que, através da parceria com agentes privados o Estado passa a ter condições de alcançar os fins públicos definidos na Constituição".[5]

---

[1] Em 2020, o Brasil classificou-se em 84º lugar no ranking, de acordo com o Relatório divulgado em dezembro de 2021, pelo PNUD – Programa das Nações Unidas para o Desenvolvimento. Disponível em: http://hdr.undp.org/sites/default/files/hdr_2019_overview_-_pt.pdf. Acesso em: 14 maio 2022.

[2] Conferir, sobre o tema, https://nacoesunidas.org/cepal-para-reconstruir-america-latina-e-caribe-pos-pandemia-e-necessario-igualdade-e-estabilidade/. Acesso em: 10 jun. 2020.

[3] O ODS 17 é o que prevê "Parcerias e meios de implementação". Visa fortalecer os meios de implementação de todos os 16 objetivos anteriores em parcerias voltadas a revitalizar o desenvolvimento sustentável, seja entre entes estatais, seja entre entes dos estados e da sociedade civil. Disponível em: http://www.agenda2030.org.br/ods/17/ Acesso em: 10 jun. 2020.

[4] VALLE, Vivian Cristina Lima Lopez. *Contratos Administrativos e um novo regime jurídico de prerrogativas contratuais na Administração Pública Contemporânea*. 1. ed. Porto Alegre: Editora Fórum, 2018. p. 122.

[5] *Idem*, p. 123.

Essa perspectiva mais ampla na compreensão dos contratos administrativos permite identificar o recorte pretendido no presente artigo: os contratos de fomento. Tal atividade da Administração encontra seu principal fundamento no art. 174, da Constituição da República, e traduz-se como um mecanismo de intervenção do Estado na seara econômica que permite a satisfação das necessidades sociais mediante o estímulo, de forma não compulsória, da atuação dos setores organizados da sociedade.

Uma das áreas nas quais se destacam políticas públicas de fomento é a área da inovação. Nesse setor, o ODS nº 9 – Indústria, inovação e infraestrutura – prevê como diretrizes a construção de infraestruturas resilientes, a promoção da industrialização inclusiva e sustentável e o fomento à inovação.[6] A reflexão sobre tal objetivo permite concluir que o progresso tecnológico é "uma das chaves para as soluções dos desafios econômicos e ambientais". Destaca-se a meta 9.5: "Fortalecer a pesquisa científica, melhorar as capacidades tecnológicas de setores industriais em todos os países, particularmente nos países em desenvolvimento, inclusive, até 2030, incentivando a inovação e aumentando substancialmente o número de trabalhadores de pesquisa e desenvolvimento por milhão de pessoas e os gastos público e privado em pesquisa e desenvolvimento".[7]

Essas diretivas foram adotadas no Brasil pela Emenda Constitucional nº 85/2015, que estabeleceu novas bases para a Ciência, Tecnologia e Inovação estabelecendo, expressamente no art. 218, da Constituição da República, que o Estado deverá promover e incentivar o desenvolvimento científico, a pesquisa, a capacitação científica e tecnológica e a inovação.

Desde então, vem sendo editadas sucessivas legislações que constituem atualmente o seu Marco Legal. Destaca-se, em nível federal, a Lei nº 10.973/2004, alterada pela Lei nº 13.243/2016 e o Decreto nº 9.283/2018.

A partir desse panorama, o presente estudo pretende retomar o ambiente de parceria que vem sendo consolidado no Brasil, a partir do estudo dos Contratos de Fomento para que, em um segundo momento, verifique-se como tais ajustes configuram-se como instrumentos poderosos para o estímulo da inovação no Brasil, essencial para o alcance dos ideais de desenvolvimento sustentável.

---

[6] PACTO GLOBAL REDE BRASIL. *Objetivos de Desenvolvimento Sustentável (ODS)*. Disponível em: https://www.pactoglobal.org.br/ods. Acesso em: 20 fev. 2020.

[7] Disponível em: http://www.agenda2030.com.br/ods/9/. Acesso em: 20 fev. 2020.

2 O ambiente das parcerias da Administração Pública com particulares e o Estado contratualizado do Século XXI

A releitura proposta no presente artigo sobre as parcerias é a de que a união de esforços entre Estado e sociedade civil mostra-se como uma importante alternativa na consecução de atividades que são essenciais para a proteção dos bens tutelados pela Constituição da República. Todos os mecanismos que decorrem dessas parcerias, assim, deverão ser compreendidos a partir dos cânones do Direito Administrativo Social, preservando-se o âmbito de prestação de serviços públicos, admitindo-se igualmente o incentivo aos particulares na realização de atividades de interesse coletivo.[8]

O Estado mantém-se, assim, na condição de protagonista na realização dos direitos fundamentais, mas se reconhece à sociedade civil o dever de colaborar na construção dos ideais do desenvolvimento.[9]

Destarte, a análise sistemática dos dispositivos constitucionais permite reconhecer que se conferiu ao Estado "uma inafastável competência própria e direta para gerir o processo de desenvolvimento", atribuindo igualmente "à sociedade e à comunidade deveres de ação complementar".[10] Assim, diante da necessidade de atuação do Poder Público, igualmente faz-se relevante admitir que as pessoas deverão estar ativamente envolvidas na consecução dos objetivos plasmados na Constituição, "na conformação de seu próprio destino", não sendo apenas "beneficiárias passivas dos frutos de engenhosos programas de desenvolvimento".[11] Afinal, nas palavras de Amartya Sen, "o Estado e a sociedade têm papéis amplos no fortalecimento e na proteção das capacidades humanas. São papéis de sustentação, e não de entrega sob encomenda".[12]

Nessa esteira, entende-se a parceria como a associação de interesses comuns, "fundada na complementariedade dos pontos fortes e

---

[8] HACHEM, Daniel Wunder. A Maximização dos Direitos Fundamentais Econômicos e Sociais pela via Administrativa e a Promoção do Desenvolvimento. *Revista de Direitos Fundamentais e Democracia*, Curitiba, v. 13, n. 13, p. 340-399, jan./jun. 2013.

[9] SENGUPTA, Arjun. O Direito ao Desenvolvimento como um Direito Humano. *Revista Social Democracia Brasileira*, Brasília, n. 68, p. 72, mar. 2002.

[10] HACHEM, Daniel Wunder. *Op. Cit.* No mesmo sentido, GABARDO, Emerson. *Interesse Público e Subsidiariedade*: o Estado e a sociedade civil para além do bem e do mal. Belo Horizonte: Fórum, 2009. p. 247.

[11] SEN, Amartya Kumar. *Desenvolvimento como Liberdade*. Tradução de Laura Teixeira Motta. São Paulo: Companhia das Letras, 2010. p. 77.

[12] *Idem.*

fracos dos partícipes, disciplinada pelo direito e geradora de obrigações jurídicas, voltada à implementação de serviços ou projetos compartilhados, independentemente da criação de pessoa jurídica".[13]

Os mecanismos de parcerias, desse modo, configuram-se como institutos próprios de um modelo consensual de Administração Pública, modelo esse que na doutrina brasileira vem desenhado a partir das clássicas lições de Odete Medauar.[14] Para a autora, o poder público deve superar a tendência dos atos imperativos e, com a colaboração do particular, deverá adotar soluções decorrentes de negociações e acordos.[15]

Tem-se, portanto, na seara administrativa, a construção de um ambiente dialógico, fundado em uma racionalidade "pluralista e democrática (…) endereçada ao cumprimento coerente e coeso das metas superiores da Constituição".[16] Segundo Maria Sylvia Zanella di Pietro, "quer-se o Estado que estimula, que ajuda, que subsidia a iniciativa privada; quer-se a (…) colaboração entre público e privado na realização das atividades administrativas do Estado".[17]

Esse é o contexto em que a associação do Estado com a sociedade civil emerge na Constituição da República. Essa parceria tem sentido amplo que abrange inúmeras formas de ajustes e vínculos da Administração Pública com os cidadãos. Também abarca hipóteses em que o Estado passa a contar com os indivíduos na consecução do interesse público, seja através dos Contratos Administrativos típicos, seja mediante interações decorrentes de incentivos e estímulos que remetem à atividade de fomento.[18]

Entende-se parceria, então, como "a colaboração entre o poder público e a iniciativa privada nos âmbitos econômico e social, para

---

[13] MODESTO, Paulo. Parcerias público-sociais (PPS): categoria jurídica, sustentabilidade e controle em questões práticas. In: FUX, Luiz; MODESTO, Paulo; MARTINS, Humberto Falcão. *Organizações sociais após a decisão do STF na ADI n. 1923/2015*. Belo Horizonte: Fórum, 2017. p. 97.

[14] MEDAUAR, Odete. O direito administrativo em evolução. 3. ed. São Paulo: Gazeta Jurídica Editora e Livraria, 2017. p. 356.

[15] MEDAUAR, Odete. *Op. cit*, p. 356. Ver, ainda, sobre o tema, VALLE, Vanice Lírio do. Transigibilidade: uma face da da consensualidade no direito administrativo do século XXI. *Forum administrativo*, Fórum, ano 11, n. 123, p. 9-18, maio 2011.

[16] FREITAS, Juarez. Direito fundamental à boa administração pública e a constitucionalização das relações brasileiras. *Interesse público*, Belo Horizonte, a. 12, n. 60, p. 14, abr. 2010.

[17] DI PIETRO, Maria Sylvia Zanella. *Parcerias na Administração Pública*: Concessão, Permissão, Franquia, Terceirização, Parceria Público-Privada e outras Formas. 5 ed. São Paulo: Atlas. 2005. p. 20.

[18] SCHIER, Adriana da Costa Ricardo. *Fomento*. Administração pública, direitos fundamentais e desenvolvimento. Curitiba: Íthala, 2019. p. 118.

satisfação de interesses públicos, ainda que, do lado do particular, se objetive lucro".[19]

A partir dessas premissas, a contratualização da Administração Pública assume novas funções no setor público, decorrentes dos novos relacionamentos Estado-Sociedade.

No século XXI, o contrato administrativo assume o papel de mecanismo de regulação da relação Estado-Sociedade, deixando de funcionar apenas como instrumento para o exercício de atividades-meio e passa a ser utilizado para a realização de atividades-fim.[20] Os contratos públicos se tornaram a forma primordial de implementação de desenvolvimento e nesse viés contratos de fomento aparecem como uma nova racionalidade para a promoção do interesse público.[21]

A lógica de um governo através de contratos reflete a ampliação dos domínios do contrato administrativo na contemporânea relação Estado-Sociedade. José Casalta Nabais aponta que o contrato se desenvolveu muito ao ser erigido a instrumento de atuação da Administração Pública nos vastos e complexos domínios econômicos e sociais a que o Estado foi chamado a intervir. A exigência de uma ação concertada estatal desemboca frequentemente numa atuação contratual. Com isso, o contrato passou a dispor de um campo de atuação alargado que abrange, inclusive, o âmbito do fomento.[22]

Com efeito, na tendência de contratualização administrativa para atendimento do interesse público no espaço do mercado e da sociedade civil organizada encontra-se amplo espaço para a realização de fomento.[23] Mauro Roberto Mattos, nesse sentido, aponta que o setor público,

---

[19] DI PIETRO, Maria Sylvia Zanella, *Op. Cit.*, p. 40.
[20] MARQUES NETO, Floriano de Azevedo. Do contrato administrativo à administração contratual. *Revista do Advogado*, São Paulo, v. 107, AASP, p.74-75, dez. 2009.
[21] GONÇALVES, Pedro Costa. A relação jurídica fundada em contrato administrativo. *In*: SEMINÁRIO DE JUSTIÇA ADMINISTRATIVA 9. *Cadernos de Justiça Administrativa*. n. 64, p. 36, jul./ago. 2007.
[22] Segundo o autor, a Administração passou a ter a sua disposição dois novos domínios para a ação contratual: a) *o domínio dos contratos econômicos* (modalidades de ação econômica do Estado) com objetivo exclusivo de intervenção econômica, celebrados no âmbito da polícia e do fomento econômico, destinados a condicionar as decisões dos operadores econômicos; e b) *o domínio dos contratos com objeto social* (que não tem finalidade exclusiva de intervenção, mas intervém indiretamente na medida em que realizam direitos sociais). Ou seja, trata-se da penetração do contrato no domínio econômico e no domínio social. Resta claro que o contrato passou a ser *modus operandi* do Estado, auxiliando na estruturação descentralizada da Administração Pública (CASALTA NABAIS. José. *Contratos fiscais*. Coimbra: Coimbra Ed., 1994. p. 9-84).
[23] VALLE, Vivian Cristina Lima López. "Um novo regime jurídico para os contratos administrativos: aplicação subsidiária da condição de autoridade, inexistência de um regime

embora comprometido com o crescimento nacional, progressivamente, através da delegação de competência, transfere atividades de interesse público a espaços não estatais.[24]

Fomento é, assim, estímulo ao interesse público e os programas de sua implementação podem ser realizados via contrato, e de fato, essa é a realidade brasileira. O contrato passa a ser instrumento de desenvolvimento e de fomento. Passa a ser meio através do qual se busca a materialização de direitos fundamentais na sociedade.

3 Contratos de fomento e a satisfação do interesse público na Constituição de 1988

A utilização do termo "contrato de fomento"[25] refere-se, no presente trabalho, aos ajustes firmados entre a Administração Pública e os particulares, alicerçados em um ambiente de parceria, nos quais o poder público estimula a sociedade civil a realizar atividades de interesse público, voltadas à realização dos objetivos do desenvolvimento sustentável.

Nessa dimensão, percebe-se que a expressão "contratos" deverá ser entendida em uma perspectiva ampla, traduzindo-se como acordo de vontades, instrumentos formadores de relações jurídicas de direitos e obrigações recíprocos, direcionados ao alcance de objetivos comuns.

Antes de tratar especificamente dessa modalidade contratual, tema da presente investigação, cabe tratar dos conteúdos que serão objeto de tais ajustes, decorrentes da atividade de fomento.

Mediante as ações de fomento, o Estado contribui, incentiva e induz o setor privado para que esse realize atividades de interesse social ou econômico, com a pretensão de promover um determinado âmbito de atuação relevante e de desejável desenvolvimento. A sociedade civil é incentivada a optar por uma conduta de interesse social, e, em contrapartida, o particular que adere a tais promoções recebe do Estado alguma vantagem. Define-se a atividade de fomento, portanto,

---

geral de prerrogativas e enquadramento do contrato administrativo como instrumento de desenvolvimento". *A&C – Revista de Direito Administrativo & Constitucional*, n. 72, ano 18, p. 175-208, abr./jun. 2018.

[24] MATTOS, Mauro Roberto Gomes de. *O contrato administrativo*. Rio de Janeiro: América Jurídica, 2001. p. 268.

[25] A expressão foi tratada de forma original no Brasil por JUSTEN FILHO, Marçal; JORDÃO, Eduardo Ferreira. A contratação administrativa destinada ao fomento de atividades privadas de interesse coletivo. *Revista Brasileira de Direito Público*, v. 34, p. 47-72, 2011.

como a atuação administrativa em que o Estado, nos termos do art. 174, da Constituição da República, incentiva, promove ou induz os particulares a exercerem atividades de interesse público, voltadas à realização dos direitos fundamentais. Nessa perspectiva, tais atividades deverão estar dirigidas à consecução do objetivo do desenvolvimento nacional sustentável.[26]

No direito internacional, Jordana de Pozas ressalta que as atividades de fomento devem ser explicadas sobremaneira pelo fato de que traduzem a *"satisfación indirecta de necessidades públicas"*,[27] dando tônica ao *modus operandi* do poder público nas diversas técnicas de fomento. Partindo dos mesmos pressupostos, Hector Jorge Escola refere que, ao exercer a função de fomento a Administração Pública, incentiva, promove ou protege atividades realizadas pelos particulares que, por sua vez, venham a satisfazer necessidades coletivas, atendendo aos fins do Estado. O autor ressalta que no fomento não há a utilização da coação, nem a criação de serviços públicos.[28]

Trata-se, então, de um conjunto de atividades voltadas à promoção, à ajuda, ao auxílio, à proteção, à melhora, ao desenvolvimento, ao estímulo ou a atividades destinadas a premiar particulares que possam desempenhar, por sua conta e risco, funções voltadas ao atendimento do interesse público. Cabral de Moncada ressalva que o fomento consiste em atividades administrativas em que há a "satisfação de necessidades de carácter público" e o Estado vai atuar, nessa seara, "protegendo ou promovendo actividades de sujeitos privados ou outros que directa ou indirectamente as satisfaçam".[29] Trata-se o fomento, para o autor, de um conjunto de medidas em que há um estímulo positivo e dinâmico do poder público às empresas privadas.[30]

No âmbito da doutrina nacional, a produção sobre o tema é bastante escassa, sendo poucos os autores nacionais que dedicaram trabalhos monográficos ao seu estudo. Destaque-se a obra de Célia Cunha Mello, que define o fomento como modalidade de interferência do estado na esfera privada, conceituando-o como "função incentivadora,

---

[26] SCHIER, Adriana da Costa Ricardo. *Fomento*. Administração pública, direitos fundamentais e desenvolvimento. Curitiba: Íthala, 2019. p. 141.
[27] JORDANA DE POZAS, Luis. Ensayo de Una Teoría del Fomento en el Derecho Administrativo. *Revista Estudios Políticos*, Madrid, n. 48, p. 61, 1949.
[28] ESCOLA, H. J. *Compendio de derecho administrativo*. Buenos Aires: Ediciones Depalma, 1990. v. II.
[29] CABRAL DE MONCADA, Luís S. *Direito económico*. Coimbra: Coimbra, 1994. p. 349.
[30] *Idem*, p. 350.

positiva e persuasiva (...) que o Estado desempenha despido do poder de autoridade, cujo labor se limita a promover/e ou incentivar atividades e regiões, visando melhorar os níveis de vida da sociedade".[31] Destarte, segundo a autora, seriam seus caracteres fundamentais: "a) trata-se de exercício de função administrativa; b) está voltada à proteção e/ou promoção de seu objeto; c) há ausência de compulsoriedade; d) visa a satisfação indireta das necessidades públicas".[32]

O fomento apresenta-se, desse modo, como uma modalidade de intervenção do Estado na economia, na forma de atuação indutora.[33] E a adesão dos particulares a tais incentivos faz com que a atuação no campo da iniciativa privada esteja revestida de uma dimensão voltada à realização do interesse público.

Tradicionalmente, os instrumentos jurídicos utilizados para implementar o fomento eram marcados pela ideia de voluntariedade e liberalidade do Estado. Segundo Paulo Modesto, o fomento desenvolvia-se em um ambiente de benemerência em que era comum a Administração Pública invocar suas prerrogativas para cancelar benefícios concedidos ou prometidos.[34] Tais instrumentos, entretanto, vêm cedendo espaço a mecanismos que implicam cada vez mais o comprometimento do poder público com o parceiro privado, enaltecendo-se a segurança jurídica, buscando-se consistência, estabilidade e responsabilidade nessas relações.[35]

É possível identificar, portanto, diversos exemplos em que a Administração Pública formaliza sua parceria com os particulares mediante acordos bilaterais. Esse é o recorte da presente pesquisa, os chamados contratos de fomento, "ajustes em que um particular se

---

[31] MELLO, Célia Cunha. MELLO, Célia Cunha. *O Fomento da Administração Pública*. Belo Horizonte: Del Rey, 2003. p. 38.

[32] Segundo Rafael Valim, o fomento é a atividade de "transferência de bens e direitos em favor de particulares, sem contraprestação ou com contraprestação em condições facilitadas, em ordem à satisfação direta ou indireta de interesses públicos". Rafael Valim cuida especificamente do tema da subvenção no Direito Administrativo brasileiro, como uma espécie de fomento, e, para tanto, conceitua tal atividade como "transferência de bens e direitos em favor de particulares, sem contraprestação ou com contraprestação em condições facilitadas, em ordem à satisfação direta ou indireta de interesses públicos" VALIM, Rafael. *A Subvenção no Direito Administrativo Brasileiro*. São Paulo: Contracorrente, 2015. p. 56.

[33] GRAU, Eros Roberto. *A Ordem Econômica na Constituição Federal de 1988*. 7. ed. São Paulo: Malheiros, 2002. p. 145.

[34] MODESTO, Paulo. Parcerias público-sociais (PPs): categoria jurídica, sustentabilidade e controle em questões práticas. *In*: FUX, Luiz; MODESTO, Paulo; MARTINS, Humberto Falcão. *Organizações sociais após a decisão do STF na ADI n. 1923/2015*. Belo Horizonte: Fórum, 2017. p. 102.

[35] VALIM, Rafael, *Op. Cit.*, p. 115.

obriga a observar certas práticas no âmbito da atividade empresarial, com a contrapartida da obtenção de vantagens perante o Estado".[36]

A utilização dos mecanismos contratuais de fomento permite a realização dessa atividade em moldes mais controláveis, na medida em que há o estabelecimento de direitos e deveres recíprocos para os contratantes. Assim, são determinadas obrigações que deverão ser justificadas pelo atendimento concreto do interesse público.

Tais ajustes serão diferenciados dos contratos em sentido estrito porque ambas as partes visam alcançar finalidades comuns.[37] Outra diferença que impede reconhecer os contratos de fomento como contratos administrativos em sentido estrito é que, no âmbito do fomento, a contraprestação do Estado dirige-se a assegurar uma vantagem à coletividade através do incentivo de uma conduta do particular. Tais avenças, portanto, não impõem aos privados contrapartidas diretas à Administração Pública, não sendo instrumentos que importem prestações que serão integradas ao patrimônio do poder público.[38]

Nessa medida, diferenciam-se igualmente dos contratos de delegação de serviços públicos porque nos contratos de fomento a atividade desempenhada será desenvolvida em nome próprio e o regime jurídico pelo qual o particular as desempenhará será o de direito privado.[39] Até porque, "O empreendimento fomentado constitui atividade econômica em sentido estrito, estando facultado à livre iniciativa".[40]

---

[36] JUSTEN FILHO, Marçal; JORDÃO, Eduardo Ferreira. A contratação administrativa destinada ao fomento de atividades privadas de interesse coletivo, *Op. Cit.* Segundo os autores, "a técnica contratual garante ao poder público a flexibilidade necessária para atingir os objetivos político-regulatórios mediante indução da conduta dos particulares. Pode, assim, modelar otimamente a intervenção no domínio econômico, realizando as finalidades buscadas sem despender recursos públicos excessivos. O instrumento contratual deverá prever os benefícios que serão concedidos e os deveres a serem cumpridos pelos particulares beneficiados".

[37] *Idem*. No mesmo sentido, HÉCTOR B. VILLEGAS. *Curso De Finanzas, Derecho Financiero y Tributario*. 5 ed. Buenos Aires: Depalma, 1993. p. 285.

[38] JUSTEN FILHO, Marçal; Jordão, Eduardo Ferreira, *Op. Cit.*, VI – 9.

[39] Conforme Marçal Justen Filho e Eduardo Ferreira Jordão: "O poder público meramente estimula a execução de um empreendimento privado, que remanesce totalmente privado e cuja configuração segue nas mãos do particular" (JUSTEN FILHO, Marçal; Jordão, Eduardo Ferreira, *Op. Cit.*). No que se refere ao terceiro setor, a temática foi apreciada no julgamento da ADI 1923, que será abaixo citado, no qual o STF fixou o entendimento de que não há delegação de serviços públicos às entidades fomentadas, que desempenham suas atividades em nome próprio, sob regime de direito privado.

[40] Nesta questão, cabem ainda algumas considerações especialmente no âmbito das atividades desempenhadas pelo terceiro setor. Isto porque sabe-se que as entidades do terceiro setor, por definição, não irão exercer atividades lucrativas, não se enquadrando, portanto, no âmbito das atividades econômicas em sentido estrito. Daí porque é preciso pensar em uma nova definição que permita abranger as atividades realizadas pelo terceiro setor –

Daí porque pode-se reconhecer que os chamados "contratos de fomento" se caracterizam como ajustes nos quais a livre iniciativa é resguardada, não sendo aplicáveis aqui certas prerrogativas decorrentes do princípio da supremacia do interesse público. Por certo, o poder público, ao firmar tais ajustes, deverá submeter-se ao regime jurídico administrativo, respeitando o ambiente de legalidade, preservando a isonomia e a moralidade, buscando soluções eficientes e garantindo a publicidade de todos os termos. Porém, a ressalva é de que, não sendo aplicável o regime geral das contratações públicas da Lei nº 8.666/93, não são viáveis, no cenário das parcerias, as alterações unilaterais que podem onerar em demasiado os particulares.

Ainda que apontadas tais diferenças, entende-se que compreender os ajustes de fomento dentro da categoria de contratos permite-se pensar em uma matriz mais efetiva de controle, tanto dos recursos direcionados pelo poder público, quanto dos resultados que deverão ser alcançados mediante essas parcerias.

Verifica-se na legislação que os instrumentos nessa modalidade contratual são bastante variados, podendo incluir subsídios, doações, empréstimos em condições favoráveis e igualmente os ajustes firmados com as entidades do terceiro setor.

Mesmo carente de uma definição legal para o terceiro setor, entende-se que estão englobadas por essa tipologia todas as entidades privadas sem fins lucrativos que desenvolvam atividades voltadas à consecução de objetivos sociais ou à promoção do interesse público. São entidades que, de forma voluntária, desenvolvem suas ações em defesa e para a promoção dos direitos fundamentais,[41] colaborando para o alcance dos objetivos de desenvolvimento sustentável. De acordo com Irene Nohara,[42] integram o terceiro setor, no Brasil, as entidades paraestatais e os entes de colaboração, dentre esses últimos

---

que não se designam como serviço público porque não são delegatárias de tais atividades, não se enquadrando nas previsões do art. 175, da Constituição da República, temática cujo desenvolvimento não cabe no recorte traçado no presente artigo.

[41] MÂNICA, Fernando Borges. *Prestação de serviços de assistência à saúde pelos municípios*. Belo Horizonte: Fórum, 2017. p. 93.

[42] NOHARA, Irene. *Direito Administrativo*. 5. ed. São Paulo: Atlas, 2015, p. 642. Um panorama histórico completo pode ser conferido em: MÂNICA, Fernando Borges. Panorama histórico-legislativo do Terceiro Setor no Brasil: do conceito de Terceiro Setor à Lei das OSCIP. *In*: Gustavo Justino de Oliveira (Org.). *Terceiro Setor, Empresas e Estado*: novas fronteiras entre Público e o Privado. Fórum: Belo Horizonte, 2007. p. 175-180.

as Organizações Sociais (OS), Organizações da Sociedade Civil de Interesse Público (OSCIP) e as Organizações da Sociedade Civil (OSC).

A Lei nº 9.637, de 15 de maio de 1998,[43] dispõe sobre a qualificação de entidades como Organizações Sociais. Poderão receber tal qualificação pessoas jurídicas de direito privado sem fins lucrativos, (i) cujas atividades sejam dirigidas ao ensino, à pesquisa científica, ao desenvolvimento tecnológico, à proteção e preservação do meio ambiente, à cultura e à saúde; (ii) e cujo ato constitutivo cumpra todos os requisitos listados pelo artigo 2º, inciso I, da referida norma. A concessão de tal título apresenta-se como ato discricionário, conforme artigo 2º, inciso II, da Lei. Importam tais considerações no presente trabalho porque seu vínculo com a Administração Pública é formalizado mediante Contrato de Gestão, modalidade específica de Contrato de Fomento, como antes citado.

Nos termos do art. 5º, da referida Lei, o Contrato de Gestão é o instrumento firmado entre a Administração Pública e a entidade qualificada como organização social, que tem por objetivo a formação de parceria entre as partes, para fomento e execução de atividades relativas às áreas antes citadas. Tal ajuste firmará as atribuições e responsabilidades do poder público e da organização social, estabelecendo, ainda, a matriz de controle para verificação dos cumprimentos das metas estabelecidas no programa de trabalho firmado com a entidade.

Verifique-se, ainda, a Lei nº 9.790, de 23 de março de 1999, que dispõe sobre as Organizações da Sociedade Civil de Interesse Público (OSCIPs). Igualmente, a Lei tratou das OSCIP como entidades sem fins lucrativos que, cumpridos os requisitos impostos, têm direito a receber

---

[43] Esta lei sofreu inúmeras críticas, tais como a ausência de critérios claros e a discricionariedade para a qualificação das entidades, bem como a não exigência de licitação para celebrar o Contrato de Gestão e a inexistência de limite de remuneração de empregados da entidade, ainda que nas hipóteses em que tal custeio seja feito mediante recursos públicos. Com base nesses fundamentos, foi objeto da Ação Direta de Inconstitucionalidade nº 1.923, julgada improcedente pelo Supremo Tribunal Federal em 16 de abril de 2015, Acórdão publicado em 17 de dezembro de 2015, Disponível em: www.stf.jus.br. Acesso em: 22 maio 2019. Sobre tal decisão, já há importante produção acadêmica no cenário nacional. Veja-se, exemplificativamente, defendendo as posições adotadas: FUX, Luiz; MODESTO, Paulo; MARTINS, Humberto Falcão. *Organizações sociais após a decisão do STF na ADI nº 1923/2015*. Belo Horizonte: Fórum, 2017. Em análise crítica à decisão: VIOLIN, Tarso Cabral. *Terceiro setor e as parcerias com a administração pública*. 3. ed. Belo Horizonte: Fórum, 2015. Ver, ainda, sobre o tema MOTTA, Fabrício. Organizações sociais e o movimento de reforma do estado. *In*: MOTTA; Fabrício; MÂNICA, Fernando Borges; OLIVEIRA, Rafael Arruda. Parcerias com o terceiro setor: as inovações da Lei nº 13.019/2014. 2. ed. Belo Horizonte: Fórum, 2018. p. 157-179.

tal qualificação (art. 1º). A área de atuação da OSCIP é mais ampla, conforme prevê o art. 3º, da Lei.[44]

O vínculo firmado entre a Administração Pública e a OSCIP, igualmente hipótese de contrato de fomento, é o Termo de Parceria. Tal instrumento é destinado à formação do vínculo de cooperação entre os parceiros, dispondo sobre os direitos e obrigações recíprocos (art. 10, da Lei). A norma estabelece que o Termo de Parceria será precedido de consulta sobre a atuação na área social pretendida aos Conselhos de Políticas Públicas existentes naquele ente concedente (§1º, do art. 10, da Lei). Estabelece, ainda, o §2º, do art. 10, da Lei, as cláusulas essenciais ao Termo de Parceria. Tem-se, como regra geral, que o Termo de Parceria apenas pode ser firmado pelo Poder Público após prévio processo administrativo que privilegie a ampla competição entre as OSCIPs interessadas na atuação daquela área social específica, conforme interesse do ente público, conforme prevê o art. 23, do Decreto Federal nº 3.100/99, que estabelece que a assinatura do Termo de Parceria deverá ser precedida de Concurso de Projetos.[45]

Interessa ainda na tratativa dos Contratos de Fomento com o terceiro setor as previsões da Lei nº 13.019, de 31 de julho de 2014, que também dispõe sobre formas de parceria do Estado com o Terceiro Setor, agora tratando das Organizações da Sociedade Civil (OSCs).[46] Cristiana Fortini e Priscila Giannetti Campos Pires ressaltam que tal Lei trouxe o marco regulatório dos ajustes a serem celebrados pelo poder público com as Organizações da Sociedade Civil (OSCs), revelando-se como mecanismo de fortalecimento da sociedade civil, privilegiando-se a participação popular e a gestão democrática.[47]

---

[44] DI PIETRO, Maria Sylvia Zanella, *Op. Cit.*, p. 273.

[45] Art. 23. A escolha da Organização da Sociedade Civil de Interesse Público, para a celebração do Termo de Parceria, deverá ser feita por meio de publicação de edital de concursos de projetos pelo órgão estatal parceiro para obtenção de bens e serviços e para a realização de atividades, eventos, consultoria, cooperação técnica e assessoria.

[46] O universo de destinatários do MROSC é ainda mais amplo que aquele da legislação até então existente, pois o Marco aplica-se a todas as organizações da sociedade civil sem fins lucrativos, sem que delas sejam exigidos títulos e qualificações específicos. São contempladas pelo Marco as associações e fundações, cooperativas sociais e as que atuem em prol do interesse público e as organizações religiosas (rol estabelecido pelo art. 2º, inc. I do MROSC).

[47] FORTINI, Cristiana; PIRES, Priscila Giannetti Campos. O regime jurídico das Parcerias Voluntárias com as Organizações da Sociedade Civil: inovações da Lei nº 13.019/2014. *A&C – Revista de Direito Administrativo e Constitucional*, Belo Horizonte, ano 15, n. 61, p, 93-116, jul./set. 2015, p. 98-99.

A parceria, no caso das OSCs, será formalizada mediante Termo de Colaboração,[48] Termo de Fomento[49] e Acordo de Cooperação.[50] Raquel Melo Carvalho reconhece a natureza contratual de tais avenças, nos moldes aqui preconizados.[51]

Quanto às modalidades citadas, tem-se que o Termo de Fomento e o Termo de Colaboração tratam-se de instrumentos semelhantes cujo traço distintivo é a iniciativa a proposta: no Termo de Fomento, o objetivo é atrair e apoiar iniciativas das próprias organizações privadas enquanto que no Termo de Colaboração tem-se o estabelecimento de parceria para atuação em políticas públicas com parâmetros já consolidados, como corre com o Termo de Colaboração.[52] Já os Acordos de Cooperação não serão objeto de qualquer repasse de recursos.

Ao instituir os instrumentos acima referidos, a Lei nº 13.019/14 objetivou normatizar a relação entre Estado e Terceiro Setor, pretendendo a substituição dos convênios, os quais deverão estar restritos às relações entre entes públicos.[53] Denota-se tal opção pelo artigo 84, da Lei, que dispôs que não se aplicam às relações de fomento por ela regidas nem o disposto na Lei nº 8.666/93, nem a legislação referente a convênios. Esse dispositivo suscitou críticas pertinentes da doutrina especializada, que prontamente apontou a incorreção de sua redação original porque (i) a "legislação referente a convênios" cuja incidência foi afastada é uma referência genérica, e não se sabe exatamente a qual lei estava a

---

[48] "Instrumento por meio do qual são formalizadas as parcerias estabelecidas pela administração pública com organizações da sociedade civil para a consecução de finalidades de interesse público e recíproco propostas pela administração pública que envolvam a transferência de recursos financeiros;" (art. 2º, VII, da Lei n. 13.019/14).

[49] "Instrumento por meio do qual são formalizadas as parcerias estabelecidas pela administração pública com organizações da sociedade civil para a consecução de finalidades de interesse público e recíproco propostas pelas organizações da sociedade civil, que envolvam a transferência de recursos financeiros;" (art. 2º, VIII, da Lei n. 13.019/14).

[50] "Instrumento por meio do qual são formalizadas as parcerias estabelecidas pela administração pública com organizações da sociedade civil para a consecução de finalidades de interesse público e recíproco que não envolvam a transferência de recursos financeiros;" (art. 2º, VIII-A, da Lei n. 13.019/14).

[51] CARVALHO, Raquel Melo. Parecer nº 15.387/2014. Citado por FORTINI, Cristiana; PIRES, Priscila Giannetti Campos, *Op. Cit.*, p. 98.

[52] BRASIL. Secretaria de Governo da Presidência da República. *Entenda o MROSC*: Marco Regulatório das Organizações da Sociedade Civil: Lei 13.019/2014. Brasília: Presidência da República, 2016. p. 22.

[53] FORTINI, Cristiana; PIRES, Priscila Giannetti Campos. O regime jurídico das Parcerias Voluntárias com as Organizações da Sociedade Civil: inovações da Lei nº 13.019/2014. *A&C – Revista de Direito Administrativo e Constitucional*, Belo Horizonte, ano 15, n. 61, p. 97, jul./set. 2015.

se referir, e também porque (ii) a Constituição menciona o vocábulo "convênio" referindo-se às relações público-privadas e não apenas à relações público-público, e as primeiras não se limitam às hipóteses previstas na Lei nº 13.019/14, considerando os convênios que podem ser celebrados com entidades que têm finalidade lucrativa.[54] De qualquer modo, a redação do referido artigo foi alterada pela Lei nº 13.204/2015, passando a fazer referência apenas à não incidência da Lei nº 8.666/93. Com isso, o MROSC cumpre, em expressiva medida, a proposta de estabelecer um regime jurídico sistematizado sobre boa parcela das relações entre Estado e Terceiro Setor, conferindo-as maior segurança jurídica.[55]

Mas não são só as entidades do terceiro setor que poderão firmar Contratos de Fomento com a Administração Pública, sendo esta modalidade passível de ser encetada com entidades com fins lucrativos. Essa é uma alternativa que pode ser constatada no âmbito das parcerias voltadas à inovação, tema do próximo tópico.

4 Fomento e contratualização do desenvolvimento tecnológico

No ordenamento jurídico brasileiro, a contratualização administrativa na área da inovação tecnológica encontra espaço na já citada Lei nº 10.973/04, que estabeleceu medidas de incentivo à inovação e à pesquisa científica e tecnológica no ambiente produtivo, com vistas à capacitação tecnológica, ao alcance da autonomia tecnológica e ao desenvolvimento do sistema produtivo nacional e regional do país.

Essa Lei foi alterada pela Lei nº 13.243/16, que igualmente trata sobre estímulos ao desenvolvimento científico, à pesquisa, à capacitação científica e tecnológica e à inovação, bem como também prevê contratualização via fomento.

Ambas as Leis são regulamentadas pelo Decreto nº 9283/18, de 8.2.18. Esse Decreto detalhou as possibilidades de contratação pública na área do fomento, estabelecendo medidas de incentivo a partir de contratos firmados com a Administração Pública direta, autárquica e fundacional, incluindo agências reguladoras e concessionárias de

---

[54] Idem, p. 97.
[55] MARTINS, Silvia Portes Rocha. O novo Marco Regulatório das parcerias voluntárias – Modificações trazidas pela Lei nº 13.019/2014. *Fórum Administrativo – FA*, Belo Horizonte, ano 15, n. 173, p. 60, jul. 2015.

serviço público, especialmente no que se refere às suas obrigações legais de pesquisa, desenvolvimento e inovação.[56]

A regulamentação prevê ainda a possibilidade de investimento de sociedades de economia mista e empresas públicas em empresas desenvolvedoras de produtos ou processos inovadores.[57]

Nesse ambiente, o Decreto nº 9.283/18 estabelece uma nova racionalidade para a promoção e estímulo da tecnologia e da inovação no Brasil, mediante financiamento, subvenção econômica e apoio financeiro para a implantação e a consolidação de ambientes promotores da inovação. Há previsão de contrato de transferência de tecnologia, contratos de encomenda tecnológica, acordo de parceria para pesquisa e convênio para pesquisa, desenvolvimento e inovação.[58]

---

[56] *Art. 3º* A administração pública direta, autárquica e fundacional, incluídas as agências reguladoras, e as agências de fomento poderão estimular e apoiar a constituição de alianças estratégicas e o desenvolvimento de projetos de cooperação que envolvam empresas, ICT e entidades privadas sem fins lucrativos destinados às atividades de pesquisa e desenvolvimento, que objetivem a geração de produtos, processos e serviços inovadores e a transferência e a difusão de tecnologia. *§5º* As alianças estratégicas e os projetos de cooperação poderão ser realizados por concessionárias de serviços públicos por meio de suas obrigações legais de pesquisa, desenvolvimento e inovação.

[57] *Art. 4º* Ficam as ICT públicas integrantes da administração pública indireta, as agências de fomento, as empresas públicas e as sociedades de economia mista autorizadas a participar minoritariamente do capital social de empresas, com o propósito de desenvolver produtos ou processos inovadores que estejam de acordo com as diretrizes e as prioridades definidas nas políticas de ciência, tecnologia, inovação e de desenvolvimento industrial. *§9º* As empresas públicas, as sociedades de economia mista e as suas subsidiárias poderão investir direta ou indiretamente nas empresas, observado o disposto na Lei nº 13.303, de 30 de junho de 2016. *Art. 5º* Ficam as ICT públicas integrantes da administração indireta, as agências de fomento, as empresas públicas e as sociedades de economia mista autorizadas a instituir fundos mútuos de investimento em empresas cuja atividade principal seja a inovação.

[58] *Art. 6º* A administração pública direta, as agências de fomento e as ICT poderão apoiar a criação, a implantação e a consolidação de ambientes promotores da inovação, como forma de incentivar o desenvolvimento tecnológico, o aumento da competitividade e a interação entre as empresas e as ICT. *§1º* para os fins previstos no caput, a administração pública direta, as agências de fomento e as ICT públicas poderão: III – conceder, quando couber, financiamento, subvenção econômica, outros tipos de apoio financeiro reembolsável ou não reembolsável e incentivos fiscais e tributários, para a implantação e a consolidação de ambientes promotores da inovação, incluída a transferência de recursos públicos para obras que caracterizem a ampliação de área construída ou a instalação de novas estruturas físicas em terrenos de propriedade particular, destinados ao funcionamento de ambientes promotores da inovação, em consonância com o disposto no art. 19, § 6º, inciso III, da Lei nº 10.973, de 2004, e observada a legislação específica; *Art. 9º* as entidades gestoras privadas estabelecerão regras para: I – fomento, concepção e desenvolvimento de projetos em parceria. *Art. 11.* A ICT pública poderá celebrar contrato de transferência de tecnologia e de licenciamento para outorga de direito de uso ou de exploração de criação por ela desenvolvida isoladamente ou por meio de parceria. *Art. 27.* Os órgãos e as entidades da administração pública poderão contratar diretamente ICT pública ou privada, entidades de direito privado sem fins lucrativos ou empresas, isoladamente ou em consórcio, voltadas para atividades de pesquisa e de reconhecida capacitação tecnológica no setor, com vistas à realização de atividades de pesquisa,

Nessa esteira, a Nova Lei de Licitações, a Lei nº 14.133/2021, confere especial tratamento às inovações no ambiente das Contratações Públicas. Desde o seu art. 11, IV, a referida Lei prevê como objetivo das licitações o estímulo à inovação. Estabelece, ainda, em seu art. 26, §2º, a possibilidade de que seja fixada margem de preferência de até 20% (vinte por cento) para "bens manufaturados nacionais e serviços nacionais resultantes de desenvolvimento e inovação tecnológica no País," conforme regulamento do Poder Executivo federal. Ainda, reproduzindo dispositivos da citada Lei nº 10.973/2004, a nova Lei, em seu art. 75, II, d, autoriza a contratação direta para contratação que tenha por objeto a "transferência de tecnologia ou licenciamento de direito de uso ou de exploração de criação protegida, nas contratações realizadas por instituição científica, tecnológica e de inovação (ICT) pública ou por agência de fomento, desde que demonstrada vantagem para a Administração;" Também prevê como hipótese de dispensa de licitação a contratação de instituição brasileira que tenha por finalidade estatutária apoiar, captar e executar atividades de caráter científico e tecnológico e estímulo à inovação, conforme art. 75, XV, da Lei.

Ademais, desponta como uma alteração legislativa na nova legislação, a modalidade do Diálogo Competitivo, a ser utilizada para os Contratos de Inovação.

O diálogo competitivo é uma nova modalidade de licitação e veio prevista no art. 6º, XLII, art. 28, V e art. 32, da Lei nº 14.133/2021, que estabelece: "diálogo competitivo: modalidade de licitação para contratação de obras, serviços e compras em que a Administração Pública realiza diálogos com licitantes previamente selecionados mediante critérios objetivos, com o intuito de desenvolver uma ou mais alterna-

---

desenvolvimento e inovação que envolvam risco tecnológico, para solução de problema técnico específico ou obtenção de produto, serviço ou processo inovador, nos termos do art. 20 da Lei nº 10.973, de 2004, e do inciso XXXI do art. 24 da Lei 57-nº 8.666, de 1993. § 8º A administração pública negociará a celebração do contrato de encomenda tecnológica, com um ou mais potenciais interessados, com vistas à obtenção das condições mais vantajosas de contratação, observadas as seguintes diretrizes: *Art. 35.* O acordo de parceria para pesquisa, desenvolvimento e inovação é o instrumento jurídico celebrado por ICT com instituições públicas ou privadas para realização de atividades conjuntas de pesquisa científica e tecnológica e de desenvolvimento de tecnologia, produto, serviço ou processo, sem transferência de recursos financeiros públicos para o parceiro privado, observado o disposto no art. 9º da Lei nº 10.973, de 2004.
Art. 38. O convênio para pesquisa, desenvolvimento e inovação é o instrumento jurídico celebrado entre os órgãos e as entidades da União, as agências de fomento e as ICT públicas e privadas para execução de projetos de pesquisa, desenvolvimento e inovação, com transferência de recursos financeiros públicos, observado o disposto no art. 9º-A da Lei nº 10.973, de 2004.

tivas capazes de atender às suas necessidades, devendo os licitantes apresentar proposta final após o encerramento dos diálogos".

Com essa modalidade, identifica-se um novo perfil para a Administração Pública, voltado à resolução de problemas – uma Administração que encontre soluções pragmáticas, que busque respostas concretas e eficientes aos desafios da realidade, visando fornecer soluções para os problemas mais relevantes da sociedade.[59]

Nos termos do art. 32, I, *a*, da nova Lei, tal modalidade é cabível quando a contratação envolver inovação tecnológica e objetos de alta complexidade, ou seja, quando for necessário trazer uma solução inovadora e para isso a Administração faz uso de *inputs* do mercado para identificar as soluções existentes e, então, definir as especificidades do que irá contratar. No formato estabelecido pela lei, tem-se duas fases no processo de licitação: uma fase de diálogo e outra competitiva. Na primeira fase, os licitantes apresentarão suas soluções às necessidades da Administração Pública que, em decisão fundamentada, lançará Edital contendo a especificação da solução que atenda às suas demandas e os critérios objetivos para a seleção da proposta mais vantajosa. Já na fase de competição a Administração definirá a proposta vencedora, de acordo com os termos do Edital.

O tratamento legal aqui brevemente referido, portanto, permite concluir que o fenômeno da contratualização estatal na área da inovação é opção política no Brasil, viabilizada materialmente através de contratos de fomento, voltando-se à realização do direito ao desenvolvimento.

O desenvolvimento enquanto direito possui, nessa visão, diferentes dimensões e é reconhecido na contemporaneidade no plano normativo nacional e internacional. A Declaração sobre o Direito ao Desenvolvimento, promulgada em 1986, exemplifica adequadamente a importância do direito ao desenvolvimento no espaço econômico, social, cultural e político.[60] A promoção do fomento à inovação nesse ambiente é desejável e juridicamente estabelecida.

---

[59] JUSTEN FILHO, Marçal Justen. *Comentários à Lei de Licitações e Contratações Administrativas.* Nova Lei 14.133/2021. São Paulo: RT, 2021. p. 457-458.

[60] Declaração sobre o Direito ao Desenvolvimento – 1986 – Adotada pela Revolução nº 41/128 da Assembléia Geral das Nações Unidas, de 4 de dezembro de 1986. (ORGANIZAÇÃO DAS NAÇÕES UNIDAS. *Declaração sobre o Direito ao Desenvolvimento.* 04 dez. 1986, São Paulo: Biblioteca Virtual de Direitos Humanos – Universidade de São Paulo, 1986. Disponível em: http://www.direitoshumanos.usp.br/index.php/Direito-ao-Desenvolvimento/declaracao-sobre-o-direito-ao-desenvolvimento.html. Acesso em: 14 jun. 2020). Para Cabral de Moncada, desenvolvimento não é mero crescimento econômico, não se medindo pelo interno bruto (CABRAL DE MONCADA, Luís. *Manual elementar de direito público da economia e da regulação.* Uma perspectiva luso-brasileira. Coimbra: Almedina, 2012. p. 123).

No Brasil, a Constituição de 1988 é permeada em sua estrutura pelo direito fundamental ao desenvolvimento. São diferentes dispositivos constitucionais a tangenciar seu conteúdo e embora não exista uma previsão expressa, há várias normas interligadas à noção de desenvolvimento. E deve ser acrescentado que o artigo 5º, parágrafo 2º, permite a sustentação do princípio, pela abertura no rol de direitos fundamentais (na medida em que a Constituição não refuta outros direitos consequentes do regime e dos princípios por ela adotados e também dos tratados internacionais de direitos humanos dos quais o país seja signatário).

Esse aspecto é relevante para tratar de desenvolvimento de inovação através de contratos de fomento. Ao definir desenvolvimento como fio condutor de políticas públicas, a Constituição qualifica interesses que devem ser protegidos como *públicos*, e nessa perspectiva o contrato de fomento, ao incorporar políticas públicas, viabiliza-se como instrumento de desenvolvimento.

A obrigação do Estado contemporâneo de estabelecer políticas públicas voltadas ao desenvolvimento pode ser sustentada também pela vinculação dos poderes públicos aos direitos fundamentais. Nesse sentido, Clèmerson Merlin Clève afirma que *"a vinculação dos poderes públicos aos direitos fundamentais (dimensão objetiva) é suficiente para deles exigir a adoção de políticas voltadas para o seu cumprimento (num horizonte de tempo, evidentemente)"*.[61]

A Constituição da República assegura o Direito ao Desenvolvimento em diferentes espaços jurídico-normativos. Desde o Preâmbulo estabelece que o Estado Brasileiro é destinado a assegurar o desenvolvimento, a igualdade dentro de uma sociedade fraterna. O texto constitucional, no art. 21, ao definir as competências das entidades da federação, determina para a União a elaboração de planos nacionais e regionais para o desenvolvimento econômico e social e também estabelece no art. 23 como competência comum a todas as unidades federativas o combate à pobreza e a integração social. No art. 43, autoriza a União a articular-se dentro de um mesmo complexo geoeconômico e social para promover desenvolvimento.

---

[61] CLÉVE, Clémerson Merlin. A eficácia dos direitos fundamentais sociais. *In*: BACELLAR FILHO, Romeu Felipe; GABARDO, Emerson; HACHEM, Daniel Wunder. *Globalização, diretos fundamentais e direito administrativo*. Novas perspectivas para o desenvolvimento econômico e socioambiental. Belo Horizonte: Fórum, 2011. p. 105.

A Constituição promove o Direito ao Desenvolvimento em diferentes aspectos, incentivando no art.180 o turismo, a política de desenvolvimento urbano, o sistema financeiro nacional, a ordem social, a saúde, a educação, a pesquisa científica e até o mercado interno, que orientar-se-ão segundo a proposta de desenvolvimento cultural, social e econômico. São diferentes ambientes em que a inovação tecnológica pode ressignificar o exercício da função pública e viabilizar a satisfação do interesse público.

Para Melina Girardi Fachin, o conceito de desenvolvimento encontra relação significativa com o texto constitucional em seus diferentes contextos (de proteção a direitos sociais, à ordem econômica, ordem social, e até meio ambiente).[62] E, como tal, há um alinhamento especial com a proposta de contratos de fomento como instrumentos promotores do desenvolvimento tecnológico, seja através de contratos de transferência de tecnologia, contratos de encomenda tecnológica, acordos de parceria para pesquisa e convênios para pesquisa, desenvolvimento e inovação.

5 Conclusão: por uma nova racionalidade para o desenvolvimento tecnológico brasileiro

O planejamento da ação estatal para viabilizar desenvolvimento tecnológico, com ações consertadas para formulação e implantação de políticas públicas por contratos de fomento encontra espaço na lógica de governo por contratos.[63] Parcerias entre o Estado e os entes privados são realizadas levando-se em consideração a opção do Estado pela contratualização em substituição à subordinação. O fundamento de legitimidade dessa atuação consagra-se no Direito ao Desenvolvimento.

---

[62] FACHIN, Melina Girardi. Direito fundamental ao desenvolvimento: uma possível ressignificação entre a Constituição Brasileira e o sistema internacional de Proteção dos direitos Humanos. *In*: PIOVESAN, Flávia; SOARES, Inês Virgínia Prado (Coord.). *Direito ao desenvolvimento*. Belo Horizonte: Fórum, 2010. p. 193.

[63] "No modelo de Estado social, o governo não pode se limitar a gerenciar fatos conjunturais. A Constituição impõe o planejamento das ações futuras, por meio da formulação de políticas a serem implementadas a médio e a longo prazo. Para a execução destas, pressupõe-se uma racionalização técnica dos recursos disponíveis, que levem em conta, globalmente, os objetivos e programas sociais traçados pelo constituinte" (HACHEM, Daniel Wunder. A noção constitucional de desenvolvimento para além do viés econômico: reflexos sobre algumas tendências do Direito Público brasileiro. *A&C – Revista de Direito Administrativo & Constitucional*, Belo Horizonte, ano 13, n. 53, p.163, jul./set. 2013).

A tendência na contemporaneidade é a utilização de contratos de fomento como instrumentos de desenvolvimento cultural, econômico e social. Thiago Marrara aponta que, diante da escassez de recursos, o Estado é compelido a agir estrategicamente, planejando o futuro.[64] Contratos de fomento podem ser, na contemporaneidade, importantes instrumentos de inovação tecnológica, viabilizando planejamento da ação estatal e, por conseguinte, fomentadores e promotores de desenvolvimento.

O investimento na ciência e na inovação mostra-se como alternativa para o enfrentamento dos inúmeros desafios que vêm sendo descortinados à sociedade brasileira, inclusive no cenário da Pandemia da COVID-19.[65]

Exige-se, portanto, um repensar da ação administrativa e uma nova racionalidade para o desenvolvimento tecnológico brasileiro, pautada em incentivos públicos à sociedade civil organizada e ao mercado.

Referências

AGENDA 2030. Disponível em: http://www.agenda2030.com.br/ods/9/. Acesso em: 20 fev. 2020.

BRASIL. Secretaria de Governo da Presidência da República. *Entenda o MROSC*: Marco Regulatório das Organizações da Sociedade Civil: Lei 13.019/2014. Brasília: Presidência da República, 2016.

CABRAL DE MONCADA, Luís S. *Direito económico*. Coimbra: Coimbra, 1994.

CABRAL DE MONCADA, Luís S. *Manual elementar de direito público da economia e da regulação*. Uma perspectiva luso-brasileira. Coimbra: Almedina, 2012.

CARVALHO, Raquel Melo. Parecer nº 15.387/2014. Citado por FORTINI, Cristiana; PIRES, Priscila Giannetti Campos. O regime jurídico das Parcerias Voluntárias com as Organizações da Sociedade Civil: inovações da Lei nº 13.019/2014. *A&C – Revista de Direito Administrativo e Constitucional*, Belo Horizonte, ano 15, n. 61, p, 93-116, jul./set. 2015.

CASALTA NABAIS. José. *Contratos fiscais*. Coimbra: Coimbra Ed., 1994.

---

[64] MARRARA, Thiago. A atividade de planejamento na Administração Pública: o papel e o conteúdo das normas previstas no anteprojeto da nova lei de organização Administrativa. *Revista Brasileira de Direito Público – RBDP*, Belo Horizonte, ano 9, n. 34, p. 10, jul./set. 2011.

[65] Conferir em https://www.fundaj.gov.br/index.php/area-de-imprensa/12014-inovafundaj-discute-inovacao-social-em-politicas-publicas-para-reducao-de-impactos-decorrentes-da-epidemia-do-coronavirus. Acesso em: 15 jun. de 2020. No mesmo sentido: https://www.paho.org/bra/index.php?option=com_content&view=article&id=6186:comunidade-internacional-se-une-para-apoiar-pesquisa-e-ciencia-abertas-na-luta-contra-a-covid-19&Itemid=812.

CLÈVE, Clèmerson Merlin. A eficácia dos direitos fundamentais sociais. *In*: BACELLAR FILHO, Romeu Felipe; GABARDO, Emerson; HACHEM, Daniel Wunder. *Globalização, diretos fundamentais e direito administrativo*. Novas perspectivas para o desenvolvimento econômico e socioambiental. Belo Horizonte: Fórum, 2011.

DI PIETRO, Maria Sylvia Zanella. *Parcerias na Administração Pública*: Concessão, Permissão, Franquia, Terceirização, Parceria Público-Privada e outras Formas. 5 ed. São Paulo: Atlas. 2005.

ESCOLA, H. J. *Compendio de derecho administrativo*. Buenos Aires: Ediciones Depalma, 1990. v. II.

FACHIN, Melina Girardi. Direito fundamental ao desenvolvimento: uma possível ressignificação entre a Constituição Brasileira e o sistema internacional de Proteção dos direitos Humanos. *In*: PIOVESAN, Flávia; SOARES, Inês Virgínia Prado (Coord.). *Direito ao desenvolvimento*. Belo Horizonte: Fórum, 2010.

FORTINI, Cristiana; PIRES, Priscila Giannetti Campos. O regime jurídico das Parcerias Voluntárias com as Organizações da Sociedade Civil: inovações da Lei nº 13.019/2014. *A&C – Revista de Direito Administrativo e Constitucional*, Belo Horizonte, ano 15, n. 61, p, 93-116, jul./set. 2015.

FREITAS, Juarez. Direito fundamental à boa administração pública e a constitucionalização das relações brasileiras. *Interesse público*, Belo Horizonte, a. 12, n. 60, p. 13-24, abr. 2010.

FUX, Luiz; MODESTO, Paulo; MARTINS, Humberto Falcão. *Organizações sociais após a decisão do STF na ADI n. 1923/2015*. Belo Horizonte: Fórum, 2017.

GABARDO, Emerson. *Interesse Público e Subsidiariedade*: o Estado e a sociedade civil para além do bem e do mal. Belo Horizonte: Fórum, 2009.

GONÇALVES, Pedro Costa. A relação jurídica fundada em contrato administrativo. *In*: SEMINÁRIO DE JUSTIÇA ADMINISTRATIVA 9. *Cadernos de Justiça Administrativa*. n. 64. jul/ago. 2007.

GRAU, Eros Roberto. *A Ordem Econômica na Constituição Federal de 1988*. 7. ed. São Paulo: Malheiros, 2002.

HACHEM, Daniel Wunder. A Maximização dos Direitos Fundamentais Econômicos e Sociais pela via Administrativa e a Promoção do Desenvolvimento. *Revista de Direitos Fundamentais e Democracia*, Curitiba, v. 13, n. 13, jan./jun. 2013.

HACHEM, Daniel Wunder. A noção constitucional de desenvolvimento para além do viés econômico: reflexos sobre algumas tendências do Direito Público brasileiro. *A&C – Revista de Direito Administrativo & Constitucional*, Belo Horizonte, ano 13, n. 53, p. 133-168, jul./set. 2013.

HÉCTOR B. VILLEGAS. *Curso De Finanzas, Derecho Financiero y Tributario*. 5. ed. Buenos Aires: Depalma, 1993.

JORDANA DE POZAS, Luis. *Ensayo de Una Teoría del Fomento en el Derecho Administrativo*. Revista Estudios Políticos. Madrid, n. 48, p. 41-54, 1949.

JUSTEN FILHO, Marçal Justen. *Comentários à Lei de Licitações e Contratações Administrativas*. Nova Lei 14.133/2021. São Paulo: RT, 2021.

JUSTEN FILHO, Marçal; JORDÃO, Eduardo Ferreira. A contratação administrativa destinada ao fomento de atividades privadas de interesse coletivo. *Revista Brasileira de Direito Público*, v. 34, 2011.

MÂNICA, Fernando Borges. *Prestação de serviços de assistência à saúde pelos municípios*. Belo Horizonte: Fórum, 2017.

MARQUES NETO, Floriano de Azevedo. Do contrato administrativo à administração contratual. *Revista do Advogado*, v. 107, São Paulo, AASP, dez. 2009.

MARRARA, Thiago. A atividade de planejamento na Administração Pública: o papel e o conteúdo das normas previstas no anteprojeto da nova lei de organização Administrativa. *Revista Brasileira de Direito Público – RBDP*, Belo Horizonte, ano 9, n. 34, p. 945, jul./set. 2011.

MARTINS, Silvia Portes Rocha. O novo Marco Regulatório das parcerias voluntárias – Modificações trazidas pela Lei nº 13.019/2014. *Fórum Administrativo – FA*, Belo Horizonte, ano 15, n. 173, jul. 2015.

MATTOS, Mauro Roberto Gomes de. *O contrato administrativo*. Rio de Janeiro: América Jurídica, 2001.

MEDAUAR, Odete. *O direito administrativo em evolução*. 3. ed. São Paulo: Gazeta Jurídica Editora e Livraria, 2017.

MELLO, Célia Cunha. MELLO, Célia Cunha. *O Fomento da Administração Pública*. Belo Horizonte: Del Rey, 2003.

MODESTO, Paulo. Parcerias público-sociais (PPS): categoria jurídica, sustentabilidade e controle em questões práticas. *In*: FUX, Luiz; MODESTO, Paulo e MARTINS, Humberto Falcão. *Organizações sociais após a decisão do STF na ADI n. 1923/2015*. Belo Horizonte: Fórum, 2017.

MOTTA, Fabrício. Organizações sociais e o movimento de reforma do estado. In: MOTTA; Fabrício; MÂNICA, Fernando Borges; OLIVEIRA, Rafael Arruda. *Parcerias com o terceiro setor*: as inovações da Lei n. 13.019/2014. 2. ed. Belo Horizonte: Fórum, 2018.

NOHARA, Irene. *Direito Administrativo*. 5. ed. São Paulo: Atlas, 2015. p. 642.

ODS 17. Disponível em: http://www.agenda2030.org.br/ods/17/. Acesso em: 10 jun. 2020.

ORGANIZAÇÃO DAS NAÇÕES UNIDAS. *Declaração sobre o Direito ao Desenvolvimento*. 04 dez. 1986. São Paulo: Biblioteca Virtual de Direitos Humanos – Universidade de São Paulo, 1986. Disponível em: http://www.direitoshumanos.usp.br/index.php/Direito-ao-Desenvolvimento/declaracao-sobre-o-direito-ao-desenvolvimento.html. Acesso em: 14 jun. 2020.

ORGANIZAÇÃO DAS NAÇÕES UNIDAS NO BRASIL. *Os Objetivos de Desenvolvimento Sustentável no Brasil*. Disponível em: https://nacoesunidas.org/cepal-para-reconstruir-america-latina-e-caribe-pos-pandemia-e-necessario-igualdade-e-estabilidade/ Acesso em: 10 jun. 2020.

ORGANIZAÇÃO PAN-AMERICANA DA SAÚDE. Disponível em: https://www.paho.org/bra/index.php?option=com_content&view=article&id=6186:comunidade-internacional-se-une-para-apoiar-pesquisa-e-ciencia-abertas-na-luta-contra-a-covid-19&Itemid=812. Acesso em: 15 jun. 2020.

PACTO GLOBAL. Disponível em: https://www.pactoglobal.org.br/ods. Acesso em: 20 fev. 2020.

PNUD – Programa das Nações Unidas para o Desenvolvimento. Disponível em: http://hdr.undp.org/sites/default/files/hdr_2019_overview_-_pt.pdf. Acesso em: 22 fev. 2020.

SCHIER, Adriana da Costa Ricardo. *Fomento. Administração pública, direitos fundamentais e desenvolvimento*. Curitiba: Íthala, 2019.

SEN, Amartya Kumar. *Desenvolvimento como Liberdade*. Tradução de Laura Teixeira Motta. São Paulo: Companhia das Letras, 2010.

SENGUPTA, Arjun. O Direito ao Desenvolvimento como um Direito Humano. *Revista Social Democracia Brasileira*, Brasília, n. 68, p. 64-84, mar. 2002.

VALIM, Rafael. *A Subvenção no Direito Administrativo Brasileiro*. São Paulo: Contracorrente, 2015.

VALLE, Vanice Lírio do. Transigibilidade: uma face da consensualidade no direito administrativo do século XXI. *Fórum administrativo*, Fórum, ano 11, n. 123, maio 2011.

VALLE, Vivian Cristina Lima López. "Um novo regime jurídico para os contratos administrativos: aplicação subsidiária da condição de autoridade, inexistência de um regime geral de prerrogativas e enquadramento do contrato administrativo como instrumento de desenvolvimento". *A&C – Revista de Direito Administrativo & Constitucional*, n. 72, ano 18, abr./jun. 2018.

VALLE, Vivian Cristina Lima Lopez. *Contratos Administrativos e um novo regime jurídico de prerrogativas contratuais na Administração Pública Contemporânea*. 1. ed. Editora Fórum, Porto Alegre. 2018.

VIOLIN, Tarso Cabral. *Terceiro setor e as parcerias com a administração pública*. 3. ed. Belo Horizonte: Fórum, 2015.

Informação bibliográfica deste texto, conforme a NBR 6023:2018 da Associação Brasileira de Normas Técnicas (ABNT):

SCHIER, Adriana da Costa Ricardo; VALLE, Vivian Cristina Lima López. Contratualização estatal, inovação e materialização do interesse público através de contratos de fomento: por uma nova racionalidade para o desenvolvimento tecnológico brasileiro. *In*: PÉRCIO, Gabriela Verona; FORTINI, Cristiana (Coord.). *Inteligência e inovação em contratação pública*. 2. ed. Belo Horizonte: Fórum, 2023. p. 111-134. ISBN 978-65-5518-474-7.

A CENTRALIZAÇÃO DE COMPRAS COMO FATOR DE ESTÍMULO À INOVAÇÃO EM COMPRAS PÚBLICAS: O CASO DA CENTRAL DE COMPRAS DO GOVERNO FEDERAL E SUAS INICIATIVAS DA COMPRA DIRETA DE PASSAGENS AÉREAS E DO TÁXIGOV

VIRGÍNIA BRACARENSE LOPES

ISABELA GOMES GEBRIM

1 Introdução

As compras representam considerável parcela dos gastos do setor público, merecendo especial atenção dos governos. No Brasil, em 2012, esse volume chegou à casa dos R$637 bilhões, o equivalente a 14,5% do Produto Interno Bruto – PIB (Rauen, 2017, p. 8) considerando todos os entes federativos, percentual que se repete ao longo dos anos. Desse universo, somente o Governo Federal foi responsável por 60% dos gastos.

Tais números ganham ainda mais relevância quando considerados dentro de um contexto em que as administrações lidam com o complexo desafio de conciliar as crescentes restrições fiscais com a demanda cada vez mais exigente dos cidadãos por um melhor desempenho dos serviços públicos. Em outras palavras, há uma grande pressão pela melhoria contínua da performance do setor público e, ao mesmo tempo, uma tentativa de impedir o crescimento da despesa pública (CURRISTINE; LONTI; JOUMARD, 2007) o que, por lógico, reflete na temática de compras públicas diretamente.

Ganha espaço, inevitavelmente, a discussão e o desenvolvimento de ações no sentido de repensar tanto a forma como o aparato governamental está organizado para processar as licitações e contratações quanto os modelos de contratação instituídos, buscando meios de otimizar processos, focar na qualidade das contratações, avaliar a vantajosidade das relações de compra e fornecimento que envolvem o Poder Público e fomentar práticas inovadoras. Tais questões ganham ainda mais força com a publicação da Nova Lei de Licitações e Contratos Administrativos (NLLC), Lei nº 14.133, de 1º de abril de 2021, que não só reforça objetivos e princípios antes praticados ou fomentados em sede doutrinária e jurisprudencial, como também apresenta novos institutos e aprimoramentos em outros antes conhecidos, abrindo oportunidades, mas também trazendo desafios à sua implementação.

Dentre os pontos que voltaram a ser debatidos está a temática de centralização de compras, uma vez que a NLLC trouxe, em seu art. 181, o dever de sua instituição por parte dos entes federativos, o que impulsiona as reavaliações seja quanto ao arranjo administrativo-institucional que suporta a função compras, a partir da concentração dos esforços para licitar e contratar em uma ou em algumas poucas unidades administrativas, criando-se espaços especializados na temática, com servidores profissionalizados e dedicados e, assim, reduzindo a replicação dessas estruturas nos órgãos e entidades; seja quanto aos efeitos e oportunidades dessa centralização na busca por inovação e novas estratégias de compras.

O presente artigo pretende, de forma sucinta, relatar a experiência de criação da Central de Compras do Governo Federal, que pode ser referência para a discussão do tema entre os demais entes e a importância e influência desse arranjo centralizador no desenvolvimento e implantação de dois novos paradigmas de contratação pública – a compra direta de passagens aéreas e o TáxiGov – que abriram verdadeiro espaço ao reposicionamento da Administração Pública no diálogo com o mercado e estimulam a busca constante por novas formas de contratação pública. Além disso, os modelos de contratação também se apresentam como fortes exemplos acerca da importância dos estudos técnicos preliminares, que não são novidade no ordenamento jurídico nacional, uma vez que já eram previstos na Lei nº 8.666/93, mas que ganharam posição de destaque na NLLC, quanto à sua relevância, potencial de transformação das compras e quais objetivos e conteúdos pode (e deve) contemplar.

2 A Central de Compras: a centralização de compras e os serviços compartilhados como estímulo à inovação

Centralização de compras e serviços compartilhados, sob suas diferentes formas de implementação e de funcionamento, têm estado cada vez mais presentes nas discussões de compras internacionais e nacionais, independentemente se o setor é público ou privado, por conta de seus inúmeros ganhos de eficiência, qualidade e economia, mas também pelos desafios e riscos que acabam por estar envolvidos.

Fazendo uma simplificação da discussão,[1] podemos dizer que se está falando em concentrar esforços, ou seja, fazer com que um conjunto de organizações passem a compartilhar serviços ou atividades comuns, em vez de terem uma série de unidades que atuam no ou prestam o mesmo serviço separadamente (QUINN; COOKE; KRIS, 2000). A natureza desses serviços comuns corresponderia, no nosso contexto, às funções-meio, também conhecidas como atividades administrativas. Essas atividades apresentam caráter transacional e podem ser executadas de forma muito similar para atender a diferentes unidades da organização.

No caso do Brasil, a centralização de compras, no sentido de ter uma área dedicada a concentrar pessoas, esforços e expertise para atender aos órgãos e entidades, no caso do Governo Federal, não é tanto assim uma novidade. Houve iniciativas durante os governos de Vargas, nas décadas de 1930 e 40, como apresenta Fernandes (2015), mas que foram descontinuadas. Posteriormente, como disserta Santos (2019), houve a criação de estruturas como o Fundo Nacional de Desenvolvimento da Educação – FNDE (2007), responsável pela realização de licitações e contratações para atendimento a demandas de entes subnacionais para execução de recursos federais descentralizados para promoção da educação, e a Empresa Brasileira de Serviços Hospitalares – EBSERH (2012), responsável pelo atendimento dos hospitais federais universitários em várias áreas incluindo compras públicas.

Para além da questão administrativo-institucional, temos também mecanismos que viabilizam o compartilhamento de esforços dos órgãos e entidades, localizando-se, nesse contexto, o Sistema de Registro de

---

[1] Fizemos uma simplificação sem perder sua essência, mas evitando comprometer o espaço deste artigo com uma abordagem que merece um texto próprio e deixando espaço para trazermos nessa oportunidade a experiência concreta do Governo Federal na centralização de compras.

Preços, previsto em nosso ordenamento jurídico desde o Decreto-Lei nº 2.300/1086, em que demandas por itens similares são agregadas em um processo licitatório, ficando uma instituição responsável por sua realização e gestão e ela, junto das demais participantes, usufruem de benefícios como a padronização das especificações, a economia de escala e diálogo com o mercado fornecedor.

No tocante ao surgimento de Centros de Serviços Compartilhados na gestão pública, não há consenso quando do período em que tenha iniciado. Porém, como já era adotado desde a década de 90 pela iniciativa privada, houve, com a própria evolução da Administração Pública, espaço favorável à incorporação desse modelo, com grande foco na redução de custos entre os departamentos e na satisfação do cliente, desonerando as unidades de atividades administrativas rotineiras, permitindo, assim, concentrar esforços nas atividades que tenham maior impacto na consecução da missão dos órgãos (FERREIRA; BRESCIANI; MAZZALI, 2010).

Mesmo com essas iniciativas, algumas que perduram ainda hoje, além dos movimentos cíclicos de criação e descontinuidade de centralizações administrativas, ainda era difícil perceber a atuação com a perspectiva da inovação da forma de se contratar, o que poderia ser associado a não exclusividade das áreas envolvidas na função de pensar a compra e a estratégia, pois tinham sua rotina concorrendo com outras funções, principalmente aquelas relacionadas às atividades finalísticas dos órgãos e entidades.

Conforme Santos (2019), no Brasil, há quatro modos de operação da centralização de compras: o descentralizado, em que não há estratégia de centralização no processo de compra; o central-inicial, em que somente a fase inicial que envolve o planejamento das compras ocorre centralizadamente; o central amplo, em que a centralização é realizada até o momento de seleção do fornecedor; e o ultracentralizado, caracterizado pela centralização desde o planejamento das compras até a gestão do contrato. O melhor modo a ser adotado depende da realidade e nível de maturidade de cada órgão e dos benefícios que se espera com a centralização a ser adotada.

Nesse contexto, em janeiro de 2014, o Governo Federal criou a Central de Compras – CENTRAL, que, além de ter como missão concentrar funções de apoio voltadas ao processamento de atividades comuns de compras dos órgãos da Administração Pública Federal – APF, passou a funcionar como um "filtro qualificado" da necessidade da Administração na interação com o mercado, considerando os normativos, métodos e orientações vigentes sobre compras públicas, somados à orientação de seus processos de trabalho pela metodologia *Strategic Sourcing* ou Abastecimento Estratégico. Trata-se de uma boa prática em compras para se obter redução do custo total de aquisição, melhorar a qualidade dos produtos e serviços comprados e garantir a sustentabilidade dos ganhos. Destina-se ao gerenciamento, ao desenvolvimento e à integração das competências e capacidades dos fornecedores no sentido de serem obtidas vantagens competitivas para o cliente, que nesse caso, seria a própria Administração Pública. Essas vantagens podem estar relacionadas com a redução de custos, desenvolvimento de tecnologia, aprimoramento de qualidade e redução do tempo para atendimento dos pedidos colocados pelos clientes.

A partir desse referencial é que a Central de Compras, a cada objeto a ser trabalhado, realiza estudos de inteligência interna e externa junto ao mercado fornecedor e consumidor, a fim de avaliar as oportunidades de novas sistemáticas de aquisição que, coerentes com a legislação vigente, sejam capazes de tornar o processo aquisitivo mais transparente, ágil, eficiente, econômico e sustentável; permitam que a Administração utilize seu poder de compra para ganhos qualitativos ou quantitativos; viabilizem a execução de políticas que fortaleçam o desenvolvimento regional e as microempresas e empresas de pequeno porte; e contribuam para uma melhor qualidade do gasto.

Especificamente sobre a busca por modelos que representassem inovação nas compras públicas, a CENTRAL se pautava não necessariamente em desenvolver iniciativas que fossem obrigatoriamente disruptivas, mas que primassem pela "(...) introdução de novos elementos em um serviço público, na forma de novos conhecimentos, nova organização e/ou nova habilidade de gestão ou processual" (CAVALCANTE; CUNHA, 2017, 21).

Com pautas variadas e, muitas vezes, trabalhando em parceria com outras unidades, a CENTRAL realizou processos relacionados a passagens aéreas, imagens de satélite, folha de pagamento e soluções de tecnologia da informação (telefonia, solução de segurança e equipamentos de redes, computadores), atuando desde a concepção, passando pela licitação ou contratação direta, até a gestão de atas de registro de preços. Foi nesse contexto que surgiu o novo modelo de compra direta de passagens aéreas que, além de inaugurar um relacionamento da Administração com fornecedores que até então ela não dialogava diretamente, trouxe ganhos de eficiência processual, transparência e economia, tendo registrado, na média, uma redução de 19,38% nos preços pagos, o que equivaleria a mais de R$35 milhões acumulados entre o período de implantação do modelo (em agosto de 2014) até 2017.

Diante dos benefícios obtidos e do potencial ainda a ser explorado, em 2017, a Central de Compras iniciou um movimento de ampliação de seu escopo de atuação. Com essa evolução no modelo administrativo-organizacional das funções transacionais, a CENTRAL passaria a atuar em outros estágios da cadeia logística para fornecimento de serviços, incorporando a gestão contratual, a operação do serviço e os processos relacionados à despesa pública, funcionando, desse modo, em alguns projetos, como Centro de Serviços Compartilhados, passando a ser a provedora de serviços para os órgãos da Administração Pública.

Nesse novo formato, o primeiro objeto implantado foi o TáxiGov, que, com foco na eficiência do gasto, melhoria dos serviços prestados aos usuários, uso de tecnologia da informação, maior controle e transparência no serviço de transporte, substituiu os carros alugados e próprios por táxis, com adoção de soluções de tecnologia de informação e comunicação para os usuários e para gestão dos serviços, pagando-se apenas pela efetiva utilização.

Tanto o formato original da criação da CENTRAL, quanto sua expansão, dialogam fortemente com a previsão de centralização de compras trazida pela NLLC, em seu art. 181, que dispõe:

> Art. 181. *Os entes federativos instituirão centrais de compras, com o objetivo de realizar compras em grande escala, para atender a diversos órgãos e entidades* sob sua competência e atingir as finalidades desta Lei.
>
> Parágrafo único. No caso dos Municípios com até 10.000 (dez mil) habitantes, serão preferencialmente constituídos consórcios públicos para a realização das atividades previstas no caput deste artigo, nos termos da Lei nº 11.107, de 6 de abril de 2005. (BRASIL, 2021) (grifos nossos)

Os diferentes modelos de centralização trazidos por Santos (2019) poderão ser aplicados de diferentes formas pelos entes federados na constituição de suas unidades centralizadoras, partindo-se sempre, por óbvio, de um diagnóstico quanto ao perfil de compras e do nível de maturidade do ente para dar o passo na medida de sua capacidade e necessidade.

Quanto à perspectiva administrativo-institucional, a NLLC também traz mecanismos para além do Sistema de Registro de Preços, previsto no rol dos procedimentos auxiliares no art. 78, ao lado de outros como a pré-qualificação e o credenciamento, esse último inspirado, inclusive na compra direta de passagens aéreas, que também tem vasto potencial de aplicação em uma perspectiva de centralização.

Na sequência, passaremos a apresentar como a Compra Direta de Passagens Aéreas e o TáxiGov foram desenvolvidos, demonstrando o cenário do qual partiram as iniciativas e os resultados alcançados com cada uma delas.

2.1 A Compra Direta de Passagens Aéreas

Nos últimos anos, a tecnologia vem assumindo um papel cada vez mais importante na Administração, pois ferramentas tecnológicas geram maior celeridade dos processos, confiabilidade das informações, além de maior transparência e controle dos atos administrativos.

Um dos processos de compras que sempre foi objeto de muitos problemas e gargalos no setor público era o de aquisição de passagens aéreas. No âmbito do Governo Federal, para viabilizar a emissão dessas passagens eram contratadas, por meio de procedimento licitatório, agências de viagens, que realizam pesquisa, emissão, remarcação e cancelamento de passagens. Cada órgão realizava um processo licitatório e geria seu próprio contrato.

Além dessa grande pulverização, havia a falta de padronização dos contratos. Um mesmo trecho, pela mesma companhia aérea, em datas similares, apresentava, muitas vezes, grandes discrepâncias de valores, ou seja, órgãos federais pagavam valores diferentes para um mesmo tipo de serviço com características quase idênticas. As agências responsáveis pela prestação dos serviços eram remuneradas por um valor fixo pago a cada emissão. Entretanto, tais valores, além de serem muito discrepantes entre os diversos contratos (alguns com valor zero ou próximo de zero), evidenciavam que não era possível mensurar, com clareza, qual seria o valor que efetivamente deveria ser pago ou a forma pela qual as agências realmente eram remuneradas. Quanto ao suporte operacional às atividades administrativas relacionadas à solicitação de passagens e diárias, era utilizado pelos órgãos e entidades o Sistema de Concessão de Diárias e Passagens – SCDP, abrangendo desde a concessão, registro, acompanhamento, gestão e controle de diárias e passagens, até o envio de informações para a Controladoria Geral da União – CGU.

Frente às dificuldades levantadas para a aquisição de passagens aéreas, foram então iniciados estudos e mapeamento de todo o processo pela Central de Compras, utilizando-se de trabalhos de inteligência interna e externa junto ao mercado fornecedor, a fim de avaliar as oportunidades de nova sistemática para a aquisição dos bilhetes que fosse coerente com a legislação vigente; capaz de tornar o processo de compra mais transparente, ágil, eficiente e econômico; que permitisse utilizar o poder de compra para assegurar benefícios para a APF, visto o volume anual utilizado na aquisição de passagens aéreas; e que viabilizasse a racionalização dos gastos e da gestão dos contratos.

Tais estudos demonstraram que a realização das atividades de pesquisa e emissão dos bilhetes aéreos pelas agências de viagens retirava da Administração a possibilidade de negociação de tarifas mais vantajosas, não garantindo a escolha da melhor opção de voo existente. Além disso, havia um ônus procedimental de gestão contratual para os órgãos e entidades, uma vez que a conferência dos bilhetes emitidos e o faturamento eram integralmente manuais, gerando dificuldades de controle. Tudo isso multiplicado por mais de 600 contratos diferentes no âmbito da APF.

O diagnóstico também identificava que, entre julho/2013 e junho/2014, foram emitidos mais de 650 mil bilhetes aéreos, somando a ordem de R$465 milhões, distribuídos entre bilhetes domésticos, domésticos regionais e internacionais. A análise dos dados demonstrou ainda que mais de 95% do total dos bilhetes emitidos se referia a viagens nacionais domésticas, ou seja, trechos atendidos pelas principais companhias aéreas do país, ponto a ponto, geralmente entre capitais, além de os índices de remarcação e cancelamento serem mínimos. Claramente, não se percebia ganho significativo na intermediação pelas agências aéreas. No entanto, um ponto relevante era a utilização dos sistemas de reservas por elas utilizados e os sistemas das companhias aéreas responsáveis pela gestão de reservas e vendas.

Diante de tais fatos e considerando a existência do SCDP, utilizado por quase todos os órgãos e entidades, o desafio imposto implicava em aperfeiçoamento do modelo, por meio de melhorias nas funcionalidades desse sistema, consolidando nele todo o processo de compra de passagens aéreas, tornando-o mais transparente, ágil, eficiente e econômico, permitindo à APF utilizar seu poder de compra para lhe assegurar benefícios e redução de gastos. A solução encontrada pela CENTRAL foi a Compra Direta de Passagens Aéreas Nacionais, que representou uma nova interpretação quanto ao modelo jurídico instituído para a aquisição de passagens aéreas no âmbito do governo federal.

A conclusão de que a compra de passagens aéreas prescindia, na maioria dos casos, dos serviços de agenciamento foi o ponto de partida para que se vislumbrasse a utilização de um instrumento específico que possibilitasse aquisição direta junto às companhias aéreas, a exemplo do que fazem as pessoas físicas, que adquirem passagens aéreas diretamente nos sites das empresas. Nesse sentido, o novo modelo foi amparado por quatro principais pilares.

O primeiro trata da forma de relacionamento jurídico entre a Administração Pública e o fornecedor. Após análise das alternativas legais, concluiu-se pelo credenciamento de companhias aéreas, com fundamento no art. 25, da Lei nº 8.666/93, segundo o qual seria inexigível a licitação da emissão de bilhetes, uma vez que apenas uma empresa não seria capaz de atender todos os trechos demandados pela APF, não era possível antecipar a demanda dos bilhetes (seja em quantidade, seja definindo as origens e destinos), nem era possível fixar valores, uma vez que o setor aéreo atua com liberdade tarifária. Além de habilitar as empresas interessadas, o credenciamento também previa a assinatura de acordos corporativos de desconto (incluem reserva de assento e manutenção da tarifa por até 72h) e acesso direto aos *webservices* das companhias. Assim, o ganho se reflete na medida em que tal forma de contratação possibilita que a disputa, que antes ocorria no processo licitatório e em único momento, passe a ocorrer a cada compra efetuada, visto que o modelo garante que todas as companhias concorram no momento da compra da passagem, podendo, inclusive, desenvolver estratégias de redução dos preços de bilhetes específicos para o Governo Federal e para determinados trechos ou horários, ampliando sua possibilidade de incremento de *market-share*.

A arquitetura desse pilar foi um tanto desafiadora, uma vez que o credenciamento não possuía assento em uma norma geral de licitações e contratações,[2] sendo uma construção doutrinária e jurisprudencial, fundada no entendimento da inexigibilidade de licitação não pela exclusividade do fornecedor ou singularidade do objeto, mas pela situação diametralmente oposta, em que "a inviabilidade de competição decorre essencialmente da possibilidade de se contratar todos os que se enquadrarem nos requisitos estabelecidos

---

[2] Apesar de não ter encontrado previsão expressa na Lei nº 8.666/1993, já se encontrava regulamentado em algumas leis de licitações estaduais, como, por exemplo, na Lei nº 15.608/2007 do Estado do Paraná, que regulamenta as licitações realizadas no âmbito dos órgãos do Estado do Paraná, na Lei nº 9.433/2005, do Estado da Bahia e a Lei Goiana de licitações, Lei Estadual nº 16.920/2010.

pela Administração, indistintamente" (TORRES, 2021, p. 406). Com a NLLC, o credenciamento ganha espaço em uma lei geral, no rol dos procedimentos auxiliares do art. 78.

Além do instituto convencionalmente conhecido do credenciamento, em que se fixa preço como forma de materialização da inviabilidade de competição, o caso em tela não tinha essa possibilidade, uma vez que o mercado aéreo opera com liberdade tarifária, tendo variação de preços de forma constante, a cada momento, sendo esse o embrião da hipótese de credenciamento em mercados fluidos, prevista no art. 79, III, da Nova Lei, que dispõe:

> Art. 79. *O credenciamento poderá ser usado nas seguintes hipóteses de contratação*:
> I – paralela e não excludente: caso em que é viável e vantajosa para a Administração a realização de contratações simultâneas em condições padronizadas;
> II – com seleção a critério de terceiros: caso em que a seleção do contratado está a cargo do beneficiário direto da prestação;
> III – em mercados fluidos: caso em que a flutuação constante do valor da prestação e das condições de contratação inviabiliza a seleção de agente por meio de processo de licitação.
> Parágrafo único. Os procedimentos de credenciamento serão definidos em regulamento, observadas as seguintes regras:
> I – a Administração deverá divulgar e manter à disposição do público, em sítio eletrônico oficial, edital de chamamento de interessados, de modo a permitir o cadastramento permanente de novos interessados;
> II – na hipótese do inciso I do caput deste artigo, quando o objeto não permitir a contratação imediata e simultânea de todos os credenciados, deverão ser adotados critérios objetivos de distribuição da demanda;
> III – o edital de chamamento de interessados deverá prever as condições padronizadas de contratação e, nas hipóteses dos incisos I e II do caput deste artigo, deverá definir o valor da contratação;
> IV – *na hipótese do inciso III do caput deste artigo, a Administração deverá registrar as cotações de mercado vigentes no momento da contratação*;
> V – não será permitido o cometimento a terceiros do objeto contratado sem autorização expressa da Administração;
> VI – será admitida a denúncia por qualquer das partes nos prazos fixados no edital. (BRASIL, 2021) (grifos nossos)

Superada essa etapa, o segundo pilar foi o tecnológico, apostando-se no uso de um sistema buscador de passagens, que permitia a cotação, reserva e emissão automatizadas, nos *webservices* das companhias aéreas, por meio do SCDP, aplicando-se os descontos e reservas.

O uso de um instrumento de pagamento por meio eletrônico, no caso o Cartão de Pagamento do Governo Federal – CPGF, de uso exclusivo para compra de passagens aéreas, com conciliação eletrônica da fatura e consolidação de todas as parcelas de gastos da viagem, dado que toda a transação ocorreria de forma eletrônica, não sendo, portanto, possível a utilização da forma tradicional de faturamento, foi o terceiro pilar do novo modelo. Tal iniciativa imprimiu maior transparência, controle, automatização, otimização do uso da mão de obra e ganhos processuais significativos.

Por fim, o quarto pilar foi manter o formato de agenciamento de viagens como forma subsidiária de emissão para trechos internacionais, regionais e em casos de não atendimento da Compra Direta (ex. falha de sistema).

Toda essa nova arquitetura permitiu, à Administração Pública Federal vários benefícios, dentre os quais destaca-se: a automação dos procedimentos de aquisição de passagens aéreas para viagens a serviço da APF; a busca de trechos e bilhetes diretamente nos sítios das companhias aéreas credenciadas, que possibilitou transparência no gasto público, agilidade na operação, diminuição do pessoal dedicado à aquisição de bilhetes de passagem, maior antecipação das aquisições (em regra, propicia a compra a menores preços); a obtenção de prazo diferenciado de reserva de tarifa e de assento por, no mínimo, 72 horas; o acesso a descontos sobre os valores das tarifas, aplicados automaticamente pelas companhias aéreas, conforme acordos corporativos firmados junto ao Governo Federal; a verificação automática do status da viagem (voos realizados, cancelados, remarcados ou "*no show*"), substituindo a necessidade de prestação de contas manual por meio de canhotos de bilhetes aéreos entregues pelos servidores após as viagens; e o armazenamento da relação de voos informada pelos *webservices* das empresas na pesquisa de voos e tarifas, e da escolha realizada, para cada Proposta de Concessão de Diárias e Passagens, permitindo consulta e auditoria posterior no sistema SCDP.

Especialmente quanto ao uso do meio de pagamento eletrônico, esse permitiu um maior controle financeiro das despesas, uma vez que cada portador possuía limite de utilização autorizado pelo ordenador de despesa da unidade gestora, e a utilização exclusiva no sistema SCDP assegurando que somente órgãos e entidades de governo que aderiram a esse sistema e realizaram o respectivo empenho prévio no Sistema

Integrado de Administração Financeira – SIAFI pudessem adquirir bilhetes de passagens; o pedido automático de reembolso no caso de cancelamento ou alteração de bilhetes; a conciliação eletrônica dos bilhetes com os valores faturados (a partir de informações oriundas da instituição financeira), com vinculação entre os valores pagos por meio do cartão e de parcelas referentes a reembolso ou multas (decorrentes de remarcações ou cancelamentos), permitindo a visualização completa de todos os gastos associados a cada viagem.

Obviamente que toda essa construção requereu dedicação intensa dos servidores envolvidos, o que foi possível em função da dedicação exclusiva aos trabalhos que a Central de Compras permitiu que existisse. Além disso, ter uma só unidade conduzindo todos os estudos, negociações, desenho e implementação do novo modelo contribuiu para uma melhor orquestração da concretização dos objetivos pretendidos, alinhamento da comunicação intragoverno e fortalecimento do patrocínio para a gestão das mudanças que adviriam. Ademais, ter o corpo técnico especializado no tema, tanto da compra direta de passagens quanto de compras públicas, qualificou as interações com órgãos de controle e judiciário, que obviamente aconteceram, e em grande intensidade, em função de ser uma mudança estrutural tanto para o setor público como para o setor privado que foi impactado pela alteração da forma de contratação.

Toda essa construção, desde o diagnóstico detalhado da necessidade da Administração, o mapeamento e estudo das alternativas de mercado disponíveis, a avaliação dos requisitos da contratação, bem como a análise fundada em requisitos objetivos quanto à melhor solução a ser implementada, o apontamento das providências necessárias para sua viabilização e a relação com contratações correlatas e interdependentes (como a viabilização do cartão de pagamentos, do sistema buscador, do agenciamento de viagens para passagens internacionais) são todos elementos sem os quais não se chegaria na implantação do modelo. E são conteúdos atualmente associados ao instrumento do Estudo Técnico Preliminar, trazido na NLLC em seu art. 18, §1º, que inaugura a etapa de planejamento de uma contratação pública (art. 6º, XX, da NLLC).

Até 2020, a compra direta de passagens encontrava-se descontinuada, pois o uso do meio de pagamento eletrônico tinha uma dependência legislativa, cuja norma não foi renovada, forçando a Administração Federal a retornar, naquele momento, ao modelo de agenciamento de viagens. Porém, foram iniciadas discussões internas para retomada desse modelo sem que houvesse dependência quanto ao uso do Cartão de Pagamento, culminando assim em novo Credenciamento realizado em setembro de 2020.

A estratégia adotada foi a de centralizar o pagamento às Companhias Aéreas, ficando a Central de Compras responsável pela contratação, gestão e fiscalização do serviço, além do pagamento às empresas credenciadas. Essa é a lógica do Centro de Serviços Compartilhados – CSC – inaugurado em 2017 com o TáxiGov. Nessa modelagem, há a emissão de fatura pela companhia aérea credenciada e os devidos recolhimentos tributários, conforme exigido em lei, não sendo mais utilizado o CPGF. Para que seja possível a prestação do serviço no CSC, os órgãos descentralizam o recurso orçamentário e financeiro à Central de Compras, que passa a gerir o saldo orçamentário disponível a cada órgão, bem como fiscalizar o serviço, por meio de automatização de rotinas dentro do Sistema de Concessão de Diárias e Passagens (SCDP), antes feitas com o uso do Cartão de Pagamento, a exemplo da conciliação eletrônica e dos pedidos de reembolso. Sem essa automatização no SCDP, não seria possível fiscalizar o serviço de modo centralizado, tendo em vista o número de atores envolvidos nesse processo e que atuam em cada uma das estruturas dos órgãos e entidades.

Em 2021, foi dado início ao projeto piloto de implantação do serviço, de modo a verificar se o SCDP e as rotinas estabelecidas estavam adequadas e permitiam sua expansão. O serviço estava implantado no Ministério da Economia, da Mulher, da Família e dos Direitos Humanos e na Controladoria-Geral da União, com êxito, porém, em março de 2022, o credenciamento foi suspenso por determinação judicial, tendo que ser interrompida sua implantação, status que ainda não se alterou.

Essa iniciativa foi de extrema relevância à APF por ter demonstrado o quanto é possível incorporar práticas, aparentemente exclusivas do setor privado, ao contexto público e quanto o caminho percorrido serviu de lição para novos projetos, como o próximo que iremos tratar.

2.2 TáxiGov – modelo de transporte administrativo de servidores

Segundo regulamentação específica,[3] os veículos da Administração Pública Federal são classificados em diferentes categorias, atendendo

---

[3] Decreto nº 6.403, de 17 de março de 2008, vigente à época do início do projeto do TáxiGov, sendo depois substituído pelo Decreto nº 9.287, de 15 de fevereiro de 2018.

desde as autoridades, passando por veículos de uso comum e administrativo, até os de uso especial, como aqueles de atividades finalísticas, a exemplo de ambulâncias, veículos de fiscalização etc. Para atendimento da necessidade de deslocamento de servidores, não existia um padrão de serviço entre os órgãos da APF. Se por um lado havia órgãos que compravam veículos, arcando com custos de aquisição, manutenção, seguro e abastecimento, havia outros que contratavam serviço de locação de veículos com franquia de utilização mensal ou sem franquia. Em relação aos motoristas, havia órgãos que possuíam contratos de terceirização para essa função, enquanto em outros havia servidores efetivos ocupando o cargo de motorista.

A Central de Compras, em trabalho iniciado em setembro de 2014, realizou diagnóstico[4] da situação de todos os órgãos da administração direta localizada no Distrito Federal (DF), tendo seu escopo centrado nos veículos de serviços comuns (transporte de servidores e documentos).[5] O levantamento contemplou diferentes categorias de informação como: a quantidade de veículos alocados nos ministérios; o volume de viagens e quilometragens realizadas; o número de motoristas do quadro (servidores), que, independentemente do modelo adotado, necessitariam de atenção do projeto; e o custo do quilômetro médio.

Como resultado, verificou-se que, para atender à demanda de transporte de servidores e colaboradores, os órgãos da Administração direta localizados no Distrito Federal contavam com aproximadamente 850 veículos, entre próprios e locados; mais de 190 motoristas do quadro, afora os terceirizados; e um custo médio por quilômetro rodado de R$9,00. O custo anual para sustentar essa demanda girava em torno de R$32 milhões, entre locação de veículos, manutenção, seguro e abastecimento, não contabilizados custos de aquisição e garagem. Se considerada a categoria de transporte de dirigentes, esse custo era da ordem de R$48 milhões ao ano.

Restou claro que a frota própria era um modelo frequente na Administração, o qual gerava não apenas um alto grau de imobilização de recursos financeiros como também elevado esforço de gestão do

---

[4] Considerando a ausência de sistemas de informação que concentram dados sobre a frota da Administração Direta do Governo Federal, foi feito um levantamento *in loco*, a fim de identificar as variáveis e os parâmetros essenciais para subsidiar os estudos de uma estratégia para esse serviço.

[5] Não constituíram objeto do serviço proposto para Central de Compras, os serviços de transporte contemplados pelas demais categorias de veículos, em função das peculiaridades de especificação e finalidade de atuação.

próprio serviço, envolvendo a manutenção dos veículos, reposição de peças, organização de garagens, administração de seguros, além dos procedimentos de desfazimento – os quais devem ser adotados para evitar o acúmulo de carros em situação de desuso, após comprovada a situação de não economicidade. Outro ponto que impactava no custo dos modelos era a ociosidade dos veículos. Verificou-se que, tanto para o modelo de frota própria quanto para o modelo de frota terceirizada, as contratações incorporaram a ociosidade na aferição da demanda, uma vez que os picos de utilização do serviço (horários em que a demanda por veículos é maior) eram tomados como referência para a contratação. Dessa forma, os órgãos, em geral, estimavam suas demandas de forma a evitar a indisponibilidade de veículos nos momentos em que eles são mais necessários. Assim, nos demais horários do dia, em que a demanda é menor, verificava-se a ociosidade de veículos nos estacionamentos dos órgãos.

Todo esse cenário de custos e de diversidade de estratégias era agravado pela atuação isolada dos órgãos e entidades, implicando: repetição de processos de licitação, gestão e pagamento; perda de escala; falta de padronização; e replicação de estruturas administrativas. Todos esses fatores deveriam ser levados em conta para cada um dos objetos que a unidade precisaria contratar para atender sua necessidade de deslocamento de servidores. Outra fragilidade do serviço era a falta de gestão da qualidade e da baixa utilização de tecnologia da informação na prestação ou fiscalização, deixando menos eficiente o controle, propiciando maior desperdício e até aumentando o risco de fraudes.

Em resumo, ao final da fase de análise interna, pode-se resumir em três os problemas principais que faziam com que a APF operasse o transporte de servidores com reduzida eficiência e eficácia: 1) alto custo de operação; 2) elevado volume de recursos imobilizados com veículos; e, 3) fragilidade do modelo de gestão. E tais deficiências encontradas coincidiam com as apontadas pela CGU, em relatório final de auditoria, que avaliou a política de contratação e gestão do serviço de transporte de servidores dos órgãos integrantes do Sistema Integrado de Serviços Gerais – SISG.

Seguindo-se a metodologia de *Strategic Sourcing*, realizou-se análise de mercado com representantes do setor de transporte (cooperativas de táxi, intermediação de corridas de táxi, locação de automóveis, fornecimento de serviço de transporte de pessoas) e grandes clientes desses serviços, chegando-se a algumas conclusões: a) os grandes *players* do mercado não sinalizavam para uma plataforma única em que se englobaria táxi e outros modais; b) para demandas de larga escala, os maiores *players* de locação ofereciam boas soluções de locação de veículos com gestão, entretanto com dificuldades de inclusão de motoristas, combustíveis e outras despesas acessórias; c) os maiores *players* de aplicativos de táxi não ofereciam outros modais em uma mesma plataforma e apresentam dificuldades em precificar por quilômetro rodado; d) licitações para contratação do modal táxi com aplicativo vinham ganhando espaço entre outras esferas de governo (ex. Prefeitura de São Paulo); e d) não foram encontrados registros de experiências de utilização de modelos híbridos em funcionamento no mercado.

De posse de todo esse conjunto de informações internas e externas e avaliando-se as possibilidades de fornecimento dos serviços de transporte que incluíam tanto a prestação do serviço de táxi quanto a locação de veículos, concluiu-se pela estratégia de transporte administrativo de pessoal por meio da contratação do serviço de agenciamento de táxis,[6] ficando demonstrado o maior potencial de economia em detrimento dos modelos nos quais ou há frota própria de veículos (adquiridos) ou contratos de locação.

Ao realizar o primeiro pregão eletrônico em setembro de 2016, para a contratação desse serviço de forma centralizada em atendimento à demanda de toda a Administração direta no DF, a Central de Compras conseguiu o menor preço global em R$12,7 milhões, representando uma redução de R$2,2 milhões do valor estimado de R$14,9 milhões. Em outras palavras, garantiu-se que, em relação aos R$32 milhões/ano de custo identificado no diagnóstico, a Administração Direta Federal teria uma redução de R$20 milhões, ou seja, mais de 60% de economia. É importante ressaltar que houve redução imediata de custos comparando-se os modelos, pois a contratação do serviço de táxi permitiu que a Administração pagasse tão-somente o percurso realmente utilizado. Eventual necessidade de deslocamento do veículo para o local de início da corrida não teria seus custos revertidos para a Administração.

Uma vez definida a estratégia para prestação do serviço de deslocamento de servidores e colaboradores (táxi) e que sua operação seria realizada de forma centralizada, ou seja, num conceito de Centro

---

[6] No momento de definição da modelagem do TáxiGov e da realização da primeira licitação, não estava plenamente regulamentado o transporte por meio de aplicativos pelo Governo do Distrito Federal, por isso a limitação ao transporte por táxis. Posteriormente, a Central de Compras realizou licitações ampliando o mercado participante conforme contexto normativo favorável.

de Serviços Compartilhados (CSC), mostrou-se imprescindível que a estrutura organizacional da Central de Compras fosse ampliada e fortalecida.

Uma importante inovação e que representou forte quebra de paradigma referiu-se ao formato de gestão e operação do serviço contratado. Em vez de cada órgão assinar e gerir o seu próprio contrato – formato considerado como tradicional após a licitação centralizada por meio de ata de registros de preços, a CENTRAL seria a única a assinar e gerir o contrato de forma centralizada em nome dos demais órgãos da Administração Pública Federal direta no DF, participantes do modelo de serviços compartilhados. Nesse formato, a Central de Compras passa a ser provedora do serviço àqueles órgãos, desonerando-os da realização dessas atividades, evitando replicação de processos e reduzindo, drasticamente, o número de contratos existentes para manutenção dos modelos anteriores.

A implantação nos órgãos seguiu um cronograma previamente definido, reforçando o caráter de transição e gradualidade do modelo. Foram observados os fins naturais das vigências contratuais, principalmente daqueles que representavam o maior ônus financeiro ao Estado, quais sejam, frota locada e mão de obra terceirizada (motoristas), estimando-se um período médio de 12 meses para a implantação total do modelo.

Atualmente, todos os órgãos da Administração Direta Federal no Distrito Federal utilizam o TáxiGov, além das autarquias e fundações localizadas nesse Estado, Tribunal de Contas da União, Conselho Nacional do Ministério Público e Governo do Distrito Federal. Cerca de 4 milhões de quilômetros foram rodados e mais de 500 mil corridas realizadas, gerando uma economia de R$22,9 milhões desde a implantação do modelo. Além disso, 1,9 mil toneladas de CO_2 deixaram de ser emitidas, atendendo, também, ao pilar da sustentabilidade. Ademais, a CENTRAL já realizou licitação e implantou o modelo em vários órgãos do Rio de Janeiro e São Paulo e, até o fechamento deste artigo, estavam em andamento procedimentos visando à expansão do serviço para Florianópolis, Belo Horizonte e Cuiabá. Há previsão de implantação também nas cidades de Salvador, Natal e Porto Alegre.

É inegável que o primeiro grande ganho que se percebe com o TáxiGov é o financeiro, mas merecem destaque muitos outros, como a possibilidade de os gestores públicos realizarem o acompanhamento em tempo real dos deslocamentos, além de poderem consultar, a qualquer momento, com total controle de usuários, percursos e horários.

A centralização da gestão dos serviços também permitiu aos órgãos reduzir o número de pessoas, tempo e outros recursos alocados na execução de atividades antes relacionadas à frota e à gestão contratual, além de possibilitar o aumento dos padrões de qualidade definidos, principalmente, quanto ao tempo de atendimento ao usuário, muito inferior ao verificado nos modelos anteriormente utilizados.

Outro benefício foi a inclusão do usuário como um avaliador dos serviços prestados, tanto em aspectos relacionados às condições do veículo quanto à prestação do serviço pelo motorista, em cada deslocamento realizado. Dessa forma, o espectro da fiscalização e da responsabilização fica ampliado, com maior possibilidade de controle da qualidade, realizado de forma contínua, pelos usuários do serviço na APF.

Quanto à solução tecnológica, além de ter trazido mais controle e transparência, apresentou grande flexibilidade, podendo ser configurados parâmetros de utilização específicos para cada usuário, caso necessário, atendendo às mais diversas necessidades dos órgãos beneficiários do serviço. Assim, os gestores nos órgãos tinham informações mais precisas de quem usava o serviço e como o serviço era utilizado em sua unidade (rotas realizadas, valores, horários etc.). Houve, ainda, inegável ganho com a automação de processos como solicitação de corridas, ateste e gestão do serviço.

A iniciativa também permitiu a desmobilização de veículos, seja por meio da realocação em outras atividades, evitando novas contratações, seja pelo desfazimento por meio de doações ou leilões, alguns desses conduzidos pela própria CENTRAL.

Outro avanço significativo refere-se aos aspectos de transparência e controle, uma vez que o modelo permitia averiguar, quase instantaneamente, dados das corridas realizadas, tais como origem e destino; usuário; tempo entre origem e destino; motivo do deslocamento e custo específico. Com acesso a essas informações, foi elaborado painel com os dados referentes ao TáxiGov, com o intuito de apoio à tomada de decisão gerencial a partir das diversas visões disponíveis e monitoramento do serviço, já que a ferramenta ajuda a identificar padrões de uso e distorções na utilização do sistema.

Dificilmente um modelo dessa envergadura, com capacidade de atender praticamente toda a estrutura administrativa, com um sistema único e concentrando informações, inteligência sobre o mercado, diálogo com órgãos de controle e, atualmente, facilidade de expansão seria possível sem estudos sistematizados, equivalentes ao Estudo

Técnico Preliminar, previsto no art. 18 da NLLC (BRASIL, 2021) e sem uma unidade dedicada e especializada, cuja instituição também vem reforçada pela nova lei.

Ademais, percebe-se que, com o TáxiGov, a centralização também trouxe oportunidades de arranjos intergovernamentais, na medida em que entes subnacionais e outros poderes passaram a aderir ao serviço, havendo, obviamente, ganhos também para o Governo Federal, que amplia, principalmente em outras cidades, a demanda licitada e se beneficia dos ganhos de escala com a concentração de demanda de outros agentes. Nessa seara, e utilizando da estrutura e da expertise da Central e do êxito na implantação do TáxiGov no Distrito Federal, Rio de Janeiro e São Paulo, em 2020 foi dado início ao projeto de expansão do modelo aos demais Estados da federação. Pelas peculiaridades do serviço, que têm total relação com a localidade em que será prestado, principalmente do ponto de vista do mercado, foram realizadas licitações, ao longo de 2020 e 2021, visando a sua disponibilização a todos os entes que tinham demanda em cada capital ou região metropolitana. É importante ressaltar a parceria firmada pela Central de Compras com vários entes subnacionais, que permitiram que as licitações tivessem demanda atrativa o suficiente para o mercado ter interesse em participar e ainda conferiram maior credibilidade à expansão do modelo.

Das implantações que foram realizadas, das pesquisas feitas junto aos órgãos e entidades usuários do serviço e de estudo feito junto ao mercado, foi verificada a necessidade de evolução do TáxiGov para um modelo que conferisse maior agilidade na implantação, que atendesse a outras formas de transporte, que não somente a administrativa, e que estivesse disponível em todas as localidades em que houvesse demanda. Desse modo, foi dado início, em 2021, ao projeto Transporte GOV.BR, cujo escopo é a contratação de solução tecnológica que servirá de integração com empresas de transporte urbano que serão credenciadas, seguindo mesma lógica da compra direta de passagens aéreas, e de sistema de gestão de transporte das frotas próprias e locadas da Administração Pública. Os objetivos do projeto são a otimização dos serviços de transporte terrestre, o aumento da transparência e do controle com os gastos, simplificação da gestão e redução de custos.

Ressalta-se, com maior ênfase, a importância de se elaborar Estudo Técnico Preliminar robusto, de modo a subsidiar contratação que atenda, de fato, ao que a Administração necessita, aliando às práticas inovadoras já estabelecidas no mercado e evoluindo modelos já consagrados, mas que ainda têm espaço para melhoria e aperfeiçoamento contínuo.

3 Conclusão

Por todo o exposto, percebe-se que a centralização de compras não é assunto inédito em nosso país, e que, apesar de ter sofrido de um movimento pendular durante algumas décadas, as últimas experiências registradas demonstraram sólidos resultados que têm só ampliado a discussão e o aparecimento de novos arranjos em entes subnacionais por exemplo. E que agora, com a Nova Lei de Licitações, a Lei nº 14.133/2021, volta à agenda de discussões, com maior força, acerca da modernização e inovação das compras públicas, tema que merece destaque nos níveis mais estratégicos das entidades.

As iniciativas abordadas neste artigo são exemplos de dois dos quatro modos de operação de centralização de compras existentes no cenário brasileiro abordados por Santos (2019) quais sejam, o amplo, que abrange as fases de planejamento e seleção de fornecedor de modo centralizado, como no caso das passagens aéreas, e o ultracentralizado, que abarca a centralização desde as fases iniciais até a gestão do contrato, exemplo do TáxiGov. Verifica-se, portanto, plenamente aplicáveis e escalonáveis essas formas de centralização pelo Estado, a depender, claro, da realidade de cada Ente, e que poderão servir de boa prática para avaliação e replicação.

Percebe-se o quanto que, com a evolução social e econômica, o Estado é chamado a se abrir para parcerias, num movimento de coordenação de esforços e iniciativas, e para tecnologias e ferramentas que visam à eficiência administrativa. Tem-se, nesse tecido dinâmico e em constante evolução e (re)criação de modelos e paradigmas,

> (...) um *cardápio de alternativas*, com influência concomitante de alguns modelos de reforma – em parte divergentes entre si, em parte complementares – *que, em conjunto, nutrem a criatividade e dão latitude para o surgimento de inovações calcadas em distintos substratos conceituais e agendas governamentais*. Tais alternativas se somam ao contexto geral que ora pressiona ora oportuniza aos Estados e agentes públicos pela necessidade de mudança e inovação, sendo esta particularmente próspera a partir do momento em que se teoriza mais solidamente acerca do caráter inovador das organizações públicas, numa perspectiva sistêmica. (CAVALCANTE; CUNHA, 2017, p. 29) (grifos nossos)

Nesse contexto, não só a dimensão de sistemas de informação tem espaço, mas ganham espaço especial e diferenciado o uso de métodos de inovação, a revisão dos arranjos administrativo-organizacionais, a discussão de revisão de nossas leis e regulamentos de compras públicas. Assim, o Estado vem sendo chamado constantemente a buscar outros mecanismos para pensar e desenhar as políticas públicas, dentre elas as compras governamentais. Nos dizeres de Cavalcante e Cunha (2017, p. 29):

> Com efeito, *a inovação no setor público ganha impulso na medida em que os governos buscam atender às demandas contínuas por, entre outros, maior transparência, qualidade, eficiência e eficácia de suas ações, mediante processos interativos com cidadãos, empresas e sociedade* (OCDE, 2015). Nesse cenário, cada vez mais complexo pela globalização imparável, aliada ao combate à desigualdade e ao respeito à diversidade e ao multiculturalismo *impõem-se à administração pública a necessidade de ser mais criativa e inovadora nas suas respostas*, em termos de políticas públicas. Segundo Bekkers, Edelenbos e Steijn (2011. p. 6): "*A necessidade de inovar não reflete só o desenho de criar governos mais efetivos e eficientes, mas também como forma de criar legitimidade no setor público para enfrentar problemas complexos (wicked problems)*". (grifos nossos)

Resta-nos reconhecer que os eixos político e administrativo que orientam as formas de organização e atuação estatais são inseparáveis e comungam de princípios comuns, bem como buscam realizar objetivos e alcançar valores similares, em destaque para a transparência, eficiência e qualidade das entregas públicas à sociedade. O relacionamento entre esses vetores é cada vez mais desafiador, principalmente quando se considera os paradigmas econômicos, tecnológicos e sociais que se fazem presentes na sociedade (a exemplo da economia colaborativa, uso de aplicativos, internet das coisas, *blockchain*, metodologias ágeis etc.) e que o Estado não pode olvidar, e na verdade é impelido, a incorporar em seus procedimentos e políticas. Eis que temos, então, a necessidade de um elemento que congregue e promova sinergia e harmonia entre essas variáveis para otimizar a atuação estatal, que hoje podemos dizer que se trata de *governança*, cujo paradigma

> se distingue tanto da nova gestão pública quanto da administração pública burocrática ortodoxa e possui diferentes vertentes, que vêm se constituindo desde os anos 1990, com um significado próximo a capacidades de governo em novos tempos e contextos, marcados por pluralismo, complexidade, ambiguidade e fragmentação (HOWLETT; RAMESH, 2016).

> *Dentre essas vertentes, vale destacar duas: governança para resultados e governança colaborativa* (Martins e Marini, 2014; Salomon, 2002). A primeira bebe na fonte dos princípios e valores do *new public management*, devido à preocupação central com o desempenho, representado pela soma de esforços (economicidade, execução e excelência) e resultados (eficiência, eficácia e efetividade). Nessa corrente, *a governança consiste em gerar valor público com menos recursos via capacidades institucionais para resultados.* Já a governança colaborativa também visa à *geração de valor público, porém mediante a constituição de capacidades e qualidades institucionais pautadas na colaboração entre agentes públicos e privados.* Assim, cocriação ou governança em rede de serviços e políticas públicas tendem a gerar valor não apenas no desempenho, mas também no envolvimento social. (CAVALCANTE; LOTTA; OLIVEIRA, 2018, p. 76). (grifos nossos)

Esse elemento governança, em quaisquer de suas vertentes, bem como a forma de emprego da inovação e de tecnologias, tem sua aplicação como fator de sucesso para a ampliação dos modelos de centralização de compras. E que também encontram espaço de maior exploração de oportunidades no âmbito dos Estudos Técnicos Preliminares, que buscam uma melhor caracterização da necessidade pública e o estímulo à busca de novas soluções que possam melhor atender ao interesse público.

Referências

BRANDÃO, Paulo Henrique Borges. *Strategic Sourcing*: projeto de aplicação da metodologia na área de compras do estaleiro Schaefer Yachts. 2008. (Tese). Bacharel em Administração – Faculdade de Administração Universidade Federal de Santa Catarina, Florianópolis, 2008. Disponível em: http://tcc.bu.ufsc.br/Adm291167. Acesso em: 12 abr. 2020.

BRASIL. *Decreto nº 7.892, de 23 de janeiro de 2013.* Regulamenta o Sistema de Registro de Preços previsto no art. 15 da Lei nº 8.666, de 21 de junho de 1993. Casa Civil. Brasília. Disponível em: http://www.planalto.gov.br/ccivil_03/_Ato2011-2014/2013/Decreto/D7892.htm#art29. Acesso em: 12 abr. 2020.

BRASIL. *Lei nº 14.133, de 1º de abril de 2021.* Lei de Licitações e Contratos Administrativos. Brasília, 2021. Disponível em: https://www.in.gov.br/en/web/dou/-/lei-n-14.133-de-1-de-abril-de-2021-311876884. Acesso em: 02 mai0 2022.

CAVALCANTE, Pedro; CUNHA, Bruno Queiroz. É preciso inovar no Governo, mas por quê? *In*: CAVALCANTE, Pedro *et al.* (Org.). *Inovação no Setor Público*: teoria, tendências e casos no Brasil. 2. ed. Brasília: ENAP, IPEA, 2017. p. 19-39.

CAVALCANTE, Pedro; LOTTA, Gabriela S.; OLIVEIRA, Vanessa Elias de. Do Insulamento Burocrático à Governança Democrática: As Transformações Institucionais e a Burocracia no Brasil. *In*: PIRES, Roberto; LOTTA, Gabriela; OLIVEIRA, Vanessa Elias de (Org.). *Burocracia e Políticas Públicas no Brasil*: interseções analíticas. Brasília: IPEA, ENAP, 2018. p. 59-83.

COSTA, Caio César de Medeiros; TERRA, Antônio Carlos Paim. *Compras públicas*: para além da economicidade. Brasília: Enap, 2019. p. 135. Disponível em: https://repositorio.enap.gov.br/handle/1/4277. Acesso em: 11 abr. 2020.

CURRISTINE, T.; LONTI Z.; JOUMARD, I. Improving Public Sector Efficiency: Challenges and Opportunities, *OECD Journal on Budgeting*, v. 7, n. 1, 2007. Disponível em: https://www.oecd.org/gov/budgeting/43412680.pdf. Acesso em: 24 jan. 2017.

FERNANDES, Ciro. A centralização das compras na administração federal: lições da história. In: *Congresso CONSAD de Gestão Pública*. Brasília, 8, 2015.

FERREIRA, Cicero; BRESCIANI, Luiz Paulo; MAZZALI, Leonel. Centros de Serviços Compartilhados: da experiência britânica às perspectivas de inovação na Gestão Pública Brasileira. *Revista do Serviço Público*, Brasília. v. 61, n. 4, p. 60-74, out./dez. 2010. Disponível em: https://revista.enap.gov.br/index.php/RSP/issue/view/9/8. Acesso em: 10 set. 2022.

OCDE. Organização para a Cooperação Econômica e Desenvolvimento. *Value for Money in Government*. Public Administration after New Public Management, Paris, França, 2010.

QUINN, B.; COOKE, R.; KRIS, A. *Shared services*: mining for corporate gold. London: Financial Times Prentice Hall, 2000.

RAUEN, André. Mercados para a inovação: compras públicas e regulação/normatização no Brasil. *IPEA Radar: tecnologia, produção e comércio exterior, Instituto de Pesquisa Econômica Aplicada*, Brasília, n. 52, p. 7-9, ago. 2017. Disponível em: http://repositorio.ipea.gov.br/bitstream/11058/8015/1/Radar_n52.pdf. Acesso em: 10 abr. 2020.

SANTOS, Felippe Vilaça Loureiro. Centralização de compras públicas: a experiência da Empresa Brasileira de Serviços Hospitalares (EBSERH). 2019. Dissertação. (Mestrado em em Governança e Desenvolvimento) – Escola Nacional de Administração Pública, 2019. Disponível em: https://repositorio.enap.gov.br/handle/1/4747. Acesso em: 12 abr. 2020.

TORRES, Ronny Charles Lopes de. *Leis de licitações públicas comentadas*. 12. ed. rev., ampl. e atual. São Paulo: Ed. Juspodivm, 2021. 944p.

Informação bibliográfica deste texto, conforme a NBR 6023:2018 da Associação Brasileira de Normas Técnicas (ABNT):

LOPES, Virgínia Bracarense; GEBRIM, Isabela Gomes. A centralização de compras como fator de estímulo à inovação em compras públicas: o caso da Central de Compras do Governo Federal e suas iniciativas da Compra Direta de Passagens Aéreas e do TáxiGov. In: PÉRCIO, Gabriela Verona; FORTINI, Cristiana (Coord.). *Inteligência e inovação em contratação pública*. 2. ed. Belo Horizonte: Fórum, 2023. p. 135-157. ISBN 978-65-5518-474-7.

A FUNÇÃO SOCIAL DAS CONTRATAÇÕES PÚBLICAS, A LEI Nº 14.133/2021 E O TRATAMENTO FAVORECIDO ÀS MICROEMPRESAS E EMPRESAS DE PEQUENO PORTE

CRISTIANA FORTINI

MARIANA BUENO RESENDE

1 Introdução

Os processos de contratação pública, usualmente realizados com o intuito de obtenção da proposta economicamente mais vantajosa para a Administração Pública e garantia da isonomia entre os interessados têm sido utilizados, cada vez mais, como mecanismos indutores de comportamento no mercado e na sociedade.

O fato de que são expendidos elevados montantes nas contratações públicas, configurando parcela relevante do mercado, faz com que o Estado possua potencial de influenciar e determinar comportamentos desejáveis com seu poder de compra.[1]

---

[1] Sobre a capacidade do poder de compra governamental induzir comportamentos, é relevante citar o fato de que, "em meados da década de 90, um decreto presidencial determinou que todos os departamentos federais passassem a adquirir computadores mais eficientes energeticamente, ou seja, que tivessem o certificado 'Energy Star' da Agência de Proteção Ambiental americana. Por meio dessas políticas, o número de empresas que fabricavam computadores com eficiência energética cresceu drasticamente (entre 1992 e 1998, o número de empresas que passaram a fabricar PC's com a etiqueta 'Energy Star' passou de 10 pra 600, o que representa um incremento de praticamente 100% das empresas existentes), mudando o comportamento dos agentes econômicos de produção desse stor

A centralidade das contratações públicas está ainda no seu caráter instrumental para que as atividades e políticas públicas se materializem. De saúde à habitação, do Legislativo ao Judiciário, são centrais os produtos, serviços, obra e locações, objetos dos contratos celebrados por entes estatais.

Como único ou importante "consumidor", há certo consenso de que o agir estatal opera como bússola a regular o mercado, impulsionando ou não a presença de novos atores e a adoção ou não de certas atitudes.

Não por outra razão, percebeu-se a possibilidade de que as contratações sejam utilizadas como forma de fomentar atividades para alcançar finalidades públicas que não aquelas tradicionalmente associadas às licitações, podendo a Administração Pública atuar como "interventora no mercado por meio de práticas diferenciadas de consumo, estimulando e criando políticas que fortaleçam um modelo menos pautado no acúmulo despropositado e que seja mais racional".[2]

Os mecanismos de implementação de políticas públicas nas contratações governamentais são diversos; dentre eles, destacam-se: a decisão sobre comprar ou não, a decisão sobre o que comprar (com a definição das especificações do objeto), as condições de execução contratual, exclusão de contratados que não estejam de acordo com as políticas públicas,[3] preferências para contratar, critérios de adjudicação e medidas para melhorar o acesso a contratos governamentais.[4]

---

para adequação à demanda estatal: agentes privados e públicos do mundo inteiro compram agora PC's com eficiência energética em razão desse programa" (FABRE, Flavia Moraes Barros Michele. *Função horizontal da licitação e da contratação administrativa*. 2014. p. 52. Disponível em: https://www.teses.usp.br/teses/disponiveis/2/2134/tde-01122015-123928/publico/TESE_COMPLETA_FLAVIA_MORAES_2014.pdf. Acesso em: 28 maio 2022).

[2] GUIMARÃES, Edgar; FRANCO, Caroline da Rocha. Licitação e políticas públicas: instrumentos para a concretização do desenvolvimento nacional sustentável. *In*: BACELLAR FILHO, Romeu Felipe; HACHEM, Daniel Wunder (Coord.). *Direito Público no Mercosul*: Intervenção Estatal, Direitos Fundamentais e Sustentabilidade – Anais do Vi Congresso da Associação de Direito Público do Mercosul – Homenagem Ao Professor Jorge Luis Salomoni. Belo Horizonte: Fórum, 2013. p. 364.

[3] No Brasil, por exemplo, a Lei nº 8.666/93 determina, no art. 27, inciso V, que são habilitados para participar das licitações os interessados que cumpram a exigência de proibição de trabalho noturno, perigoso ou insalubre a menores de 18 e de qualquer trabalho a menores de 16 anos, salvo na condição de aprendiz, a partir de 14 anos. O que significa dizer que as licitantes que não seguem referida política pública devem ser excluídas do processo de compras.

[4] ARROWSMITH, Sue. Horizontal Policies in Public Procurement: a taxonomy. *Journal Of Public Procurement*, v. 10, ISSUE 2, p. 152, SUMMER 2010. Disponível em: https://www.nottingham.ac.uk/pprg/documentsarchive/fulltextarticles/suetaxonomyofhorizontalpolicies.pdf. Acesso em: 28 maio 2022.

A Lei nº 14.133/2021, que institui novo regramento para licitações e contratos administrativos, seguiu, em diversos dispositivos, a tendência de agregar função social às contratações públicas.[5]

Contudo, no tocante ao incentivo aos pequenos empreendedores, a nova legislação estabeleceu limites à incidência do tratamento favorecido previsto na Lei Complementar nº 123/2006 e trouxe previsões contrárias aos entendimentos que estavam se consolidando no âmbito do Tribunal de Contas da União.

Diante disso, este estudo procurou demonstrar a relevância da função social das contratações públicas, perpassando pela construção doutrinária sobre o tema, pela pesquisa dos ordenamentos jurídicos europeu e norte-americano, bem como da evolução da legislação brasileira, e analisando, sobretudo, as alterações promovidas pela Lei 14.133/2021 na sistemática do tratamento favorecido às microempresas (ME) e empresas de pequeno porte (EPP).

2 A função social das contratações públicas

Vários autores já se debruçaram sobre o tema e diversas nomenclaturas foram utilizadas para se referir à utilização das licitações e contratações públicas com a finalidade de realizar objetivos mediatos, que vão além da necessidade direta de execução do serviço, obra ou entrega do objeto.

---

[5] A título exemplificativo, mencionam-se as seguintes previsões: incentivo à inovação e ao desenvolvimento nacional sustentável como objetivo da licitação (art. 11, IV); consideração do ciclo de vida do objeto na seleção da proposta mais vantajosa (art. 18, VIII); permissão de exigência de que o contratado destine um percentual mínimo da mão de obra responsável pela execução do objeto da contratação à mulher vítima de violência doméstica e ao oriundo ou egresso do sistema prisional, na forma estabelecida em regulamento (25, §9º); possibilidade de margem de preferência para produtos manufaturados e serviços nacionais que atendam a normas técnicas brasileiras (art. 26); critério de desempate consistente no desenvolvimento pelo licitante de ações de equidade entre homens e mulheres no ambiente de trabalho, conforme regulamento (art. 60, III); definição de hipóteses de dispensa de licitação como para contratação de coleta de resíduos sólidos urbanos recicláveis ou reutilizáveis realizada por associações ou cooperativas formadas exclusivamente de pessoas físicas de baixa renda (art. 75, VI, "j") e para contratação de associação de pessoas com deficiência (art. 75, XIV); procedimento de manifestação de interesse restrito a *startups* (art. 81, §4º); e possibilidade de estipulação de remuneração variável vinculada ao desempenho do contratado, baseando-se em critérios de sustentabilidade ambiental e prazo de entrega conforme definição do edital (art. 144).

Assim, já se referiu à função social das licitações públicas,[6] função regulatória,[7] função extraeconômica,[8] função horizontal[9] ou ainda a existência de políticas colaterais[10] ou secundárias [11] nas contratações públicas.

Para o presente trabalhou, optou-se pela denominação "função social", tendo em vista que configura expressão mais ampla, apta a compreender todas as situações nas quais as contratações públicas sejam utilizadas para outras finalidades de interesse da coletividade. Isso porque nem todas as ações possíveis no âmbito das contratações configuram regulação em sentido estrito, uma vez que constituem verdadeiras políticas de fomento.[12]

---

[6] FERREIRA, Daniel. *A licitação pública no Brasil e sua finalidade legal*: a promoção do desenvolvimento nacional sustentável. Belo Horizonte: Fórum, 2012.

[7] FERRAZ, Luciano de Araújo. Função regulatória da licitação. *Revista de Direito Administrativo e Constitucional – A&C*, ano 23, n. 37, p. 133-142, jul./set. 2009. Disponível em: https://www.forumconhecimento.com.br/periodico/123/75/531. Acesso em: 28 maio 2022.

[8] ARAGÃO, Alexandre Santos de. *Curso de direito administrativo*. Rio de Janeiro: Forense, 2012.

[9] ARROWSMITH, Sue. *Horizontal Policies in Public Procurement*: a taxonomy. Disponível em: https://www.nottingham.ac.uk/pprg/documentsarchive/fulltextarticles/suetaxonomy ofhorizontalpolicies.pdf. Acesso em: 28 maio 2022 e FABRE, Flavia Moraes Barros Michele. *Função horizontal da licitação e da contratação administrativa*. 2014. Disponível em: https://www.teses.usp.br/teses/disponiveis/2/2134/tde-01122015123928/publico/TESE_COMPLETA_FLAVIA_MORAES_2014.pdf. Acesso em: 28 maio 2022.

[10] CIBINIC JR, John; NASH JR, Ralph; YUKINS, Chistopher R. *Formation of government contracts*. 4. ed. Washington: The George Washington University, 2011. p. 1571.

[11] A recomendação do conselho em matéria de contratos públicos objetivos secundários de política designa qualquer dos vários objetivos, tais como o crescimento "verde" sustentável, o desenvolvimento de pequenas e médias empresas, a inovação, normas para uma conduta empresarial responsável ou objetivos alargados de política industrial, prosseguidos cada vez mais pelas administrações públicas com recurso à contratação pública como uma alavanca de política, em complemento ao objetivo primário de contratação pública (https://www.oecd.org/gov/ethics/Recomenda%C3%A7%C3%A3o-conselho-contratos.pdf).

[12] Sobre a distinção das funções regulatória e de fomento, Floriano de Azevedo Marques Neto ensina que "a principal diferença entre essas duas funções estatais reside na consensualidade versus coercitividade: as medidas regulatórias incidem de forma coercitiva para todos os atores do setor regulado, enquanto o fomento incidirá apenas sobre aqueles que por ele optem. No entanto, fomento e regulação também podem ter objetivos convergentes. Por um lado, uma medida regulatória pode visar à promoção de uma política pública, ou de determinada etapa de cadeia produtiva (menos atrativa), ou ainda de um grupo de atores do setor (com hipossuficiência ou maior dificuldade de competição com os demais agentes). A diferença entre uma e outra forma de ação estatal estará, conforme acima apontado, na estrutura por ela adotada: se houver uma norma regulatória que deva necessariamente ser observada pelos agentes que nela se enquadrem, a ação estatal foi moldada a partir da coercitividade estatal, enquadrando-se na função regulatória – ainda que o objetivo visado seja o incentivo a um determinado setor. (…) Por sua vez, o fomento pode promover a regulação de um setor econômico, que é conduzido para determinada direção por meio de incentivos ou desestímulos. Afinal, o fomento é um instrumento de intervenção estatal na economia e, sob esse viés, permite a regulação do mercado. Em

Ademais, a expressão "políticas secundárias" confere a ideia equivocada de que referidas finalidades seriam menos importantes do que a finalidade considerada primária.

A relevância da função social das licitações públicas é questionada do ponto de vista econômico, pois se considera que, muitas vezes, resulta em contratações mais caras, que vão de encontro ao objetivo tradicional das licitações e, ainda, contrariam a política de menor intervenção do Estado no mercado e de ampla competitividade.

Contudo, quando bem implementadas, mencionadas contratações acarretam aquisições mais vantajosas em sentido amplo,[13] com a atuação do Estado na garantia da igualdade material e no incentivo a comportamentos benéficos aos interesses da coletividade, tais como proteção ao meio ambiente, incentivo aos pequenos negócios, igualdade de gênero, desenvolvimento tecnológico, entre outros.[14]

Sobre o papel do Estado como fomentador de comportamentos, Diogo de Figueiredo Moreira Neto leciona que "o fomento público, conduzido com liberdade de opção, tem elevado alcance *pedagógico* e *integrador, podendo ser considerado,* para um *futuro ainda longínquo,* a *atividade mais importante* e *mais nobre* do Estado".[15]

---

outras palavras: por meio do fomento, também se regula o mercado induzindo-o na realização (ou não realização) de determinados atos que poderão ensejar a satisfação de interesses públicos. A regulação do mercado, em seu sentido mais geral, trata-se, no entanto, de uma característica presente em qualquer forma de intervenção estatal, sendo que tal regulação, por si só, não caracteriza a função estatal regulatória" (MARQUES NETO, Floriano de Azevedo. Noções gerais sobre o fomento estatal. *In*: KLEIN, Aline Lícia; MARQUES NETO, Floriano de Azevedo. *Tratado de Direito Administrativo*: funções administrativas do Estado. v. 4. Coordenação: Maria Sylvia Zanella Di Pietro. São Paulo: Revista dos Tribunais, 2014. p. 424-425).

[13] Para a definição da proposta mais vantajosa, é possível considerar, assim, se for o caso, interesses ou políticas de longo prazo da Administração. A contribuição para a promoção do desenvolvimento socioeconômico ou a redução de desigualdades pode ser analisada como um critério qualitativo da proposta a eventualmente compensar o seu maior preço. Esse raciocínio refutaria a premissa de ser a escolha da proposta vencedora um puro exercício econômico de minimização de custo, sendo legítimo à Administração sopesar outras finalidades públicas além da mera busca pela economicidade sob um aspecto de menor preço (CARVALHO, Victor Aguiar de. A função regulatória da licitação como instrumento de promoção da concorrência e de outras finalidades públicas. *Fórum de Contratação e Gestão Pública – FCGP*, Belo Horizonte, ano 16, n. 186, p. 65-74, jun. 2017).

[14] Em recente decisão, o Tribunal de Contas da União constatou que "o mercado está procurando se adequar às exigências relativas à demonstração de sustentabilidade dos produtos ofertados, medida que se amolda às orientações contidas na Lei nº 8.666/93 e no Decreto nº 10.024/2019, relativas à promoção do desenvolvimento sustentável no país" (BRASIL. Tribunal de Contas da União. *Acórdão nº 243/2020*. Plenário. Relator Raimundo Carreiro. Sessão de 12.02.2020).

[15] MOREIRA NETO, Diogo de Figueiredo. Administração pública consensual. *In*: *Mutações do direito administrativo*. Rio de Janeiro: Ed. Renovar, 2007. p. 45.

Além disso, o critério da vantajosidade apenas analisado sob o prisma do menor preço não reflete os custos reais para a Administração, na medida em que não contabiliza o ciclo de vida do produto e seus impactos na sociedade. Nesse aspecto, importa citar como exemplos os custos envolvidos na aquisição de pneus, tendo em vista que o acúmulo de pneus inservíveis ocasiona problemas ambientais e sanitários que acarretam ônus ao poder público e à economia em médio e longo prazo gerada por produtos com eficiência energética. Benefícios econômicos a longo prazo podem advir de bens, serviços e obras afinados com a proteção ao meio ambiente. O aumento de empregos, e logo, a redução da dependência do estado, quando se incentiva a presença de micro e pequenas empresas no cenário da contratação pública, também é aspecto importante.

É por isso que Juarez Freitas, ao tratar da redefinição do conceito de proposta mais vantajosa diante do princípio da sustentabilidade, afirma que o sistema de custos deve ser reformulado para inclusão dos custos indiretos, de modo que não sejam ignorados os custos ambientais, sociais e econômicos da escolha administrativa.[16] No mesmo sentido, Daniel Ferreira sustenta ser incompatível com o ordenamento jurídico a escolha com base apenas em critérios de vantajosidade puramente econômica para a Administração.[17]

Nessa perspectiva, a Diretiva nº 2014/24 do Parlamento Europeu e o Conselho da União Europeia, destacando o papel fundamental das contratações públicas na estratégia Europa 2020 para um desenvolvimento inteligente, sustentável e inclusivo, prevê a necessidade de que as regras de contratação pública sejam revistas e modernizadas para que se alcance eficiência do gasto público, em particular facilitando a participação das pequenas e médias empresas na contratação pública, e de permitir que os adquirentes utilizem melhor os contratos públicos para apoiar objetivos sociais comuns. A diretiva também faz alusão à tutela do meio ambiente, à promoção da inovação e do trabalho, atribuindo caráter político às contratações públicas.[18]

---

[16] FREITAS, Juarez. Princípio da sustentabilidade: licitações e a redefinição da proposta mais vantajosa. *Revista de Direito da uNISC*, Santa Cruz do Sul, n. 38, p. 78, jul./dez. 2012. Disponível em: https://online.unisc.br/seer/index.php/direito/article/view/3234. Acesso em: 28 maio 2022.

[17] FERREIRA, Daniel. *A licitação pública no Brasil e sua finalidade legal*: a promoção do desenvolvimento nacional sustentável. Belo Horizonte: Fórum, 2012.

[18] Ver considerandos 2, 59 e 78.

Para a temática da função social das contratações públicas, sobretudo em razão da vinculação tradicional à contratação vantajosa apenas pelo menor preço, uma das mais importantes previsões da Diretiva nº 2014/24 é o deslocamento da análise econômico-financeira mais imediata para um olhar em que se considerem os custos ligados ao ciclo de vida de um produto, às externalidades ambientais, além de aspectos sociais e qualitativos.[19]

O cuidado com as micro e pequenas empresas também permeia a Diretiva nº 2014/24. Identifica-se uma série de considerandos que a elas fazem alusão, destacando seu importante papel na construção de postos de trabalho[20] e a necessidade de que os países atuem no sentido de franquear a sua participação nos certames.[21]

Também nos Estados Unidos, pelo menos desde a década de 1930, as contratações públicas são utilizadas com finalidade social ou política, uma vez que, após a crise econômica e dos altos índices de desemprego no país ocasionados pela Grande Depressão, editou-se o *Buy American Act* (1933), que determina que bens e serviços para uso público sejam preferencialmente fabricados no país. O *Buy American Act* exige que as agências federais adquiram materiais e produtos domésticos.

---

[19] Nesse sentido, o considerando 89 sugere que a expressão "proposta economicamente mais vantajosa" seja entendida como "melhor relação qualidade/preço" de forma a não restarem dúvidas que outros fatores além do financeiro devem ser considerados.

[20] Ver considerando 124.

[21] A diretiva reforça a incorreção advinda do excesso de requisitos de habilitação de ordem financeira ou técnica, que podem afugentar a presença das citadas empresas (Considerando 83). Evidentemente que o excesso se revela no caso concreto, quando desproporcional ao que se precisa assegurar. Atribui-se aos estados-membros o dever de auxiliar os operadores econômicos, disponibilizando informações e orientações sobre as regras europeias relativas ao cenário das contratações públicas, momento em que novamente se faz alusão às empresas de menor estatura (Art. 83, 4 "a"). A proteção às pequenas empresas pode ser vista quando, mesmo percebendo a necessidade de diminuição do custo em si do procedimento licitatório e a economia de escala, com a previsão da concentração de procedimentos licitatórios em determinados órgãos, a diretiva ressalvou a necessidade de que a concentração do poder de compra não deixe de preservar as oportunidades de acesso ao mercado para as PME (Considerando 59). De fato, a atribuição da função de licitar a determinado órgão (ou a um conjunto deles) não inibe a fragmentação da demanda em lotes, de modo a favorecer a concorrência e a facilitar a inserção das empresas de menor porte. Diante disso, previu-se a necessidade de divisão dos contratos de grande dimensão em lotes, de forma a facilitar a participação das PME no mercado dos contratos públicos e exigindo que seja justificada a decisão pela não divisão, no caso de se entender que a divisão é suscetível de restringir a concorrência ou de tornar a execução do contrato excessivamente onerosa ou tecnicamente difícil, ou que a necessidade de coordenar os diferentes adjudicatários dos lotes poderá comprometer seriamente a correta execução do contrato (Considerando 78).

Além disso, embora nos Estados Unidos a livre concorrência seja considerada fundamental à economia e segurança da nação, a seção 2 (a) do *Small Business Act* prevê que referidos objetivos não serão realizados a menos que a capacidade real e potencial das pequenas empresas seja incentivada e desenvolvida. Entende-se que, para preservar a livre concorrência e fortalecer a economia do país, é necessário que uma proporção das contratações públicas seja destinada às pequenas empresas.

Nesse contexto, ensina Irene Nohara que a legislação norte-americana é uma das que mais protegem as pequenas empresas, não apenas considerando os incentivos advindos das contratações públicas, "mas em inúmeros outros aspectos, como o fomento à exportação, o incentivo à competitividade contra as importações e às ações afirmativas para negócios conduzidos por pessoas em desvantagem econômica e social".[22]

No Brasil, a inclusão do desenvolvimento nacional sustentável como um dos vetores das contratações públicas, com a edição da Lei nº 12.349/2010, que alterou o art. 3º da Lei nº 8.666/93, deu relevo à necessidade de interpretação dos dispositivos constitucionais e legais de modo sistemático, não deixando dúvidas de que a licitação deve ser utilizada para promoção de valores relevantes para a sociedade.[23],[24]

---

[22] NOHARA, Irene Patrícia. Poder de compra governamental como fator de indução do desenvolvimento: faceta extracontratual das licitações. *Revista Fórum de Direito Financeiro e Econômico – RFDFE*, ano 8, n. 6, p. página inicial-página final, set./fev. 2014. Disponível em: https://www.forumconhecimento.com.br/periodico/143/265/2699. Acesso em: 28 maio 2022.

[23] Embora a temática da função social das contratações públicas tenha se consolidado com a introdução do desenvolvimento nacional sustentável como propósito da licitação, no art. 3º da Lei nº 8.666/93, a leitura constitucionalizada da licitação, conforme defende Luciano Ferraz, já admitia a percepção de que "esta não é fim em si mesmo, mas instrumento de alcance e garantia do interesse público" (FERRAZ, Luciano de Araújo. Função regulatória da licitação. *Revista de Direito Administrativo e Constitucional – A&C*, ano 23, n. 37, p. 133-142, jul./set. 2009. Disponível em: https://www.forumconhecimento.com.br/periodico/123/75/531. Acesso em: 28 maio 2022). No mesmo sentido, Carlos Pinto Coelho Motta propugna pela largueza conceitual da licitação, que não deveria se resumir a uma simples opção pela "proposta mais barata", e complementa que: "esta seria uma definição pobre, mesmo considerando os princípios da eficiência e da economicidade balizadores do instituto. A consciência do momento em que vivemos pleiteia uma nova concepção da licitação, a ser doravante entendida como um procedimento que resguarde o mercado interno – integrante do patrimônio nacional – e que incentive o desenvolvimento cultural e socioeconômico do País, nos precisos termos do art. 219 da Constituição Federal. É um conceito que incorpora a variável de 'fomento', decisiva para o tempo econômico atual" (MOTTA, Carlos Pinto Coelho. Temas polêmicos de licitações e contratos. *Fórum de Contratação e Gestão Pública – FCGP*, ano 18, n. 92, ago. 2009. Disponível em: https://www.forumconhecimento.com.br/periodico/138/21371/50105. Acesso em: 28 maio 2022).

[24] Nesse sentido, o Tribunal de Contas da União recomendou ao Senai do estado do Sergipe que avalie a adoção de ações para fortalecer a gestão de recursos renováveis, consoante determinam os parâmetros de sustentabilidade ambiental, de forma a dotar mecanismos como: "1.7.1.1. inclusão de critérios de sustentabilidade ambiental em seus editais de

Porém, a legislação mais marcante sobre o tema é a Lei Complementar nº 123/06, que revela a política pública inclusiva dos operadores desprovidos de maior expressão econômica.[25]

O legislador, partindo do que preveem o art. 170, XII e IX, e o art. 179, ambos da Constituição da República, compreende que o menor dispêndio financeiro não é a única ambição a ser perseguida.[26] Contratos com ME e EPPs tendem a ser mais caros, porque são empresas dotadas de menor capacidade de negociação e redução de margem de lucro, mas ainda assim são desejados porque oferecem vantagem indireta à coletividade.

A edição da LC nº 123/2006 gerou cismas na doutrina, dividindo-a entre aqueles que vislumbravam, por um lado, inconstitucionalidade no tratamento favorecido pela citada lei dispensado às micro e pequenas empresas ou ao menos inadequação na política pública que o diploma legal instituía e aqueles que, por outro lado, consideravam constitucional, razoável e/ou necessária a distinção advinda das regras.[27,28]

---

licitações que levem em consideração os processos de extração ou fabricação, utilização e descarte dos produtos e matérias primas; 1.7.1.2. priorização na aquisição de produtos que sejam produzidos com menor consumo de matéria-prima e maior quantidade de conteúdo reciclável; 1.7.1.3. priorização na aquisição de produtos feitos por fonte não poluidora bem como por materiais que não prejudicam a natureza; 1.7.1.4. avaliação, nos Termos de Referência ou no Projeto Básico, acerca da existência de certificação ambiental por parte das empresas participantes e produtoras, a fim de incluir esse requisito no processo de contratação (Lei 10.520/2002, art. 1º, parágrafo único, *in fine*); 1.7.1.5. concessão de preferência à aquisição de bens/produtos passíveis de reutilização, reciclagem ou reabastecimento (refil e/ou recarga); 1.7.1.6. consideração dos aspectos de logística reversa quando aplicáveis ao objeto contratado (Decreto 7.404/2010, art. 5º c/c art. 13) ; 1.7.1.7. elaboração de plano de gestão de logística sustentável de que trata o art. 16 do Decreto 7.746/2012; 1.7.1.8. separação dos resíduos recicláveis descartados, bem como sua destinação, como referido no Decreto 5.940/2006" (BRASIL. Tribunal de Contas da União. *Acórdão nº 6035/2020*. Primeira Câmera. Relator Augusto Sherman. Sessão de 26.05.2020.)

[25] Ressalta-se que, "o tratamento favorecido às ME e EPPs no curso dos procedimentos licitatórios antecede à LC 123/06. O artigo 23 §1º da Lei nº 8.666/93 sinaliza a preocupação com aumento de competitividade via divisão das obras, serviços e compras em quantas parcelas se revelassem técnica e economicamente viáveis, medida que favorece a participação de micro e pequenas empresas. Mas sem dúvida a LC 123/06 é a consolidação da política pública a este respeito e as alterações nela promovidas apenas densificaram a escolha legal pelo tratamento favorecido" (FORTINI, Cristiana; BRAGAGNOLI, Renila Lacerda. O tratamento favorecido para micro e pequenas empresas na Lei 14.133/21. *Consultor Jurídico*, 19 ago. 2021. Disponível em: https://www.conjur.com.br/2021-ago-19/interesse-publico-tratamento-favorecido-micro-pequenas-empresas. Acesso em: 27 maio 2022).

[26] FORTINI, Cristiana. *Licitações Diferenciadas*. Comentários ao Sistema Legal Brasileiro de Licitações e Contratos Administrativos. Editora NDJ. p. 743-761.

[27] Um dos mais combativos críticos da LC nº 123 desde seu nascedouro, professor Ivan Barbosa Rigolin, apresentou suas colocações no artigo *Micro e pequenas empresas em licitação – A LC nº 123, de 14.12.06 – Comentários aos arts. 42 a 49*. In: FCGP, n. 61, ano 6, p. 33-41, 2007.

[28] Já escrevemos sobre a LC nº 123 em outra oportunidade. FORTINI, Cristiana. Micro e pequenas empresas: as regras de habilitação, empate e desempate na Lei Complementar

De fato, além da finalidade constitucional e social de desenvolvimento e fortalecimento da economia com a criação de empregos e melhoria da qualidade de vida de parcela relevante da população,[29] a atuação do Estado nessa área acaba por possibilitar, também, o aumento da competividade com a criação de um mercado descentralizado de prestação de bens e serviços.

A mudança nela realizada pela Lei Complementar nº 147/2014, a avançar no tratamento favorecido para ordenar a realização de licitações exclusivas ou com lotes reservados a micro e pequenas empresas, acentuou o debate.

Em suma, a Lei Complementar nº 123/06 prevê, além do empate ficto – naquelas situações nas quais as propostas apresentadas pela ME/EPP porte sejam iguais ou até 10% superiores à proposta mais bem classificada, possibilitando à ME/EPP ofertar preço inferior à melhor proposta – e da possibilidade de apresentação posterior da comprovação de regularidade fiscal e trabalhista, as seguintes medidas de incentivo às microempresas e empresas de pequeno porte no tocante às aquisições públicas: processo licitatório destinado exclusivamente à participação de microempresas e empresas de pequeno porte nos itens de contratação cujo valor seja de até R$80.000,00 (oitenta mil reais); possibilidade de exigência de subcontratação de microempresa ou empresa de pequeno porte; e, ainda, obrigatoriedade de reserva, em certames para aquisição de bens de natureza divisível, de cota de até 25% (vinte e cinco por cento) do objeto.

O art. 49 da Lei Complementar nº 123/06 dispõe que o tratamento diferenciado não será aplicado nos casos em que não houver no mínimo três fornecedores enquadrados como microempresas ou empresas de pequeno porte capazes de executar o contrato ou se não for vantajoso ou representar prejuízo à execução contratual.

Dados do Painel de Compras do Governo Federal mostraram que, dos 24.059 contratos celebrados pelo governo federal em 2020, 11.367 tiveram participação de ME/EPP o que espelha, em termos financeiros, a soma de R$4.455.354.126,84.[30]

---

nº 123 e no Decreto nº 6.204/2007. *Fórum de Contratação e Gestão Pública – FCGP*, Belo Horizonte, ano 7, n. 79, p. 32, jul. 2008.

[29] FABRE, Flavia Moraes Barros Michele. *Função horizontal da licitação e da contratação administrativa*. 2014. p. 61. Disponível em: https://www.teses.usp.br/teses/disponiveis/2/2134/tde-01122015123928/publico/TESE_COMPLETA_FLAVIA_MORAES_2014.pdf. Acesso em: 28 mai. 2022.

[30] Portal de Compras do Governo Federal. Disponível em: http://paineldecompras.economia.gov.br/contratos. Acesso em: 27 maio 2022.

Observa-se, portanto, que referida legislação constitui "um bom exemplo do uso adequado e racional das compras públicas como instrumento de modificação do mercado".[31] No mesmo sentido, são pertinentes as considerações do Ministro Weder de Oliveira no voto condutor do Acórdão nº 892/2020:

> A partir dessa observação, dois aspectos relevantes devem ser destacados: o primeiro é que a política de incentivo à participação de ME/EPP em certames licitatórios tem o objetivo de dinamizar setores reconhecidamente responsável pelo sustento de milhões de famílias por meio da geração de grande número de postos de trabalho, bem como por evitar que haja grande concentração de mercado; o segundo é que, naturalmente, toda política de incentivo tem um custo financeiro (que é de difícil estimativa conclusiva no presente caso) e que deve, tanto quanto possível, ser explicitado para balizar a tomada de decisão dos formuladores dessas políticas.
>
> Conforme estudo desenvolvido pelo Sebrae em 2018, a importância das ME/EPP para a economia era traduzida, à época, pelos seguintes números: representam cerca de 98,5% do total de empresas privadas; respondem por 27% do PIB; e são responsáveis por 54% do total de empregos formais existentes no país, empregando, portanto, mais trabalhadores com carteira assinada que as médias e grandes empresas.
>
> O tratamento diferenciado é um mandamento constitucional inscrito no art. 179 da Constituição Federal. A Lei Complementar 123/2006, em seu art. 47, *caput*, estabelece que o objetivo do tratamento diferenciado das ME/EPP é "a promoção do desenvolvimento econômico e social no âmbito municipal e regional, a ampliação da eficiência das políticas públicas e o incentivo à inovação tecnológica".
>
> Portanto, trata-se de uma política pública das mais importantes, com a finalidade de, sem deixar de buscar propostas vantajosas para o Estado, auxiliar os micros e pequenos empreendedores a acessar o relevante mercado das compras governamentais.[32]

Apesar disso, como se verá a seguir, a nova Lei de Licitações e Contratos Administrativos alterou parcialmente o regramento acerca do

---

[31] REIS, Luciano Elias. A função social da licitação e do contrato administrativo a partir da necessária regulação estatal. *In*: REIS, Luciano Elias. *Compras Públicas Inovadoras*: O Desenvolvimento Científico, Tecnológico e Inovativo Como Perspectiva do Desenvolvimento Nacional Sustentável – de Acordo Com A Nova Lei de Licitações e O Marco Regulatório das Startups. Belo Horizonte: Fórum, 2021. p. 27-28.

[32] BRASIL. Tribunal de Contas da União. *Acórdão nº 892/2020*. Plenário. Relator Ministro Weder de Oliveira. Sessão de 8.4.2020.

tratamento favorecido às ME e EPP nas licitações públicas, acarretando, em certa medida, um passo atrás no caminho que vinha se consolidando no sentido de incentivo às atividades desses empreendedores.

3 O tratamento favorecido às ME e EPP na Lei nº 14.133/2021

Consoante se infere do art. 4º da Lei nº 14.133/21, o legislador reforçou a aplicação das disposições constantes dos artigos 42 a 49 da Lei Complementar 123/06, que consagram modalidades distintas de tratamento favorecido para as micro e pequenas empresas.

A Lei nº 14.133/21, como fruto de tensões e posicionamentos diversos, parece buscar uma posição que, embora não vire as costas ao passado, entende conveniente delimitar o alcance dos benefícios.[33]

Ao reforçar a aplicação dos artigos 42 a 49 da Lei Complementar nº 123/2006, a Lei nº 14.1333/2021 trouxe restrições que impactam significativamente na sistemática até então adotada para incentivo às atividades dos pequenos empreendedores por meio das contratações públicas.

Inicialmente, é necessário destacar que o legislador decidiu que as benesses da LC nº 123/06 são aplicáveis em seu conjunto ou estarão totalmente afastadas de forma absoluta. Trata-se de um verdadeiro tudo ou nada.

A primeira regra é a vedação à incidência do tratamento favorecido às ME e EPPs nos casos em que o valor estimado do item seja superior à receita bruta máxima admitida para fins de enquadramento como empresa de pequeno porte, ou seja, superior a R$4.800.000,00 (quatro milhões e oitocentos mil reais).[34] Importa considerar que item é um conjunto de bens licitados de forma conjunta ou um único objeto cuja licitação foi fracionada em lotes, sendo cada lote o correspondente a um item.

---

[33] OLIVEIRA, Rafael Sérgio Lima de. Comentários ao art. 4º. In: FORTINI, Cristiana; OLIVEIRA, Rafael Sérgio Lima de; CAMARÃO, Tatiana. *Comentários à Lei de Licitações e Contratos Administrativos*. Belo Horizonte: Fórum, 2022. p. 67.

[34] "Como o sarrafo é alto e a análise se faz item a item, a mudança pode (vejam que não se afirma nada) não ser tão impactante, em especial considerando contratações realizadas por entes subnacionais. Mas não se pode perder de vista que a agregação de demandas nas centrais de compras, cuja instituição é obrigatória à luz do artigo 181, sem prejuízo do que também prevê o artigo 19, inciso I, possa desmistificar essa crença." (FORTINI, Cristiana; BRAGAGNOLI, Renila Lacerda. O tratamento favorecido para micro e pequenas empresas na Lei 14.133/21. Disponível em: https://www.conjur.com.br/2021-ago-19/interesse--publico-tratamento-favorecido-micro-pequenas-empresas. Acesso em 27 mai. 2022)

Para as contratações de obras e serviços de engenharia, o limite incide sobre o valor estimado da contratação.[35]

O Tribunal de Contas da União entendia que os valores dos contratos futuros não eram relevantes para determinar ou não a incidência do tratamento favorecido, bastando que, à época da licitação, as empresas de fato pudessem se apresentar, dada a receita bruta anual, como micro e pequenas empresas.[36] Contudo, a lógica defendida pelo TCU, dada a ausência de regra legal contrária, não mais subsistirá. Os valores estimados dos contratos serão sim parâmetro para o gozo dos benefícios.

Ao tutelar as novas previsões legislativas, Joel de Menezes Niehbur ensina que a "premissa é a de beneficiar as empresas de menor porte, para que elas tenham acesso aos mercados, o que deve ser proporcional aos valores que servem de limite para caracterizá-las".[37]

Contudo, concordamos com o entendimento contrário traçado por Priscilla Mendes Vieira no sentido de que não haveria razão para excluir pequenos empreendedores de licitações de maior vulto quando o que se objetiva é incentivar o crescimento dessas empresas.[38]

A segunda previsão é a exclusão do tratamento favorecido às empresas que já tenham, no ano-calendário de realização da licitação, contratos celebrados com a Administração Pública cujos valores somados extrapolem o montante de R$4.800.000,00.[39] Vejamos o que dispõe o art. 4º, §2º:

---

[35] Sobre o dispositivo, o Ministro Benjamin Zymler salientou que "as licitações de obras públicas são rotineiramente adjudicadas por preço global, ao passo que o parcelamento das compras públicas é um dos princípios previstos no art. 40, inciso V, da Lei 14.133/2021 (alínea 'b'). Ocorre que a disposição presente no art. 4º da referida lei adotou critérios distintos para afastamento das regras da Lei Complementar 123/2006 para os serviços de engenharia em relação aos demais serviços. No primeiro, prevalece o valor global do objeto licitado, ao passo que no segundo se adotou o valor do item, no caso de objetos parcelados. Tal diferenciação em princípio parece ser indevida, visto que a lei não adotou critérios diferenciados para o parcelamento dos serviços de engenharia em relação aos serviços em geral" (apostila do curso)

[36] Acórdão 1819/18, Plenário.

[37] NIEBUHR, Joel de Menezes. *Licitação Pública e Contrato Administrativo*. 5. ed. Belo Horizonte: Fórum, 2022. p. 351.

[38] VIEIRA, Priscilla. *Desenquadramento Ficto da Microempresa e Empresa de Pequeno Porte na nova lei de licitações*. Disponível em: https://www.linkedin.com/posts/priscillalicitacao_empresas-microempresas-empresasdepequenoporte-activity-6931983443442495488-hmxP?utm_source=linkedin_share&utm_medium=android_app. Acesso em: 18 maio 2022.

[39] STROPPA, Christianne de Carvalho. Capítulo I – Do âmbito de aplicação desta lei – Artigos 1º a 4º. *In*: DAL POZZO, Augusto Neves; ZOCKUN, Maurício Zockun; CAMMAROSANO, Márcio. *Lei de Licitações e Contratos Administrativos Comentada*: Lei 14.133/21. São Paulo: Thomson Reuters Brasil, 2021.

§2º A obtenção de benefícios a que se refere o caput deste artigo fica limitada às microempresas e às empresas de pequeno porte que, no ano-calendário de realização da licitação, ainda não tenham celebrado contratos com a Administração Pública cujos valores somados extrapolem a receita bruta máxima admitida para fins de enquadramento como empresa de pequeno porte, devendo o órgão ou entidade exigir do licitante declaração de observância desse limite na licitação.

O legislador parece entender que não mais se justificaria qualquer proteção porque elas já estariam em patamar a desaconselhar o impulso estatal.

Ocorre que a regra provocará ou já está provocando várias discussões.

Celebrar contratos não é sinônimo de receber a contraprestação devida. A MEPPs pode não ter recebido nada, seja porque a entidade pública está inadimplente, seja porque houve suspensão da execução e nada então foi realizado pela contratada, seja por outra razão.

Se assim o é, a empresa não está em posição "confortável" pelo simples fato de ter celebrado contratos cujos valores somam R$4.800.000,00. Isso a nosso ver seria suficiente para enxergar problema no dispositivo. Além disso, contratos são anulados e revogados.

Marçal Justen filho tem defendido que, para verificação do regime preferencial, é necessário que a receita oriunda dos contratos seja efetivamente recebida pela empresa, ou seja, "são irrelevantes as hipóteses que o sujeito participou de contratação, mas não auferiu a receita prevista".[40] Contudo, a nova legislação parece adotar como referência os valores de contratos firmados, o que difere do conceito de faturamento adotado pela LC nº 123/2006.[41]

O autor afirma, ainda, que há de se contabilizar contratos celebrados com entidades estranhas à Administração Pública para fins de incidência da régua legal.[42] Com as necessárias escusas, discordamos porque não há na lei referência a contratos privados e não entendemos possível estender a letra da lei. Quisesse o legislador assim, embora a

---

[40] JUSTEN FILHO, Marçal. *Comentários à Lei de Licitações e Contratações Administrativas*: Lei 14.133/2021. São Paulo: Thomson Reuters Brasil, 2021. p. 92.
[41] TORRES, Ronny Charles Lopes de. *Leis de Licitações Públicas Comentadas*. 12. ed. Salvador: Ed. Juspodivm, 2021. p. 71.
[42] JUSTEN FILHO, Marçal. *Comentários à Lei de Licitações e Contratações Administrativas*: Lei 14.133/2021. São Paulo: Thomson Reuters Brasil, 2021. p. 90-91.

opção viesse a gerar dificuldades práticas em termos de checagem de informação, assim teria redigido.[43]

Também divergimos do entendimento do estimado Professor[44] quando argumenta que há que se realizar uma operação matemática diante de determinadas situações, com vistas a identificar qual o limite ainda disponível. Assim, se os contratos já celebrados com a Administração Pública, no ano-calendário, totalizam R$4.000.000,00, a participação com tratamento favorecido apenas se daria para contratos cujo valor estimado fosse de até R$800.000,00.

Não entendemos assim. Novamente o legislador até poderia ter assim estabelecido, mas não o fez. Portanto, se não atingido o teto, elas poderão participar de novas licitações em condição privilegiada qualquer que seja o valor estimado, desde que abaixo dos limites constantes dos incisos I e II do art. 4º.

Nota-se que a definição acerca do enquadramento como microempresa é extremamente relevante para trazer segurança jurídica aos servidores e licitantes, na medida em que a lei prevê a exigência de declaração de observância desse limite na licitação e o TCU tem entendido que a mera participação de licitante como microempresa ou empresa de pequeno porte, amparada por declaração com conteúdo falso de enquadramento nas condições da LC nº 123/2006, configura fraude à licitação e enseja a aplicação da penalidade.[45]

Deve ser destacada a previsão do Art. 155 VIII combinado com o art. 156 §5º da Lei nº 14.133/21, cuja leitura conjunta revela que o uso de declarações de conteúdo irreal pode ensejar a sanção de inidoneidade, independentemente de a empresa ter logrado êxito com a manobra.

E não é só. O art. 337-F da mesma lei criminaliza frustrar ou fraudar, com o intuito de obter para si ou para outrem vantagem decorrente da adjudicação do objeto da licitação, o caráter competitivo do processo licitatório. A isso se adiciona o disposto no art. 5º; IV, da Lei nº 12.846/13 que cataloga como corrupção frustrar ou fraudar, mediante ajuste, combinação ou qualquer outro expediente, o caráter competitivo de procedimento licitatório público.

---

[43] Claro que a empresa se responsabiliza pelas declarações falsas emitidas. Mas difícil seria inclusive concluir pela falsidade porque os contratos privados não são acessíveis. Inexiste, como se sabe, um equivalente ao PNCP a resumir informações desta índole.

[44] JUSTEN FILHO, Marçal. *Comentários à Lei de Licitações e Contratações Administrativas*: Lei 14.133/2021. São Paulo: Thomson Reuters Brasil, 2021. p. 91.

[45] Acórdão nº 61/2019 Plenário (Denúncia, Relator Ministro Bruno Dantas); Acórdão nº 2846/2010-Plenário. Relator: Walton Alencar Rodrigues; Acórdão 2549/2019 Plenário (Pedido de Reexame, Relator Ministro-Substituto Weder de Oliveira).

Sobre referida declaração, Ronny Charles Lopes de Torres alerta que "a disposição acaba transferindo para os responsáveis pela licitação, um dever de fiscalização relacionada à matéria que foge à sua competência",[46] considerando que seria ingenuidade imaginar que a exigência de declaração resolverá a questão. Haverá, sim, necessidade de diligenciar em alguns casos.

O parágrafo segundo do art. 4º traz outra alteração no âmbito das contratações públicas acerca do regramento até então promovido pela LC nº 123/2006 do enquadramento de microempresa e empresa de pequeno porte.

Isso porque, o art. 3º, §9º, da LC nº 123/2006 estabelece que a empresa perde o direito ao tratamento jurídico diferenciado quando, no ano-calendário, exceder o limite de receita bruta anual de R$4.800.000,00. Assim, no mês subsequente à ocorrência do excesso a empresa fica excluída do tratamento favorecido.

O §9º-A do mencionado artigo ressalva que, caso o excesso verificado em relação à receita bruta não seja superior a 20% ao limite fixado, ou seja, quando não ultrapassar R$5.760.000,00, a exclusão ocorrerá no ano-calendário seguinte.

Sobre o tema, o TCU já entendeu que para fim de enquadramento como microempresa ou empresa de pequeno porte de acordo com os parâmetros de receita bruta definidos pelo art. 3º da LC nº 123/2006, considera-se o período de apuração das receitas auferidas pela empresa como sendo de janeiro a dezembro do ano-calendário anterior à licitação, e não os 12 meses anteriores ao certame.[47]

Na perspectiva da nova legislação, há uma alteração dos efeitos temporais de incidência do desenquadramento, na medida em que a limitação alcança as contratações firmadas com a Administração Pública no ano-calendário de realização da licitação e não incide, como permitido na LC nº 123/2006, a partir do ano-calendário subsequente.

Ainda no que se refere às previsões do art. 4º da Lei nº 14.133/2021, constata-se que restou consolidado o entendimento de se considerar o valor anual para fins de enquadramento no tratamento favorecido quando os contratos tiverem vigência superior a um ano (art. 4º, §3º).[48]

---

[46] TORRES, Ronny Charles Lopes de. *Leis de Licitações Públicas Comentadas*. 12. ed. Salvador: Ed. Juspodivm, 2021. p. 71.
[47] BRASIL. Tribunal de Contas da União. *Acórdão nº 250/2021*. Plenário. Relator Ministro Weder de Oliveira. Sessão de 10.2.2021.
[48] Nesse sentido: "No caso de serviços de natureza continuada, o limite de contratação no valor de R$80.000,00, de que trata o art. 48, inciso I, da LC 123/2006, refere-se a um

Por fim, sobre o tratamento favorecido às ME e EPPs, a Lei nº 14.133 previu que, no caso de participação de consórcios compostos, em sua totalidade, de microempresas e pequenas empresas, não se aplica o acréscimo de 10 a 30% sobre o valor exigido de licitante individual para habilitação econômico-financeira (art. 15, §2º). Também possibilitou a alteração da ordem cronológica de pagamento, mediante prévia justificativa da autoridade competente e posterior comunicação ao órgão de controle interno da Administração e ao tribunal de contas competente, para pagamento a microempresa, empresa de pequeno porte, agricultor familiar, produtor rural pessoa física, microempreendedor individual e sociedade cooperativa, desde que demonstrado o risco de descontinuidade do cumprimento do objeto do contrato (art. 141, §2º, II).

4 Considerações finais

A análise das previsões dos ordenamentos jurídicos europeu, norte-americano e brasileiro demonstra a tendência de se revisitar o conceito de proposta mais vantajosa da licitação, tradicionalmente calcada no critério econômico restrito, para uma visão mais complexa e dinâmica das contratações públicas, avaliadas sob a perspectiva de seus impactos sociais e ambientais.

Obviamente que a análise econômica não deve ser desconsiderada. A função social das contratações públicas não orienta a realização de contratações extremamente onerosas e desarrazoadas, mas, sim, uma verificação de proporcionalidade sobre a escolha da melhor forma de se satisfazerem as necessidades públicas, mediante parâmetros que levem em consideração também os custos de vida do produto, impactos no mercado, no meio ambiente e incentivo às minorias.

Referências

ARAGÃO, Alexandre Santos de. *Curso de direito administrativo*. Rio de Janeiro: Forense, 2012.

---

exercício financeiro, razão pela qual, à luz da Lei 8.666/1993, considerando que esse tipo de contrato pode ser prorrogado por até sessenta meses, o valor total da contratação pode alcançar R$400.000,00 ao final desse período, desde que observado o limite por exercício financeiro (R$80.000,00)" (BRASIL. Tribunal de Contas da União. *Acórdão nº 1932/2016*. Plenário, Representação, Revisor Ministro Benjamin Zymler).

ARROWSMITH, Sue. Horizontal Policies in Public Procurement: a taxonomy. *Journal Of Public Procurement*, v. 10, ISSUE 2, 149-186, SUMMER 2010. Disponível em: https://www.nottingham.ac.uk/pprg/documentsarchive/fulltextarticles/suetaxonomyofhorizontalpolicies.pdf. Acesso em: 28 maio 2022.

BRASIL. *Lei Complementar nº 123, de 14 de dezembro de 2006.* Estatuto Nacional da Microempresa e Empresa de Pequeno Porte. Brasília, 2006. Disponível em: http://www.planalto.gov.br/ccivil_03/leis/LCP/Lcp123.htm. Acesso em: 31 maio 2022.

BRASIL. *Portal de Compras do Governo Federal.* Disponível em: http://paineldecompras.economia.gov.br/contratos. Acesso em: 27 maio 2022.

BRASIL. Tribunal de Contas da União. *Acórdão nº 2846/2010.* Plenário. Relator: Walton Alencar Rodrigues.

BRASIL. Tribunal de Contas da União. *Acórdão nº 1932/2016.* Plenário, Representação, Revisor Ministro Benjamin Zymler.

BRASIL. Tribunal de Contas da União. *Acórdão nº 1819/2018.* Plenário.

BRASIL. Tribunal de Contas da União. *Acórdão nº 61/2019.* Plenário (Denúncia, Relator Ministro Bruno Dantas).

BRASIL. Tribunal de Contas da União. *Acórdão nº 2549/2019.* Plenário (Pedido de Reexame, Relator Ministro-Substituto Weder de Oliveira).

BRASIL. Tribunal de Contas da União. *Acórdão nº 243/2020.* Plenário. Relator Raimundo Carreiro. Sessão de 12.02.2020.

BRASIL. Tribunal de Contas da União. *Acórdão nº 6035/2020.* Primeira Câmera. Relator Augusto Sherman. Sessão de 26.05.2020.

CARVALHO, Victor Aguiar de. A função regulatória da licitação como instrumento de promoção da concorrência e de outras finalidades públicas. *Fórum de Contratação e Gestão Pública – FCGP*, Belo Horizonte, ano 16, n. 186, p. 65-74, jun. 2017.

CIBINIC JR, John; NASH JR, Ralph; YUKINS, Chistopher R. Formation of government contracts, p. 1571. 4. ed. Washington: The George Washington University, 2011.

FABRE, Flavia Moraes Barros Michele. *Função horizontal da licitação e da contratação administrativa.* 2014. Disponível em: https://www.teses.usp.br/teses/disponiveis/2/2134/tde-01122015-123928/publico/TESE_COMPLETA_FLAVIA_MORAES_2014.pdf. Acesso em: 28 maio 2022.

FERRAZ, Luciano de Araújo. Função regulatória da licitação. *Revista de Direito Administrativo e Constitucional – A&C*, ano 23, n. 37, p. 133-142, jul./set. 2009. Disponível em: https://www.forumconhecimento.com.br/periodico/123/75/531. Acesso em: 28 maio 2022.

FERREIRA, Daniel. *A licitação pública no Brasil e sua finalidade legal*: a promoção do desenvolvimento nacional sustentável. Belo Horizonte: Fórum, 2012.

FORTINI, Cristiana. Micro e pequenas empresas: as regras de habilitação, empate e desempate na Lei Complementar nº 123 e no Decreto nº 6.204/2007. *Fórum de Contratação e Gestão Pública – FCGP*, Belo Horizonte, ano 7, n. 79, jul. 2008.

FORTINI, Cristiana. *Licitações Diferenciadas.* Comentários ao Sistema Legal Brasileiro de Licitações e Contratos Administrativos. Editora NDJ.

FORTINI, Cristiana; MOTTA, Fabrício. Corrupção nas licitações e contratações públicas: sinais de alerta segundo a Transparência Internacional. *A&C – Revista de Direito Administrativo & Constitucional*, Belo Horizonte, ano 16, n. 64, p. 93-113, abr./jun. 2016.

FORTINI, Cristiana; BRAGAGNOLI, Renila Lacerda. O tratamento favorecido para micro e pequenas empresas na Lei 14.133/21. *Consultor Jurídico*, 19 ago. 2021. Disponível em: https://www.conjur.com.br/2021-ago-19/interesse-publico-tratamento-favorecido-micro-pequenas-empresas. Acesso em: 27 maio 2022.

GUIMARÃES, Edgar; FRANCO, Caroline da Rocha. Licitação e políticas públicas: instrumentos para a concretização do desenvolvimento nacional sustentável. *In*: BACELLAR FILHO, Romeu Felipe; HACHEM, Daniel Wunder (Coord.). *Direito Público no Mercosul*: Intervenção Estatal, Direitos Fundamentais e Sustentabilidade – Anais do Vi Congresso da Associação de Direito Público do Mercosul – Homenagem Ao Professor Jorge Luis Salomoni. Belo Horizonte: Fórum, 2013.

JUSTEN FILHO, Marçal. *Comentários à Lei de Licitações e Contratações Administrativas*: Lei 14.133/2021. São Paulo: Thomson Reuters Brasil, 2021.

MARQUES NETO, Floriano de Azevedo. Noções gerais sobre o fomento estatal. *In*: KLEIN, Aline Lícia; MARQUES NETO, Floriano de Azevedo. *Tratado de Direito Administrativo*: funções administrativas do Estado. v. 4. Coordenação: Maria Sylvia Zanella Di Pietro. São Paulo: Revista dos Tribunais, 2014.

MOREIRA NETO, Diogo de Figueiredo. Administração pública consensual. *In*: *Mutações do direito administrativo*. Rio de Janeiro: Ed. Renovar, 2007.

MOTTA, Carlos Pinto Coelho. Temas polêmicos de licitações e contratos. *Fórum de Contratação e Gestão Pública – FCGP*, ano 18, n. 92, ago. 2009. Disponível em: https://www.forumconhecimento.com.br/periodico/138/21371/50105. Acesso em: 28 maio 2022.

NIEBUHR, Joel de Menezes. *Licitação Pública e Contrato Administrativo*. 5. ed. Belo Horizonte: Fórum, 2022. p. 351.

NOHARA, Irene Patrícia. Poder de compra governamental como fator de indução do desenvolvimento: faceta extracontratual das licitações. *Revista Fórum de Direito Financeiro e Econômico – RFDFE*, ano 8, n. 6, p. página inicial-página final, set./fev. 2014. Disponível em: https://www.forumconhecimento.com.br/periodico/143/265/2699. Acesso em: 28 maio 2022.

OLIVEIRA, Rafael Sérgio Lima de. Comentários ao art. 4º. *In*: FORTINI, Cristiana; OLIVEIRA, Rafael Sérgio Lima de; CAMARÃO, Tatiana. *Comentários à Lei de Licitações e Contratos Administrativos*. Belo Horizonte: Fórum, 2022.

REIS, Luciano Elias. A função social da licitação e do contrato administrativo a partir da necessária regulação estatal. *In*: REIS, Luciano Elias. *Compras Públicas Inovadoras*: O Desenvolvimento Científico, Tecnológico e Inovativo Como Perspectiva do Desenvolvimento Nacional Sustentável – de Acordo Com A Nova Lei de Licitações e o Marco Regulatório das Startups. Belo Horizonte: Fórum, 2021.

STROPPA, Christianne de Carvalho. Capítulo I – Do âmbito de aplicação desta lei – Artigos 1º a 4º. *In*: DAL POZZO, Augusto Neves; ZOCKUN, Maurício Zockun; CAMMAROSANO, Márcio. *Lei de Licitações e Contratos Administrativos Comentada*: Lei 14.133/21. São Paulo: Thomson Reuters Brasil, 2021.

TORRES, Ronny Charles Lopes de. *Leis de Licitações Públicas Comentadas*. 12. ed. Salvador: Ed. Juspodivm, 2021.

VIEIRA, Priscilla. *Desenquadramento Ficto da Microempresa e Empresa de Pequeno Porte na nova lei de licitações*. Disponível em: https://www.linkedin.com/posts/priscillalicitacao_empresas-microempresas-empresasdepequenoporte-activity-6931983443442495488-hmxP?utm_source=linkedin_share&utm_medium=android_app. Acesso em: 18 maio 2022.

Informação bibliográfica deste texto, conforme a NBR 6023:2018 da Associação Brasileira de Normas Técnicas (ABNT):

FORTINI, Cristiana; RESENDE, Mariana Bueno. A função social das contratações públicas, a Lei nº 14.133/2021 e o tratamento favorecido às microempresas e empresas de pequeno porte. *In*: PÉRCIO, Gabriela Verona; FORTINI, Cristiana (Coord.). *Inteligência e inovação em contratação pública*. 2. ed. Belo Horizonte: Fórum, 2023. p. 159-178. ISBN 978-65-5518-474-7.

ALTA *PERFORMANCE* NO PLANEJAMENTO DA CONTRATAÇÃO PÚBLICA: UMA ANÁLISE À LUZ DE FERRAMENTAS UTILIZADAS PELO SETOR PRIVADO

CAROLINE RODRIGUES DA SILVA

Introdução

Já dizia Sêneca: "Não há bons ventos para quem não sabe para onde ir".

A sabedoria milenar permanece atual e assombra a Administração Pública. Falhas no planejamento das suas contratações leva-a direto ao furacão. Esses ventos turbulentos se materializam em produtos que não atendem às necessidades, serviços de baixa qualidade, falha na execução contratual, prazos extensos na fase interna, prorrogações indevidas, nulidades do processo, aditivos irregulares, ausência de aplicação de sanções, apontamentos dos órgãos de controle etc.

Tais "fenômenos" decorrem em grande parte do planejamento inadequado, ineficaz, falta de estrutura, carência de pessoal, falta de conhecimento, entre outras causas. Quiçá sejam explicados pelo modelo burocrático da Administração Pública brasileira, caracterizado pelo atuar regrado, procedimentos administrativos formais, legalismo. A própria compreensão de que ao gestor público apenas é permitido fazer o que a lei autoriza carreou uma sacralização da legalidade e dependência da letra fria da lei. Exatamente por isso o planejamento ficou legado a um segundo plano, já que até pouco tempo as leis gerais de licitação pouco tratavam do assunto, mas a realidade dinâmica da sociedade e a eficiência que deve nortear a atuação pública clamam pela transformação desse cenário. A Nova Lei de Licitações (Lei nº 14.133/21) já deu o seu recado e se dedicou não apenas ao planejamento da contratação, mas também à governança na Administração Pública, incluindo ferramentas que apoiam o gestor público na efetividade do planejamento e, consequentemente, da própria contratação, perseguindo ainda o atendimento a valores relevantes para a coletividade.

Diante desse contexto, a pretensão deste estudo é analisar objetiva e brevemente ferramentas e estratégias utilizadas com sucesso pelo setor privado e que podem auxiliar a Administração Pública no planejamento das suas contratações para agregar maior eficiência e assertividade às suas ações em prol do interesse coletivo.

1 O planejamento na Administração Pública

Planejamento é uma estratégia de seleção dos meios mais adequados para atingir determinado resultado. Possui, portanto, dois aspectos básicos: a identificação dos objetivos e a escolha dos meios para alcançá-los.[1] Possibilita perceber uma dada realidade, construir um referencial e determinar o processo apropriado ao seu atingimento.

Na Administração Pública, tais conceitos são fundamentais e atrelam-se à consecução, em última análise, de políticas públicas e do interesse coletivo.

Um bom planejamento pode proporcionar ainda o pensamento sistêmico na Administração, a definição precisa de objetivos, aplicação adequada de recursos, realização de atividades consistentes, padrões de desempenho fáceis de alcançar e medir, controle e correção de ações, acompanhamento contratual eficaz, entre outros benefícios.

Infelizmente, nem sempre a prática na Administração Pública demonstra a consecução de um planejamento adequado, e as contratações são o palco das mais numerosas falhas nesse quesito, como objetos que não atendem às necessidades, serviços de baixa qualidade, falha na execução contratual, prazos extensos na fase interna, prorrogações indevidas, nulidades do processo, aditivos irregulares, ausência de aplicação de sanções, apontamentos dos órgãos de controle, falta de conhecimento e de motivação da equipe de contratação etc.

Contudo, não se pretende aqui apontar os problemas, mas vislumbrar possíveis soluções para as demandas da Administração Pública nos aspectos operacionais das contratações públicas.

---

[1] STONER, J. A. F.; FREEMAN, R. E. *Administração*. Rio de Janeiro: Prentice-Hall do Brasil, 1995.

Há algumas ferramentas e diretrizes utilizadas com sucesso pelo setor privado que podem ser aplicadas no planejamento das contratações públicas, tais como: planejamento estratégico, ciclo PDCA, equipes de alta *performance*, prospecção de mercado, gestão de riscos de contratação, padronização de objetos e documentos, elaboração de *checks* de conformidade, sustentabilidade nas contratações com análise do ciclo de vida do objeto, *due diligence* de fornecedores, entre outros, que serão a seguir definidos de forma sumária. Algumas dessas, inclusive, incorporadas na Lei nº 14.133/21.

2 Planejamento estratégico

O planejamento estratégico é uma ferramenta de gestão empresarial que foca em ações em longo prazo, com a definição de objetivos e a criação de estratégias para alcançá-los. Alguns órgãos e entidades da Administração Pública já utilizam tal conceito para a definição de seus propósitos em determinado espaço de tempo, mas esse mesmo planejamento pode ser aplicado no universo das contratações públicas.

Para aplicá-lo, cabe, preliminarmente, compreender os objetivos das contratações públicas e, posteriormente, definir a metodologia e a estratégia necessárias para a sua consecução, relacionando-as aos princípios da Administração Pública.

Há dois objetivos macros, sendo um material, que se concretiza na satisfação de uma necessidade administrativa, e outro legal, definido nas leis gerais de licitação,[2] como a obtenção da proposta mais vantajosa, isonomia, desenvolvimento nacional sustentável,[3] entre outros estabelecidos em seus textos.[4]

A confluência desses objetivos será o ponto de partida para o planejamento estratégico da contratação, identificando os resultados esperados e contemplando as ações macro que serão desenvolvidas ao

---

[2] Art. 3º da Lei nº 8.666/93 (para administração direta), art. 11 da Lei nº 14.133/21 e art. 31 da Lei nº 13.303/16 (para empresas estatais).

[3] A Lei das Estatais (Lei nº 13.303/16) ainda define como objetivo evitar operações em que se caracterize sobrepreço ou superfaturamento.

[4] A Lei nº 14.133 atualizou os objetivos das contratações públicas, aperfeiçoando-os. Conforme dispõe o artigo 11 dessa Lei, são objetivos do processo licitatório: I - assegurar a seleção da proposta apta a gerar o resultado de contratação mais vantajoso para a Administração Pública, inclusive no que se refere ao ciclo de vida do objeto; II - assegurar tratamento isonômico entre os licitantes, bem como a justa competição; III - evitar contratações com sobrepreço ou com preços manifestamente inexequíveis e superfaturamento na execução dos contratos; IV - incentivar a inovação e o desenvolvimento nacional sustentável.

longo do tempo estabelecido no instrumento de planejamento. Para materializar as ações, cabe desenvolver os planejamentos táticos, nos quais serão detalhadas as ações do plano estratégico, e os planejamentos operacionais para execução de planos de ação.

Como exemplo, podemos citar a incorporação de critérios de sustentabilidade nas contratações públicas. De forma sumária, estabelecem-se os seguintes aspectos do planejamento estratégico:

(1) resultado: incorporação da responsabilidade socioambiental nas contratações públicas;

(2) processos internos: criação de comissão encarregada de execução do plano; elaboração de diagnóstico e de plano de ação; definição dos recursos necessários; definição dos indicadores de desempenho e ações de monitoramento;

(3) definição do planejamento tático e do operacional;

(4) acompanhamento, monitoramento e ações de correção.

O planejamento tático comportará o detalhamento do estratégico com plano de ação, definição de treinamentos variados em sustentabilidade, responsabilidade social, licitações sustentáveis, elaboração de estudos quanto aos objetos contratados, redução de determinadas aquisições, identificação da comunidade local que pode ser beneficiada com as ações, padronização de bens e execução de serviços, metas a serem cumpridas etc.

Por fim, o planejamento operacional definirá como se dará a execução e o monitoramento das ações com aplicação de indicadores de desempenho.

O planejamento estratégico nas contratações públicas é, portanto, uma diretriz importante para compreensão dos cenários, definição dos objetivos e dos meios mais adequados a atingi-los, agregando maior eficiência e efetividade nas ações administrativas e segurança às decisões de gestão.

3 Ciclo PDCA

Trata-se o ciclo PDCA de uma ferramenta de gestão para promover a melhoria contínua de processos por meio de um circuito com quatro atos: planejar (*plan*), fazer (*do*), verificar (*check*) e agir (*act*), como na representação a seguir:

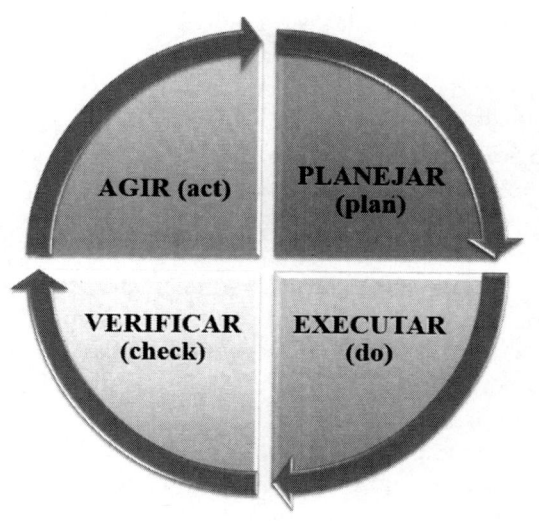

```
        AGIR (act)    PLANEJAR
                       (plan)

        VERIFICAR    EXECUTAR
         (check)       (do)
```

Fonte: elaboração própria.

No primeiro ato, o de planejar, são identificados os problemas e definidas as respostas, os recursos e condições disponíveis, o plano de ação, atribuídas as responsabilidades e o critério de medição do desempenho e dos resultados esperados. O ato sequente coloca o plano de ação em execução. Em seguida, cabe verificar o desempenho do processo, com a aplicação dos instrumentos de medição do desempenho e dos resultados. Por fim, o último ato é o de agir nas correções necessárias e padronizar os acertos, inserindo os métodos nos procedimentos subsequentes.

Nas contratações públicas, o ciclo pode ser perfeitamente utilizado para o aprimoramento dos procedimentos. Imagine-se que um setor de compras identificou como problema recorrente nas licitações uma quantidade expressiva de questionamentos dos licitantes e interessados sobre a interpretação de trechos dos editais e das minutas contratuais. Aplicou o PDCA com as seguintes ações:

P – identificados como problema os textos de editais prolixos e confusos, e a solução, a atualização do texto com simplificação e aclaração dos termos. Para tanto, seria necessário elaborar novo modelo por comissão especialmente designada para tal fim, consultar os setores administrativos e jurídicos, aprovar o texto e lançar certame para identificar o resultado. O desempenho poderia ser medido objetivamente com pesquisa disponível às empresas que consultarão o edital contendo perguntas estratégicas e avaliando os questionamentos;

D – designada a comissão, elaborado o texto, consultados os setores respectivos, aprovada a versão final, escolhe-se um objeto para estrear o modelo. As empresas que consultam o texto do edital respondem às perguntas;

C – a comissão verifica as perguntas respondidas pelas empresas e analisa eventuais questionamentos para identificar a pertinência da questão com eventuais interpretações do edital;

A – após aberto o certame, a comissão designada avalia os resultados, propondo novas modificações ainda necessárias ou concluindo pela manutenção do modelo para futuros certames.

Esse mesmo ciclo pode ser aplicado para avaliar a contratação de novos bens ou serviços pela Administração, identificar necessidade de melhoria em objetos comumente licitados, averiguar novos procedimentos adotados etc. Segundo Marshall Júnior (2008), "praticando-se de forma cíclica e ininterrupta, acaba-se por promover a melhoria contínua e sistemática na organização, consolidando a padronização de prática".[5]

Enfim, trata-se de ferramenta essencial para identificar oportunidades de melhoria na Administração para que se alcancem os resultados esperados com eficiência e qualidade.

4 Equipes de alta *performance*

Todas as ações na seara das contratações públicas são empreendidas pelos servidores, empregados públicos, colaboradores, terceiros. E assim como ocorre no mundo corporativo, na Administração Pública há necessidade de desenvolvimento constante desses recursos humanos em busca de melhores resultados que as dinâmicas administrativas têm exigido. Do contrário, é possível observar desempenhos insatisfatórios, baixa aptidão e desmotivação, que vão refletir diretamente na qualidade das tarefas executadas e, consequentemente, na satisfação do interesse coletivo.

Apontam-se como disfunções de uma equipe: a ausência de confiança no trabalho individual e coletivo, o medo de conflitos, a

---

[5] MARSHALL JUNIOR, I. *et al*. *Gestão da qualidade*. Rio de Janeiro: FGV, 2008.

falta de comprometimento, a fuga de responsabilidade e a falta de atenção ao resultado. O resultado é a aplicação de velhos princípios que infelizmente ainda rondam a Administração Pública: (a) "sempre foi assim", (b) "nunca deu errado", (c) "isso não é problema meu".

Para reverter esse quadro, os melhores resultados se observam da formação de equipes de alta *performance*, que apresentam como características a motivação individual de seus integrantes, criando um ambiente para inovações e alto desempenho, um elevado grau de dinamicidade, responsividade nas ações, maior visão dos objetivos, criatividade e autogerenciamento.

Segundo Wellins, Byham e Wilson (1994), as equipes de alto desempenho são compostas por grupos de indivíduos comprometidos que confiam uns nos outros; têm um claro sentido de propósito em relação ao seu trabalho; são eficazes comunicadores dentro e fora da equipe; certificam-se de que todos na equipe estão envolvidos nas decisões do grupo; e seguem um processo que os permitem planejar, tomar decisões e garantir a qualidade de seu trabalho.[6]

Esse cenário demonstra que o sucesso das contratações públicas está diretamente relacionado à *performance* da equipe por trás de todos os procedimentos.

Então, como criar uma equipe de alta *performance* na Administração Pública? Primeiro, é preciso atualizar o conceito e sair das caixinhas dos setores, áreas e seções estanques e pensar na multidisciplinariedade necessária para o desempenho adequado das atividades. Atualmente, os grupos são orientados por trabalho, projeto, planejamento etc., reunindo profissionais com competências, perfis comportamentais e experiências diversas em uma mesma equipe.

A multidisciplinariedade, inclusive, já foi apontada pelo TCU no documento *RCA – Riscos e Controles nas Aquisições* como sugestão de controle interno nas competências requeridas para o planejamento da contratação.[7]

---

[6] WELLINS, R. S.; BYHAM, W. C.; WILSON, J. M. *Equipes zapp!*: criando energização através de equipes autogerenciáveis para aumentar a qualidade, produtividade e participação. Rio de Janeiro: Campus, 1994.

[7] Competências requeridas para o planejamento da contratação.
7. Risco: *Responsável pelo planejamento da contratação não detém as competências multidisciplinares necessárias* à execução da atividade, levando a especificações incompletas ou com requisitos irrelevantes ou indevidamente restritivos, com consequente indefinição do objeto e dificuldade de obtenção da solução necessária ao atendimento da necessidade ou diminuição da competição e aumento dos custos.
8. Sugestão de controle interno: *Alta administração estabelece que as contratações devem ser planejadas por uma uma equipe multidisciplinar,* incluindo pelo menos os papéis de

Além disso, é importante estruturar formalmente a equipe, oportunizando o desenvolvimento dos membros com treinamentos técnicos e operacionais,[8] dinâmicas motivacionais e de grupo e implantação de sistema de avaliação de desempenho e proporcionando recursos adequados ao desenvolvimento dos trabalhos da equipe para reforçar comportamentos que fomentem o alto desempenho almejado.

O desenvolvimento das equipes que atuam nas etapas da contratação pública pode ser aplicado tanto para novas equipes quanto para o aperfeiçoamento das existentes.

5 Prospecção de mercado

Ainda é comum na Administração Pública encontrar agentes com aversão ao mercado privado – a recíproca também é verdadeira. Cria-se um verdadeiro abismo, com partes contrapostas e flechas sendo atiradas de ambos os lados. Há, porém, que se construir uma ponte e erguer a bandeira da paz. Afinal, a Administração precisa do mercado e esse se beneficia com a Administração. A relação deve ser, portanto, de simbiose, mais horizontalizada.

A consulta ao mercado ocorre comumente para verificar valores praticados para formação do preço estimado, mas, para além de consulta de preços, para melhorar a *performance* das contratações, é essencial uma prospecção de mercado mais ampla. Citam-se quatro hipóteses e seus benefícios:

(1) Identificação de soluções inovadoras e eficazes: um dos maiores benefícios da consulta ao mercado é identificar quais soluções podem ser disponibilizadas para elevar a eficiência das contratações. É importante registrar que um dos objetivos de toda contratação é a obtenção de proposta com resultado mais vantajoso para a Administração, o que se materializa não apenas no menor valor, mas em objeto com os maiores benefícios. Essa vantajosidade pode agregar aspectos técnicos, operacionais, de manutenção, ambientais ou sociais. A inovação da Administração atrela-se à exploração de

---

requisitante, especialista e administrativo" (grifou-se) (Disponível em: http://www.tcu.gov.br/arquivosrca/001.003.htm).

[8] O Tribunal de Contas da União possui vários julgados nos quais determina a realização de treinamentos periódicos aos envolvidos com as contratações públicas, a exemplo do Ac. nº 544/2016 – 1ª Câmara.

novas ideias, criando ou aperfeiçoando produtos e serviços, aumentando sua *performance*, durabilidade, aceitabilidade, preço, enfim, melhorando a relação custo-benefício. Inclusive, é válido pontuar que a Lei nº 14.133/21 definiu como um dos instrumentos de planejamento o estudo técnico preliminar, que possui o objetivo, dentre outros, de investigar qual a melhor solução do mercado para atendimento à pretensão da Administração;[9]

(2) Especificações técnicas adequadas: grande parte das falhas das contratações reside nas especificações técnicas incompletas, equivocadas, emendadas, dissociadas do mercado. Cabe lembrar que descrever demasiadamente pode ocasionar o direcionamento e a elevação de valores e, por outro lado, a descrição incompleta pode acarretar contratação de baixa qualidade. Para correção de tais falhas, é essencial identificar um conjunto relevante de itens na descrição técnica do objeto que tenham pertinência com as especificações que os agentes privados podem atender em prol da competitividade e que satisfaçam as necessidades administrativas. Se mostra ainda mais relevante essa consulta ao mercado para descrição técnica para objetos com inovações constantes;

(3) Disponibilidade de mercado: outra hipótese de consulta ao mercado é para identificar a disponibilidade do objeto a ser contratado. Sabe-se que, quanto menor a oferta, maior o valor, agregando-se ainda aspectos negativos de utilização, manutenção, desfazimento etc. Em especial nos casos de padronização de objetos, a análise da disponibilidade deve ser rotineira, pois o produto, de modo geral, passa a ter sua disponibilidade reduzida ao longo do tempo, indicando a necessidade de atualização das especificações;

---

[9] Sobre o tema a Lei dispôs no Art. 18, §1º, inciso V: "Art. 18. A fase preparatória do processo licitatório é caracterizada pelo planejamento e deve compatibilizar-se com o plano de contratações anual de que trata o inciso VII do caput do art. 12 desta Lei, sempre que elaborado, e com as leis orçamentárias, bem como abordar todas as considerações técnicas, mercadológicas e de gestão que podem interferir na contratação, compreendidos:
§ 1º O estudo técnico preliminar a que se refere o inciso I do caput deste artigo deverá evidenciar o problema a ser resolvido e a sua melhor solução, de modo a permitir a avaliação da viabilidade técnica e econômica da contratação, e conterá os seguintes elementos:
...
V – levantamento de mercado, que consiste na análise das alternativas possíveis, e justificativa técnica e econômica da escolha do tipo de solução a contratar".

(4) Valores praticados: é a hipótese mais aplicada, na qual a Administração deve verificar os preços de mercado para estabelecer o valor estimado ou justificar o preço da contratação.

Para qualquer um dos tópicos acima, cabe à Administração planejar adequadamente a consulta ao mercado, atentando-se para a aplicação dos princípios da transparência, da moralidade, da impessoalidade e da isonomia; formalizando o procedimento; consultando uma lista representativa de agentes privados, com critérios preestabelecidos; e reunindo todas as informações colhidas para a tomada de decisão de forma objetiva e devidamente motivada.

6 Gestão de riscos no ambiente das contratações

Um risco representa o efeito da incerteza na consecução de um resultado. A Administração Pública encontra-se constantemente sob riscos em suas atividades. No entanto, o que motivará uma ação contra o evento é a probabilidade e a consequência de sua materialização.

Nas contratações públicas, podemos vislumbrar riscos desde o momento do nascimento da demanda até o pagamento final do objeto já executado, ou seja, todas as fases possuem eventos que podem acontecer e ter impacto no seu objetivo. Observe os exemplos abaixo:

a) um setor X da administração demanda a aquisição de um equipamento Y para atendimento a uma necessidade Z. Elabora o termo de referência com as especificações que entende adequadas, mas, após a entrega, deduz que não atende completamente a demanda e outro equipamento precisa ser adquirido. A falha encontrava-se na especificação técnica incompleta;

b) determinada licitação de obras exigiu variados documentos de qualificação técnica. A adjudicação recaiu sobre a primeira colocada, com um valor bem atraente em relação aos demais, mas, durante a execução, o setor de fiscalização apontou diversas falhas. O diagnóstico evidenciou falta de qualificação técnica da contratada. Durante a seleção da contratada, a comissão de licitação, pressionada a "acelerar" o certame, não encaminhou os documentos para a área de engenharia e habilitou a licitante com defeitos na qualificação técnica;

c) uma entidade X tem sofrido constantemente com reclamatórias trabalhistas provenientes de colaboradores que trabalharam em uma prestadora de serviços de limpeza e conservação por falhas nos pagamentos das verbas trabalhistas. A entidade identificou que o fiscal do contrato, sobrecarregado com a fiscalização de mais de 50 contratos, não avaliava o cumprimento de referidas obrigações pela contratada. Alegou sobrecarga e falta de conhecimento das informações que deveriam ser analisadas.

São nítidos nos exemplos acima, tão corriqueiros atualmente, os riscos a que a administração está submetida nos seus processos de contratação, e as consequências são também evidentes: objetos que não atendem à demanda, ausência de conhecimento de servidores que atuam no processo, falta de qualificação dos contratados, descumprimentos contratuais, apontamentos dos órgãos de controle, retrabalho, desperdício de recursos públicos etc.

Para promover o sucesso e efetividade da contratação pública, é essencial o gerenciamento de riscos. Desse modo, possibilita-se à Administração dirigir e controlar os eventos que possam impactar os resultados pretendidos.

A Lei nº 14.133/21,[10] preconizando a governança nas contratações, dispôs em várias passagens sobre a gestão de riscos, pontuando-a como um instrumento apto a promover eficiência, eficácia e efetividade, além de possibilitar o alcance dos objetivos do processo licitatório.[11]

---

[10] Na legislação de licitações, a primeira citação quanto à matriz de riscos ocorreu no Regime Diferenciado da Contratação (Lei nº 12.462/11), que, em seu artigo 9º, §5º, dispôs sobre a matriz de riscos no anteprojeto. Em 2016, a Lei das Estatais (Lei nº 13.303/16) inovou ao estabelecer em várias passagens a necessidade de gerenciamento de riscos como ferramenta de governança e nos contratos como cláusula definidora do equilíbrio econômico-financeiro.

[11] Conforme preconizam o artigo 11 e seu parágrafo único da nova lei de licitações, que apresentam a linha mestra que norteia todo o procedimento de contratação e a execução do objeto:
"Art. 11. O processo licitatório tem por objetivos:
I – assegurar a seleção da proposta apta a gerar o resultado de contratação mais vantajoso para a Administração Pública, inclusive no que se refere ao ciclo de vida do objeto;
II – assegurar tratamento isonômico entre os licitantes, bem como a justa competição;
III – evitar contratações com sobrepreço ou com preços manifestamente inexequíveis e superfaturamento na execução dos contratos;
IV – incentivar a inovação e o desenvolvimento nacional sustentável.
Parágrafo único. *A alta administração do órgão ou entidade é responsável pela governança das contratações e deve implementar processos e estruturas, inclusive de gestão de riscos e controles internos, para avaliar, direcionar e monitorar os processos licitatórios e os respectivos contratos, com o intuito de alcançar os objetivos estabelecidos no caput deste artigo,* promover um ambiente íntegro e confiável, assegurar o alinhamento das contratações ao planejamento estratégico e às leis orçamentárias e *promover eficiência, efetividade e eficácia em suas contratações*" (grifou-se).

Na novel legislação licitacional, a gestão de riscos, inclusive, é elemento da fase preparatória do processo licitatório.[12]

O gerenciamento de riscos na contratação pública depende de planejamento, com as seguintes etapas:

(a) identificação dos riscos, com as causas e consequências;
(b) realização de análise quantitativa (probabilidade);
(c) realização e análise qualitativa (impacto);
(d) indicação das respostas aos riscos (evitar, aceitar, mitigar, transferir);
(e) controle dos riscos.

As conclusões desse planejamento serão registradas em um mapa ou em uma matriz de risco, sinalizando as medidas preventivas, as de contingência e nomeando os responsáveis de cada ação.

Um exemplo permite melhor compreensão. Suponha-se uma falha de especificação técnica de um dado produto. Pode-se apontar como causa o desconhecimento desse pelas áreas responsáveis pela descrição do objeto. Essa causa orientará ações preventivas na gestão de riscos. Uma das consequências é o não atendimento da pretensão da Administração e a perda de recursos públicos. Com base nessa identificação, define-se ações de contingência. Com esses elementos, podemos elaborar o seguinte mapa de risco:

---

[12] Assim dispõe o artigo 18 da Lei nº 14.133/21: "Art. 18. A fase preparatória do processo licitatório é caracterizada pelo planejamento e deve compatibilizar-se com o plano de contratações anual de que trata o inciso VII do caput do art. 12 desta Lei, sempre que elaborado, e com as leis orçamentárias, bem como abordar todas as considerações técnicas, mercadológicas e de gestão que podem interferir na contratação, compreendidos:
...
X – a análise dos riscos que possam comprometer o sucesso da licitação e a boa execução contratual".

RISCO 1	
DEFINIÇÃO DO RISCO	Especificação técnica do produto incompleta
PROBABILIDADE	( ) muito baixa ( ) baixa (x) média ( ) alta ( ) muito alta
IMPACTO	( ) muito baixa ( ) baixa ( ) média (x) alta ( ) muito alta

Id.	DANO	
1.	Aquisição de produto que não atende às necessidades	
2.	Anulação do procedimento da contratação com instauração de processo administrativo para apurar responsabilidades	
Id.	Ação preventiva	Responsável
1.	Revisão da especificação	Servidor X – área técnica
2.	Consulta ao mercado	Servidor X – área técnica
Id.	Ação de contingência	Responsável
1.	Suspensão ou anulação do certame	Pregoeiro, AJUR, autoridade competente

Ao identificar e gerenciar o risco, a Administração tem previsibilidade das vulnerabilidades que possam trazer algum obstáculo ao êxito da contratação, planejando as medidas preventivas e as de contingência, bem como indicando os responsáveis por cada qual para reduzir os impactos.

7 KPI – indicadores de desempenho

Os KPI (*key performance indicator*) ou indicadores-chave de desempenho são utilizados para medir a *performance* dos processos de uma instituição.

A Administração Pública pode aplicar os KPI para, sob o aspecto quantitativo e qualitativo, medir a efetividade de determinados programas, projetos ou processos. Podem ser utilizados, por exemplo, para medir o cumprimento da meta de implantação de critérios de sustentabilidade nas contratações, identificando quantos editais apresentam os critérios e quais foram contemplados; ou para o desenvolvimento da equipe de contratação, com treinamentos, avaliando quantos foram ministrados e quais as notas obtidas; ou, ainda, para cumprimento de recomendações de auditoria ou controle externo etc.

Com os resultados, é possível promover a criação de um plano de trabalho para aperfeiçoamento do aspecto medido, com direcionamentos adequados, readequação de controles, acompanhamento das métricas e metas, investimentos em melhorias etc.

Também é possível aplicar indicadores na avaliação dos contratados, conforme preconiza a Lei nº 14.133/21, no artigo 88, §3º, que dispõe sobre a avaliação da atuação do contratado por meio de indicadores objetivamente definidos e aferidos.

8 Padronização de objetos e documentos

A padronização do objeto da contratação tem por finalidade definir características técnicas estanques de bens ou serviços de modo que contratações desse mesmo objeto deverão atender ao modelo estabelecido. Os objetos padronizados atendem às necessidades de maneira prática, sem variações.

A Lei nº 14.133/21 determinou no artigo 19, incisos II e IV, respectivamente, a criação de catálogo eletrônico de padronização de compras, serviços e obras, e a instituição de modelos de minutas de editais, termos de referência, contratos e outros documentos padronizados.

A lei define ainda que o planejamento de compras deve considerar o atendimento ao princípio da padronização, considerando a compatibilidade de especificações estéticas, técnicas ou de desempenho.[13]

A diretriz da padronização exprime mecanismo de redução de custos e apresenta as seguintes vantagens: facilidade de conservação, manutenção e fiscalização; a redução de custos administrativos para a contratação, considerando a desnecessidade de a cada contratação definir as especificações técnicas do objeto; e, a harmonização estética. Sidney Bittencourt acrescenta como vantagens o "aproveitamento de servidores treinados para o uso de bens ou para a execução de serviços; adequação dos trabalhos a produtos ou tecnologias já existentes; e o conhecimento dos usuários às características operacionais".[14]

Outro aspecto positivo pode ser apontado sobre a padronização: padronizar objetos reduz a variedade de materiais utilizados, considerando-se a adoção de um modelo que servirá de referência,

---

[13] Conforme preceitua o artigo 40, inciso V, alínea 'a'.
[14] BITTENCOURT, Sidney. *A nova lei das estatais*. São Paulo: JH Mizuno, 2017. p. 140.

desconsiderando outros semelhantes. Desse modo, o controle de estoque e almoxarifado, por exemplo, é simplificado, diminuindo-se custos de estocagem, como do armazenamento físico, do manuseio, da distribuição e da obsolescência.

Por outro lado, porém, cabe apontar as seguintes desvantagens da padronização de objetos: possibilidade de inadequação do modelo padronizado a necessidades pontuais; restrição à competitividade; e necessidade de constante avaliação sobre a adequação do modelo padronizado à demanda da Administração. Pode ocorrer também que o objeto vá sendo atualizado ou substituído no mercado com o decorrer do tempo, o que pode reduzir a oferta e aumentar seu preço.

Tal procedimento pode envolver tanto os padrões técnicos (especificações) como os procedimentos operacionais para executá-los. Em relação a esses, sua aplicação é muito válida para serviços, estabelecendo-se o modo e sequência que devem ser executados, incluindo-se as tarefas, objetivos, materiais necessários, processos, resultados, ações preventivas e corretivas etc.

Para o procedimento de padronização, deve-se mapear os processos e estabelecer, inicialmente, quais objetos serão padronizados. Posteriormente, instaura-se procedimento definindo os objetos a serem padronizados, as partes interessadas (comissão de padronização), os prazos e a autoridade competente que ratificará o processo.

Concluídas as etapas preliminares, a padronização parte da descrição original de elementos do objeto, classificando-os e catalogando-os. Há padrões técnicos em normas que podem ser utilizados nessa fase, com referências mínimas que devem ser atendidas. Avaliações de mercado também são fundamentais. É importante estabelecer as especificações com base em adequação, necessidade e disponibilidade. Quanto à adequação, a descrição do objeto deve ser pertinente para a obtenção do melhor resultado. A necessidade invoca a escolha de definições aptas a atender as demandas da entidade com qualidade, sem sacrifício de valores relevantes. Por fim, a disponibilidade determina que o objeto seja encontrado no mercado fornecedor, dando-se preferência à ampla competitividade.

Ao final, a comissão elabora relatório com as informações técnicas e percepções das vantagens e desvantagens da padronização, encaminhando à autoridade competente o processo devidamente instruído para avaliação.

Cabe, por fim, sublinhar que a padronização deve ser objeto de constante avaliação para identificar a pertinência e disponibilidade das características técnicas padronizadas e a necessidade de atualização. Se necessário, deve ser promovida a revisão da descrição, de forma técnica e fundamentada.

Além dos objetos, a padronização pode recair sobre instrumentos convocatórios, termos de referência, minutas de contratos e outros documentos.

Há tempos que o Tribunal de Contas da União aponta que a elaboração de minutas-padrão de editais e contratos é medida de eficiência.[15] Assim, o estabelecimento de minutas-padrão dos instrumentos convocatórios e contratos atrela-se à eficiência em função de redução de tempo e pessoas necessárias para elaborar tais documentos. Otimizam-se recursos financeiros, materiais e humanos na fase de planejamento da contratação. Para as contratações que se repetem periodicamente, basta utilizar a minuta previamente aprovada, preenchendo com informações da contratação que seguirá.

Ao elaborar minutas-padrão, cabe à Administração definir quais documentos podem ser padronizados, em vista dos objetos recorrentes e que não demandam alterações relevantes das cláusulas. Essa tarefa cabe, em geral, à área de licitações e/ou contratos, com apoio do corpo jurídico do órgão ou entidade.

Assim como a padronização de objetos, as minutas-padrão de atos administrativos devem ser elaboradas considerando-se a abrangência para atender ao maior número possível de situações referentes àqueles objetos; a flexibilidade para atendimento a necessidades variadas, mas similares; e a praticidade, importando aqui em descrição de cláusulas diretas e gerais, de fácil compreensão pelo agente que utiliza os documentos e os adequará à situação concreta.

Devem ser estabelecidas cláusulas gerais dos instrumentos convocatórios e dos contratos que observem a legislação vigente e recomendações de órgãos de controle, contemplando todas as mínimas informações necessárias para correta compreensão do objeto, procedimentos, responsabilidades, obrigações, resultados esperados etc., estabelecendo segurança jurídica e o atendimento aos princípios aplicáveis. Desse modo, caberá à área competente adequar a minuta padronizada às regras específicas do caso concreto. Tais minutas devem ser aprovadas pela assessoria jurídica e ratificadas pela autoridade competente.

---

[15] Como o disposto no Acórdão nº 392/2006 – Plenário.

Por derradeiro, ao finalizar o processo de padronização, seja de objetos ou de documentos, cumpre apresentar os modelos às áreas que atuarão diretamente com esses para conhecimento e capacitação técnica, monitorando as ações, corrigindo falhas e atualizando os processos.

9 Elaboração de *checks* de conformidade e matriz RACI

Um grande nódulo das contratações públicas é a instrumentalização processual. O processo de contratação constitui uma série de atos sequenciais definidos em lei ou instrumento normativo, composto de ao menos três macroetapas, sendo o planejamento, a seleção do contratado e a execução contratual.

Uma importante estratégia para auxílio nos aspectos operacionais das contratações é a elaboração de *checks* de conformidade, em que cada etapa é detalhada com os atos, documentos e justificativas correspondentes para verificação de seu cumprimento ao longo do procedimento.

Exemplificativamente, uma contratação emergencial fundamentada no art. 75, inciso VIII, da Lei nº 14.133/21 pode apresentar a seguinte tabela de *check* de conformidade na etapa de planejamento:[16]

Id	ITEM	SIM	NÃO	N/A
1	Indicação da situação emergencial ou calamitosa que justifique a dispensa			
2	Definição da solução à emergência identificada			
3	Descrição do núcleo do objeto			
4	Elaboração de termo de referência/projeto básico			
5	Pesquisa de fornecedores			

Para garantir maior efetividade, é importante estabelecer uma matriz RACI visando estabelecer as atribuições e responsabilidades das áreas na atuação de cada uma das atividades do processo de contratação.

A matriz RACI é uma ferramenta visual que define as atribuições e responsabilidades de cada ator do processo da contratação. Apresenta as seguintes atribuições:

---

[16] Em vista da proposta do artigo, apresentamos apenas os cinco primeiros itens.

R – responsável: o executor da tarefa. Por exemplo: o responsável pela elaboração do termo de referência é a área requisitante do objeto; o responsável pela verificação jurídica do processo é a assessoria jurídica;

A – autoridade: quem aprova as etapas. Pode ser o ordenador de despesas para, por exemplo, aprovar o prosseguimento da contratação direta e selecionar o fornecedor ou a autoridade superior para, por exemplo, ratificar a contratação direta após definido o fornecedor;

C – consultado: área ou empregado que contribui com a instrução ou informações do processo. Pode ser da área técnica, designado para avaliar a proposta técnica apresentada pelo fornecedor;

I – informado: área ou empregado indicado para receber informações quanto às atividades executadas.

Para melhor visualização, segue modelo do *check* de conformidade com a matriz RACI:

						2.2 PLANEJAMENTO (FASE INTERNA)								
											MATRIZ RACI			
Id	Item	sim	não	n/a	EVIDÊNCIAS NO PROCESSO	ÁREA REQUISITANTE	ÁREA ADMINISTRATIVA	ORDENADOR	PREGOEIRO	COMISSÃO LICITAÇÃO	AUTORIDADE COMPETENTE	ASSESSORIA JURÍDICA	GESTOR CONTRATUAL	FISCAL	Auditoria
1	Indicação da situação emergencial, calamitosa ou de grave e iminente risco à segurança pública que justifique a dispensa														
2	Definição da solução à emergência identificada														
3	Descrição do núcleo do objeto														
4	Elaboração de projeto básico/termo de referência														
5	Pesquisa de fornecedores														

A aplicação de tais ferramentas permite a verificação do atendimento de todas as etapas contratuais atribuindo melhor controle e efetividade processual.

10 Sustentabilidade nas contratações: uma teoria ESG aplicável à Administração Pública

As contratações públicas sustentáveis, além de objetivarem satisfazer as necessidades do ente promotor da contratação com isonomia, visando à proposta mais vantajosa ao interesse coletivo, também buscam alcançar um equilíbrio entre os pilares da sustentabilidade, quais sejam, o ambiental, o social e o econômico, gerando, de forma direta ou indireta, benefícios à coletividade e minimizando impactos ao meio ambiente.

São importantes instrumento para concretização de valores vitais para satisfação do interesse público.

Ainda que a sustentabilidade tenha alicerce constitucional,[17] sendo princípio aplicável em diversas searas, a partir de 2010 os gestores devem conferir prioridade a políticas públicas que visem garantir o atendimento às necessidades e bem-estar das presentes gerações, sem impedir a aferição desses mesmos benefícios às gerações futuras.

Atualmente pode-se considerar que a sustentabilidade vem ganhando uma nova roupagem, em harmonia com as corporações privadas, para materializar práticas que visam minimizar os impactos das empresas no meio ambiente, auxiliar na construção de um mundo mais justo e equânime para a sociedade e, conjuntamente, aplicar os melhores processos de administração. Trata-se do ESG, sigla em inglês para "environmental, social and governance" (ambiental, social e governança, em português), aplicada para mensurar as práticas ambientais, sociais e de governança de uma empresa.

Ou seja, a tradicional concepção de sustentabilidade recebe um elemento a mais: a governança.

Esse olhar foi traduzido pelo legislador da Nova Lei de Licitações, a Lei nº 14.133/21, que em diversos artigos materializou a vontade estatal de congregar nas contratações públicas os mesmos elementos ESG traduzidos nas corporações privadas.

Na primeira referência, a Lei erigiu o desenvolvimento sustentável a princípio e objetivo das contratações públicas.[18] Pode-se afirmar

---

[17] É o que facilmente se conclui de uma interpretação lógico-sistemática da Constituição Federal, dos artigos 3º, inciso II; 170, incisos VI e seguintes; e 225. Tal concepção, em sua vertente ambiental, foi referendada pelo Supremo Tribunal Federal (STF) quando do julgamento da ADIn nº 3.540 MC/DF: "O princípio do desenvolvimento sustentável, além de impregnado de caráter eminentemente constitucional, encontra suporte legitimador em compromissos internacionais assumidos pelo Estado brasileiro e representa fator de obtenção do justo equilíbrio entre as exigências da economia e as da ecologia (...)".

[18] Conforme artigos 5º, *caput* e 11, inciso IV, respectivamente: "Art. 5º Na aplicação desta Lei, serão observados os princípios da legalidade, da impessoalidade, da moralidade, da publicidade, da eficiência, do interesse público, da probidade administrativa, da igualdade, do planejamento, da transparência, da eficácia, da segregação de funções, da motivação, da vinculação ao edital, do julgamento objetivo, da segurança jurídica, da razoabilidade, da competitividade, da proporcionalidade, da celeridade, da economicidade e do *desenvolvimento nacional sustentável*, assim como as disposições do Decreto-Lei nº 4.657, de 4 de setembro de 1942 (Lei de Introdução às Normas do Direito Brasileiro).
...
Art. 11. O processo licitatório tem por objetivos:
...
IV – incentivar a inovação e o *desenvolvimento nacional sustentável*".
... (grifou-se)

que houve uma evolução legislativa da aplicação do desenvolvimento nacional sustentável nas contratações públicas, passando apenas de objetivo atrelado à vantajosidade da proposta e vinculado ao intervencionismo estatal de promoção de políticas públicas para também uma categoria principiológica, que apresenta contornos próprios aplicando-o em suas dimensões econômica, social e ambiental e criando autonomia normativa aplicável de forma ampla.

Na sequência das referências, um dos mais importantes comandos legais é o estatuído no artigo 11 em seu parágrafo único,[19] que estabeleceu as bases da governança nas contratações públicas, com o objetivo de alinhar as políticas e estratégias de gestão das contratações às prioridades da Administração, assegurar a utilização eficiente de recursos públicos, mitigar riscos, auxiliar a tomada de decisões, assegurar a transparência, o controle social e o cumprimento dos papéis e responsáveis de todos os atores ao longo do ciclo da contratação. Tais objetivos ainda dão suporte à materialização da eficiência, eficácia e efetividade, com resultados positivos à coletividade.

Outra referência legal na NLL à ESG é a expressão "ciclo de vida do objeto" (que será analisado no item seguinte), que no artigo 6º estabelece que o termo de referência deve conter como elemento a descrição da solução como um todo, considerando o ciclo de vida do objeto.

O atendimento a normas socioambientais foi estabelecido no artigo 45, para as contratações de obras e serviços de engenharia.

A sustentabilidade em seu pilar ambiental também é objeto dos elementos da remuneração variável para contratação de obras, fornecimentos e serviços, inclusive de engenharia,[20] com o objetivo de criar incentivos remuneratórios para melhoria da performance contratual, vinculados a metas e padrões definidos no edital e contrato.

---

[19] "Art. 11. O processo licitatório tem por objetivos: (...)
Parágrafo único. *A alta administração do órgão ou entidade é responsável pela governança das contratações* e deve implementar processos e estruturas, inclusive de gestão de riscos e controles internos, para avaliar, direcionar e monitorar os processos licitatórios e os respectivos contratos, com o intuito de alcançar os objetivos estabelecidos no caput deste artigo, promover um ambiente íntegro e confiável, assegurar o alinhamento das contratações ao planejamento estratégico e às leis orçamentárias e promover eficiência, efetividade e eficácia em suas contratações". (grifou-se)

[20] Conforme disposto no artigo 144: "Art. 144. Na contratação de obras, fornecimentos e serviços, inclusive de engenharia, poderá ser estabelecida remuneração variável vinculada ao desempenho do contratado, com base em metas, padrões de qualidade, critérios de sustentabilidade ambiental e prazos de entrega definidos no edital de licitação e no contrato".

Por fim, o último aspecto que merece apontamentos na nova lei de licitações quanto à sustentabilidade diz respeito ao procedimento adequado após constatação de irregularidade no procedimento licitatório ou na execução contratual, dispondo a lei no artigo 147 que se não for possível o saneamento, a decisão sobre a suspensão da execução ou a declaração de nulidade do contrato apenas será adotada após avaliação de determinados aspectos, dentre os quais encontram-se os riscos sociais, ambientais e à segurança da população local em vista de atraso na fruição dos benefícios que decorreriam do contrato; motivação social e ambiental do contrato; fechamento de postos de trabalho e razão da paralização, dentre outros, como se observa da letra da lei.

Decorre, portanto, da leitura sumária dos comandos legais que a Nova Lei de Licitações mergulhou no conceito ESG incorporando às contratações públicas a preocupação com o meio ambiente, a sociedade e a governança em seus processos.

11 A análise do ciclo de vida do objeto como parâmetro de vantagem da proposta

A Lei nº 14.133/21 vinculou a vantajosidade das propostas nas licitações ao ciclo de vida do objeto, para melhor atender ao interesse público.[21] E não poderia ser diferente, pois há custos e impactos intrínsecos nos objetos de contratação, desde sua concepção até após o momento em que não será mais necessário pela Administração, passando pela fabricação, logística, instalação, utilização, manutenção, contratação de seguros, reposição de peças, depreciação, desfazimento, dentre outros, e que podem repercutir em seu custo, valor e benefícios. São aspectos econômico-financeiros, operacionais, ambientais e sociais que podem representar uma maior ou menor vantajosidade da contratação durante todo o ciclo de vida ou durabilidade do produto.

Aprofundando-se no tema, a avaliação do ciclo de vida (ACV) foi instituída originalmente no aspecto da sustentabilidade ambiental, para dimensionar em todas as fases e etapas de um produto, que contemplam a fabricação, o uso e o descarte, quais os impactos ao meio ambiente causados em sua cadeia.

---

[21] A Lei das Estatais (13.133/16) inaugurou a análise do ciclo de vida, vinculando-a à vantajosidade das propostas nas licitações, conforme previsto no artigo 31.

Essa avaliação é voltada para um sistema de produto específico, desde a aquisição da matéria-prima ou de sua geração a partir de recursos naturais até a disposição final. Envolve informações do processo produtivo e modelado pela empresa que o comercializa, tais como o levantamento quantificado de dados das entradas (materiais, energia e recursos) e saídas (produtos, subprodutos, emissões etc.), identificação dos impactos ambientais de cada dado e interpretação desses ao longo do ciclo de vida do produto.

Em razão disso, nem sempre será possível promover a ACV com avaliação sistematizada e com base nas metodologias normatizadas para produtos de terceiros, o que pode trazer obstáculos à sua aplicação nas licitações, se adotada sua concepção técnica original. No entanto, não se pode desconsiderar os benefícios socioambientais da ferramenta, que pode ser aplicável em uma concepção mais pragmática, voltada às contratações públicas.

Nesse aspecto, é possível identificar os principais impactos ambientais de um dado objeto a ser contratado ao longo do seu ciclo de vida para impulsionar escolhas mais conscientes da Administração.

Mas há outros aspectos que podem ser enumerados para análise da vantajosidade de um produto ou serviço em seu ciclo de vida para as contratações públicas, tais como exemplificados acima, o econômico-financeiro, o social e o operacional, dentre outros.

Com grande relevância, a avaliação sob o aspecto econômico-financeiro deve considerar todos os custos do objeto ao longo de sua cadeia produtiva e, principalmente, de utilização e desfazimento. Um determinado equipamento a ser adquirido, por exemplo, pode representar um valor de aquisição mais baixo se considerado a um equivalente, mas com custos diversos e maiores de instalação, manutenção, seguros, reposição de peças e/ou uma depreciação maior, com um resultado de venda ou desfazimento menos vantajoso.

Os custos sociais de um produto ou serviço também podem ser mensurados, como a origem da matéria prima ou da manufatura, de países que possuam legislação trabalhista menos protetiva e se utilizem de mão de obra escrava ou infantil.

A vantajosidade no aspecto operacional pode se revelar para produtos que apresentam uma maior durabilidade, facilidade e compreensão de operação e manutenção.

Portanto, compatibilizando a análise do ciclo de vida ao resultado da vantagem das propostas é possível à Administração, nesse contexto, eleger especificações que promovam menores impactos ambientais, econômicos, sociais ou operacionais em sua cadeia produtiva para atender ao objetivo da lei.

12 *Due diligence* de fornecedores

A *due diligence* de fornecedores constitui outra importante ferramenta posta à disposição do administrador público com o objetivo de levantar e comprovar informações relevantes sobre pessoas físicas ou jurídicas que venham a ser contratadas pela Administração para auxiliar um processo decisório.

As informações levantadas referem-se a dados gerais de constituição, sócios, penalidades aplicadas etc., visando identificar situações que impeçam a contratação como existência de conflitos de interesse ou penalidades restritivas de direitos, ou para avaliar os riscos de integridade, por exemplo.

Um conflito de interesse é definido como a "situação gerada pelo confronto entre interesses públicos e privados, que possa comprometer o interesse coletivo ou influenciar, de maneira imprópria, o desempenho da função pública".[22] Já os riscos de integridade são os eventos relacionados à corrupção, fraudes, irregularidades ou desvios éticos de conduta.

Tais situações podem ser ou não ser perceptíveis com facilidade, por isso a necessidade de estabelecer um procedimento específico e parametrizado para vislumbrar os riscos identificáveis.

Conclusão

A célebre frase "aqueles que falham ao planejar acabam planejando a própria falha", atribuída a Winston Churchill, aplica-se integralmente às contratações públicas. A falha de planejamento, infelizmente ainda tão comum em muitos órgãos e entidades da Administração Pública, redunda em impactos catastróficos, ocasionando a não consecução de políticas públicas e desprezando o interesse da coletividade, que são o fundamento de existência do Estado. Além do mais, as falhas revelam o desperdício de recursos públicos. Enfim, o maior atingido é a sociedade, que padece com a falta de efetividade da Administração.

---

[22] Conforme preceitua o art. 3º, inciso I, da Lei nº 12.813/2013.

Porém, as dinâmicas sociais e operacionais têm orientado a novos movimentos nos quais ferramentas e diretrizes que apresentam bons resultados na iniciativa privada podem ser agregadas às contratações públicas para reverter o quadro acima.

Foram trabalhadas algumas dessas ferramentas de forma sumária no presente texto, como ciclo PDCA, elaboração de *checks* de conformidade, equipes de alta *performance*, prospecção de mercado, planejamento estratégico, gestão de riscos, ESG, análise do ciclo de vida do objeto, *due dilligence* de fornecedores, KPI e padronização de objetos e documentos.

O escopo foi o de introduzir conceitualmente tais ferramentas, que podem ser aplicadas de forma isolada ou conjunta, visando melhorar o desempenho das contratações públicas e agregar efetividade à Administração Pública na obtenção dos seus melhores resultados.

É chegado o momento, portanto, de redefinir os objetivos do órgão ou entidade da Administração, regular a bússola, levantar a âncora, içar as velas e partir para mares tranquilos, representados por um modelo gerencial que agregue flexibilidade na gestão, eficiência administrativa, efetividade contratual, governança, participação social, transparência e gestão de riscos.

Referências

BITTENCOURT, Sidney. *A nova lei das estatais*. São Paulo: JH Mizuno, 2017. p. 140.

MARSHALL JUNIOR, I. et al. *Gestão da qualidade*. Rio de Janeiro: FGV, 2008.

STONER, J. A. F.; FREEMAN, R. E. *Administração*. Rio de Janeiro: Prentice-Hall do Brasil, 1995.

WELLINS, R. S.; BYHAM, W. C.; WILSON, J. M. *Equipes zapp!*: criando energização através de equipes autogerenciáveis para aumentar a qualidade, produtividade e participação. Rio de Janeiro: Campus, 1994.

Informação bibliográfica deste texto, conforme a NBR 6023:2018 da Associação Brasileira de Normas Técnicas (ABNT):

SILVA, Caroline Rodrigues da. Alta *performance* no planejamento da contratação pública: uma análise à luz de ferramentas utilizadas pelo setor privado. In: PÉRCIO, Gabriela Verona; FORTINI, Cristiana (Coord.). *Inteligência e inovação em contratação pública*. 2. ed. Belo Horizonte: Fórum, 2023. p. 179-202. ISBN 978-65-5518-474-7.

DESEMPENHO EM PROCESSOS DE COMPRAS E CONTRATAÇÕES PÚBLICAS: UM ESTUDO A PARTIR DOS VALORES ORGANIZACIONAIS E DOS INSTRUMENTOS DE GOVERNANÇA RECOMENDADOS PELO TRIBUNAL DE CONTAS DA UNIÃO

FABIANE DOURADO

1 Introdução

O objetivo geral deste artigo é analisar a relação dos valores organizacionais e da inovação a partir de instrumentos de governança – Plano de Contratações Anual (PCA) e Plano de Logística Sustentável (PLS) – recomendados pelo Tribunal de Contas da União, com o desempenho do processo das compras e contratações públicas. O *locus* adotado será a Câmara dos Deputados, órgão do Poder Legislativo federal, detentor de destaque no cenário brasileiro das licitações, em decorrência do montante financeiro despendido e da variedade qualitativa dos objetos de seus certames. O marco teórico abordará os conceitos de desempenho, valores organizacionais e inovação em serviços.

As compras públicas constituem-se em um dos domínios mais sensíveis e relevantes da atividade logística que movimenta a Administração Pública. A contar da década de 1990, houve uma evolução no que concerne às compras e contratações públicas, passando sua concepção de um conjunto de atos operacionais a uma ferramenta estratégica, de modo a "aprimorar a eficiência em organizações públicas, regular mercados e promover o desenvolvimento sustentável" (OCDE, 2012, p. 5).

Além de seu valor estratégico, o processo de compras públicas mobiliza e influencia toda a organização e o ciclo socioeconômico, haja vista o poder de compra dos estados (TERRA, 2018). Estima-se que o mercado global de compras governamentais movimente US$4,4 trilhões por ano (MERKLEY; BALDWIN, 2016). O governo federal brasileiro gasta, em média, 5% do PIB na compra de bens e serviços. Quando se incluem nos cálculos as despesas efetuadas por estados, municípios e estatais, o percentual chega próximo a 15% do PIB ou R$900 bilhões (BANCO MUNDIAL, 2017; RIBEIRO; INÁCIO; TORTATO; LI, 2018). Constata-se, a partir desse cenário, que as licitações públicas assumem lugar de destaque como ferramenta de fomento a determinadas políticas públicas pelo Estado, bem como um instrumento propulsor do desenvolvimento e da geração de empregos (PIO *et al.*, 2018).

Nesse bojo é que se insere o tema governança de aquisições para o serviço público, escopo utilizado pelo TCU, com vistas a exarar diversas recomendações, bem como estabelecer jurisprudências com efeitos nos processos de compras e contratações públicas. A necessidade de se aperfeiçoarem continuamente os sistemas de governança e de gestão das aquisições no setor público decorre da sua forte relação com a geração de resultados para a sociedade e da elevada materialidade dos gastos associados (TCU, 2015).

Assim, busca-se focar este trabalho no desempenho do processo de aquisição de bens e contratação de serviços pelo setor público a partir do PCA e do PLS, considerando-os como inovações em serviços, permitindo se conceber o procedimento licitatório como um serviço prestado a determinado cliente – por exemplo, servidores públicos ou cidadãos –, congregando-se características internas e externas do rito de compra e contratação.

Dessa forma, a busca de um melhor desempenho das compras e contratações públicas não pode prescindir da análise da inovação nas licitações, haja vista a íntima relação entre tais construtos. Muitos estudos demonstraram o efeito positivo da inovação no desempenho (CLERCQ; THONGPAPANL; DIMOV, 2011; GALVEZ; GARCIA, 2012, entre outros). A teoria e a pesquisa empírica sugerem uma relação positiva entre inovação e desempenho organizacional. A inovação, no estudo em tela, é entendida como passível de "ter um impacto importante sobre o desempenho", podendo "melhorar a qualidade e a eficiência do trabalho, acentuar a troca de informações e refinar a capacidade organizacional de aprender e utilizar conhecimentos e tecnologias" (OCDE, 2005, p. 17).

Este artigo, ainda, partilha da análise recorrente na literatura de que a cultura organizacional é fator crítico ao desempenho (CAMERON; QUINN, 2005). Analogamente ao observado nos estudos voltados às organizações privadas, a cultura organizacional, definida como os valores, crenças e suposições ocultas que os membros de uma organização têm em comum (EREZ; MIRON; NAVEH, 2014), é reconhecida como um fator de destaque no que diz respeito ao desempenho no setor público (KOTTER; HESKETT, 1992). Já valores constituem o núcleo de uma cultura, definidos como "a tendência para se preferir um certo estado de coisas face a outro" (HOFSTEDE, 2003, p. 23).

O presente texto aborda o desempenho dos processos de compra e contratação pública a partir dos valores organizacionais que os permeia. Para tanto, parte-se do pressuposto de que os valores organizacionais indicam os modos de resolver problemas e são um dos fundamentos das práticas de uma organização e, consequentemente, dos resultados obtidos (DENISON, 1997), tendo, portanto, uma possível influência, indireta e direta, desses valores no desempenho.

Em face do exposto, torna-se pertinente analisar a relação que tem a cultura, em termos de valores organizacionais, com a variável inovação, servindo-se da posição de Naranjo, Jiménez e Sanz (2016), os quais demonstram que a cultura pode fomentar a inovação, assim como o desempenho da empresa, bem como a inovação pode mediar a relação entre certos tipos de culturas organizacionais e o desempenho organizacional.

Em apertada síntese, a jurisprudência da Corte Federal de Contas, que se consolida ao longo do tempo, permite a identificação de instrumentos que subjazem a governança das compras e das contratações públicas, tais como o Plano Anual de Compras e Plano de Logística Sustentável, considerados como inovação *top down*, os quais devem ser implementados pelos órgãos e entidades públicos.

Sendo assim, o panorama que se apresenta é o de difusão das recomendações em pauta, com a consequente sensibilização de órgãos e entidades no intuito de implantação das novas práticas. A inovação proposta pela Corte Federal de Contas demandou a edição de normas, o desenvolvimento de novas funcionalidades tecnológicas e custos intensivos de capacitação, bem como alterou a lógica de trabalho das organizações. Nada obstante, tais orientações implicaram em lacuna de conhecimento acerca da relação entre as recomendações propostas e os efeitos em termos do desempenho no processo de aquisições públicas.

Ante o exposto, justificou-se o interesse em entender *como se dá a relação entre os valores organizacionais, os instrumentos de governança recomendados pelo Tribunal de Contas da União e o desempenho do processo de compras e contratações públicas.*

2 Valores e valores organizacionais

Valores são usados para caracterizar grupos culturais, sociedades e indivíduos, rastrear mudanças ao longo do tempo e explicar as bases motivacionais de atitudes e comportamentos (SCHWARTZ, 2012). As formas como as instituições sociais – por exemplo, a família, a educação, os sistemas econômicos, políticos e religiosos – funcionam, seus objetivos e seus modos de operação, expressam prioridades de valores culturais (SCHWARTZ, 1999).

Deslocando para a seara organizacional, toda empresa cria sua própria cultura, seu próprio clima de trabalho, com crenças, tradições, usos, rituais, rotinas, normas, valores e tabus próprios. Na concepção de Katz e Khan (1976), os valores, juntamente com os papéis e as normas, constam entre os principais componentes de uma organização, pois definem e orientam o funcionamento de uma empresa.

Os valores são percebidos pelos membros da organização com clara função de integração organizacional (TAMAYO; BORGES, 2006) e têm um longo alcance e uma grande extensão de influência sobre os processos críticos e característicos nas organizações (BOURNE; JENKINS, 2013). Implicam necessariamente uma preferência, uma distinção entre o importante e o secundário, entre o que tem valor e o que não tem. Assim, a essência dos valores organizacionais parece ser a de permitir a sua hierarquização (TAMAYO, 1996). Contudo, os valores organizacionais podem mudar espontaneamente de acordo com a evolução da empresa e/ou da cultura da sociedade da qual faz parte, com vistas a melhorar o clima organizacional, transformar a cultura da empresa, aumentar a produtividade etc. (TAMAYO, 1996).

Os valores organizacionais podem ser estudados a partir de três dimensões bipolares com vistas a apresentar as alternativas de resposta das organizações, quais sejam: (1) autonomia *versus* conservadorismo, (2) hierarquia *versus* igualitarismo e (3) domínio *versus* harmonia (TAMAYO et al., 2000). O autor salienta que as opções feitas pela organização implicam a valorização de determinadas formas de pensar, agir e de sentir que constituem os valores organizacionais.

A primeira dimensão, autonomia *versus* conservação, trata da conciliação entre os interesses do indivíduo e da organização, num contínuo definido pelo individualismo e coletivismo. Se a ênfase recai sobre o polo de autonomia, essas organizações são reconhecidas por valorizarem a inovação, a criatividade, bem como a promoção de mudanças e originais formas de agir, pensar, produzir e trabalhar. No extremo oposto dessa dimensão, enfatiza-se a manutenção do *status quo*, com paralisação de comportamentos de indivíduos que possam perturbar as normas e as tradições da empresa.

A segunda dimensão refere-se à hierarquia *versus* o igualitarismo e relaciona-se ao problema da estrutura assumida pela organização. Organizações que privilegiam a hierarquia buscam assegurar o comprometimento dos membros com sua missão, enfatizam autoridade, poder social, influência, fiscalização e controle. O polo oposto, a dimensão do igualitarismo, salienta o bem-estar dos membros da organização, de forma geral; a gestão se dá, prioritariamente, por consenso.

A terceira dimensão trata das relações entre harmonia *versus* domínio, representando a relação entre a organização e o ambiente físico e social em que se insere. No primeiro polo, concernente à harmonia, enfatiza a coesão com a natureza e a integração interorganizacional. No polo oposto, tem-se o domínio, representado por uma relação desequilibrada com o meio ambiente.

2.1 Valores organizacionais e o setor público

Segundo Wal *et al.*, (2008), existe aparentemente um consenso na literatura na área da Administração Pública que sustenta que os valores organizacionais relativos ao setor público têm uma composição distinta daquela dos valores do setor privado. Referidos autores, em uma pesquisa empírica comparativa com 382 gestores de uma variedade de organizações do setor público e privado na Holanda, chegaram aos seguintes valores públicos: a "responsabilização" – "agir de boa vontade para justificar e explicar ações para os *stakeholders* relevantes" – como valor mais importante na tomada de decisão do setor público, seguido por "legalidade", "incorruptibilidade", "*expertise*", "confiabilidade", "eficácia", "imparcialidade", "obediência", "autorrealização" e "proficabilidade", sendo os dois últimos valores relativamente menos importantes do setor público, mas relevantes ao setor privado.

Extrai-se dos fatos que os valores organizacionais são elementos comuns à cultura de qualquer organização ou setor de atividade, ou mesmo de profissionais cuja maneira de estar, sentir e agir, isto é, de proceder é idêntica.

Em face do exposto, entende-se que conhecer a real percepção que os colaboradores têm sobre os valores organizacionais é fundamental para que a organização elabore estratégias para o desenvolvimento e a manutenção de um ambiente de trabalho que possa propiciar o desenvolvimento das pessoas e dos processos nas organizações. Isso porque os valores organizacionais influenciam o comportamento dos colaboradores da organização, atuando como elementos integradores compartilhados por eles (OLIVEIRA; TAMAYO, 2004). De acordo com Francis e Woodcock (2008), os valores organizacionais são significativos porque não só nos dizem o que é e não é importante, como também fundamentam o comportamento das pessoas e moldam as ações de diversas formas.

Assim, se a temática dos valores organizacionais revela-se importante, também a forma como eles são encarados nas diversas modalidades de governança pública merece destaque. Com o surgimento de novos modelos de governança, bem como a criação e implementação de inovações no setor público, procura-se incutir nos organismos públicos novas técnicas e instrumentos de gestão. De acordo com o Relatório da Organização para a Cooperação e Desenvolvimento Econômico (OCDE) em 1998, a reforma da gestão pública tenta combinar as práticas modernas de gestão com a lógica da economia, tentando manter sempre os valores essenciais do serviço público. Em vista disto, vê-se a relevância do presente estudo em buscar e verificar como se dá a relação dos valores organizacionais, percebidos pelos colaboradores, com a inovação – entendida como os instrumentos de governança recomendados pelo TCU – e o desempenho no processo de compras e contratações públicas.

3 Inovação em serviços no setor público a partir dos instrumentos de governança recomendados pelo TCU

A inovação vem ganhando cada vez mais espaço como tema estratégico no setor público (MULGAN; ALBURY, 2003). O combate à desigualdade, o excesso de burocracia, serviços ineficientes – em qualidade ou quantidade –, o combate à corrupção ou mesmo a mudança das expectativas dos cidadãos quanto aos serviços prestados pressionam por ambientes inovadores.

Partindo para o contexto organizacional, a inovação dá-se sob a forma do desenvolvimento e da implementação de novos produtos, novas tecnologias, novos processos de produção e novos métodos gerenciais (TIDD; BESSANT; PAVITT, 1997). Sundbo e Gallouj (1998, p. 4), ao definirem inovação como "uma mudança de negócio mediante a adição de um novo elemento ou uma nova combinação de elementos antigos", expõem que mudança se torna inovação quando de fato agrega valor em termos de resolução de uma situação-problema, e as soluções e os novos procedimentos são passíveis de repetição de forma sistemática. Do contrário, remanesce como mudança, não alçando a condição de algo inovador.

A Administração Pública ainda adota arranjos tradicionais, funcionais e departamentalizados, que apresentam rigidez na sua estrutura decisória e extremamente normatizada, contrapondo-se ao processo de compra que deveria ser dinâmico, flexível e se adaptar às mudanças e inovações, inclusive em seu próprio rito. Autores como Ferrer (2015), por exemplo, destacavam que o arcabouço jurídico das compras públicas deveria ser reformulado, mas consideravam que o maior entrave que afligia a atividade de compras públicas eram as deficiências em termos de governança e gestão. Nesse aspecto, em abril de 2022, foi publicada a Lei nº 14.133/2021, nova plataforma que regulamenta as compras públicas no Brasil.

As dificuldades da atividade de compras públicas, que, na maioria das vezes, não são vistas de forma estratégica e, dessa forma, acabam não participando ou sendo levadas em consideração na tomada de decisão (FERRER, 2015), à primeira vista, podem ter sido amenizadas pela publicação da nova lei. No entanto, tal limitação, bem como a lacuna de visão estratégica sobre as compras públicas, que acabava reprimindo sua atuação e deixando de considerar outras possibilidades de solução de determinada demanda, como, por exemplo, a realização de: credenciamento, compras compartilhadas, convênios, concessão, permissão de uso, registro de preços, autorização de uso, cessão patrimonial de um bem, remanejamento entre almoxarifados, PPP ou outra forma de parceria, entre outras possibilidades; em que pese previstas em lei, ainda podem remanescer.

Koch e Hauknes (2005, p. 9), ao reconhecerem as especificidades do setor público, definem inovação no primeiro setor como a "implementação ou desempenho de uma nova forma específica ou repertório de ação social, implementada deliberadamente por uma entidade no contexto dos objetivos e funcionalidades de suas atividades". Outra definição de inovação no setor público citada de forma recorrente na literatura é a elaborada por Mulgan e Albury (2003, p. 3), referindo-se à "criação e implementação de novos processos, produtos, serviços e métodos de entrega, que resultam em significativas melhorias na eficiência, eficácia ou qualidade dos resultados". Nesses lindes, tem-se que as inovações podem melhorar a eficiência organizacional; proporcionar maior qualidade e serviços mais oportunos para os cidadãos; reduzir custos de transação de negócios; e fornecer novos métodos de operação. Trata-se de encontrar soluções criativas ou inéditas a problemas e a necessidades de interesse público, incluindo novos serviços, novas conformações organizacionais e otimização de processos (CURRIE; HUMPHREYS; UCBASARAN; MCMANUS, 2008).

A inovação na seara governamental dá-se precipuamente por meio de melhoramentos incrementais, sendo responsáveis pela parcela majoritária do crescimento das organizações. Ademais, é usualmente tida como de fluxo *top down* – de cima para baixo –, conforme tipologia de Koch e Hauknes (2005), realçada por Hollanders *et al.* (2013). Nesse sentido, corrobora Fenili (2018) ao declarar, no que tange à governança em compras e contratações públicas no Brasil, que a inovação afeta à implantação de novas diretrizes e políticas dá-se em conformidade com fluxo *top down*, sendo o principal empreendedor – ou o agente de mudança – a Corte Federal de Contas devido à sua atuação na conformação de jurisprudência sobre a temática. Assim, o fluxo de inovação *top down* então criado visa institucionalizar novas práticas de governança, e aos órgãos e entidades públicos, por sua vez, cabe a adaptação de seus processos de compras e contratações.

O TCU, por intermédio de recorrente jurisprudência, define governança em aquisições como "o conjunto de mecanismos de liderança, estratégia e controle postos em prática para avaliar, direcionar e monitorar a atuação da gestão das aquisições, com objetivo de que as aquisições agreguem valor ao negócio da organização, com riscos aceitáveis" (TCU, 2014).

De forma mais detalhada, a governança das aquisições tem por objetivo: (a) alinhar as políticas e estratégias de gestão das aquisições às prioridades do negócio da organização em prol de resultados; (ii) assegurar a utilização eficiente de recursos; (iii) otimizar a disponibilidade e o desempenho dos objetos adquiridos; (iv) mitigar riscos nas aquisições; (iv) auxiliar a tomada de decisão sobre aquisições; e (v) assegurar o cumprimento dos papéis e das responsabilidades e a transparência dos resultados na função aquisição (Acórdão nº 2.622/2015 – TCU – Plenário).

Importante levantamento realizado pela Corte de Contas resultou no Acórdão nº 2.622/2015 – TCU – Plenário, o qual trouxe uma série de recomendações com o objetivo de induzir melhorias na governança e, por conseguinte, no desempenho da Administração Pública, mais especificamente nas aquisições e contratações.

As instruções no campo das aquisições, muitas vezes sem padronização e antes reduzidas a comandos legais e práticas incipientes de gestão, evidenciaram-se lugar comum na Administração Pública, consoante auditorias capitaneadas pelo Tribunal de Contas da União. Tais auditorias culminaram na proposição de instrumentos de governança, a partir da qual órgãos e entidades públicos vêm envidando esforços de implementação, consubstanciando inovação, em estrita harmonia com sua acepção teórica.

Este trabalho tem como foco de pesquisa o Plano Anual de Compras e o Plano de Logística Sustentável, por serem as recomendações mais recorrentes no bojo dos acórdãos exarados pelo TCU, sendo, em razão disso, as mais implementadas no âmbito das organizações. Nesse sentido, discorre-se, a seguir, de forma sintética, sobre cada um deles.

3.1 Plano de Contratações Anual

Diferentes auditorias culminaram em um apanhado de acórdãos,[1] dos quais se destaca a unanimidade de apontar o desenvolvimento de um plano anual de compras como traço basilar à consecução da almejada governança em aquisições. A falta de planejamento teve papel de destaque por responder por estigmas como fracionamento de despesas, compras emergenciais desnecessárias, má caracterização do objeto, execução financeira insatisfatória etc.

Com fundamento na citada avaliação, o TCU exarou a seguinte recomendação, no bojo do Acórdão nº 2.622/2015 – TCU – Plenário: realizar planejamento das aquisições, materializando o resultado em um plano anual de aquisições. As recomendações do TCU, no que diz respeito ao plano de compras e contratações, deram-se exatamente como segue:

---

[1] Em rol não exaustivo: Acórdãos nº 2.328/15, 2.622/15, 2.743/15, 2.749/15, 2.831/15, 1.414/16, 2.352/16, 2.453/16, todos Plenário – TCU.

Execute processo de planejamento das aquisições, contemplando, pelo menos:

- Elaboração, com participação de representantes dos diversos setores da organização, de um documento que materialize o plano de aquisições, contendo, para cada contratação pretendida, informações como: descrição do objeto, quantidade estimada para a contratação, valor estimado, identificação do requisitante, justificativa da necessidade, período estimado para aquisição (e.g., mês), programa/ação suportado (a) pela aquisição, e objetivo (s) estratégico (s) apoiado (s) pela aquisição;
- Aprovação do plano de aquisições pela mais alta autoridade da organização ou pelo Comitê gestor de Aquisições, quando este possuir função deliberativa;
- Divulgação do plano de aquisições na Internet.

Nesse escopo, reforçando comandos do TCU, foram publicadas instruções normativas do Ministério da Economia dispondo sobre o assunto. Com o advento do novo arcabouço legal, a temática foi incluída na nova de licitações, a qual dispõe *que os órgãos poderão, na forma de regulamento, elaborar plano de contratações anual, com o objetivo de racionalizar as contratações dos órgãos e entidades sob sua competência, garantir o alinhamento com o seu planejamento estratégico e subsidiar a elaboração das respectivas leis orçamentárias.*

É nesse intento que se insere o PCA, que se trata de esforço de inovação disruptiva, que visa a não só trazer significativas vantagens em termos de gestão interna das aquisições e contratações, mas também, numa visão mais ampla, alinhar as organizações do setor público em uma direção estratégica, de aprimoramento e fortalecimento da governança, aspirando a melhor atender os interesses do cidadão. Assim, vislumbram-se os seguintes avanços na implementação e execução de um plano anual de contratações: subsídio ao orçamento, articulação com o orçamento, vinculação ao planejamento estratégico do órgão, transparência, sinalização para o mercado fornecedor, economia de escala/compras compartilhadas, produção de informações gerenciais, acompanhamento de prazos e distribuição da força de trabalho.

3.2 Plano de Logística Sustentável (PLS)

Repetindo disposição constante da no art. 3º da Lei nº 8.666/1993, a nova lei repisou o objetivo das licitações públicas no que toca ao incentivo ao desenvolvimento nacional sustentável. Assim, por ostensiva imposição legal, deve a Administração realizar licitações sustentáveis, aqui consideradas aquelas "que exigirão das contratadas o atendimento de critérios ambientais, sociais e econômicos, tendo como fim o desenvolvimento da sociedade em seu sentido amplo e a preservação de um meio ambiente equilibrado" (BITTENCOURT, 2014, p. 48) como forma de implementar contratos administrativos com cláusulas de sustentabilidade de cunho ambiental, econômico, social e cultural.

Dessa forma, devido à carência de efetivas rotinas de sustentabilidade, apenas casos isolados de sucesso, a Corte de Contas vem exarando comandos jurisprudenciais no seguinte sentido (Acordão nº 1.752/2011 – Acórdão nº 1.056/2017 – TCU – Plenário, Decreto nº 7.746/2012):

- Elabore e aprove um Plano de Gestão de Logística Sustentável, isto é, um plano, contendo objetivos e responsabilidades definidas, ações, metas, prazos de execução e mecanismos de monitoramento e avaliação, que permite a organização estabelecer práticas de sustentabilidade e racionalização de gastos e processos;
- Publique no seu sítio na internet o Plano de Gestão de Logística Sustentável aprovado;
- Estabeleça mecanismos de monitoramento para acompanhar a execução do Plano de Gestão de Logística Sustentável;

O Plano de Logística Sustentável é um instrumento de planejamento com objetivos e responsabilidades definidas, em que são identificados ações, metas, prazos de execução e formas de monitoramento e avaliação, que possibilitam à instituição estabelecer e acompanhar práticas de sustentabilidade e racionalização de gastos e processos (BANCO CENTRAL, 2015).

Nessa visão, o objetivo das compras públicas transcende o mero suprimento célere, econômico e com qualidade e passa a ser instrumento de política pública, de modo que o uso adequado dos recursos pode indicar, direta ou indiretamente, maior ganho social e ambiental, quer seja devido à possibilidade de geração de novos empregos, ao uso racional dos recursos naturais ou à melhoria da qualidade de vida da população (FENILI, 2018).

4 Desempenho com foco em organizações públicas

Gavrea, Ilies e Stegerean (2011) postulam que desempenho contínuo é o foco de qualquer organização, sendo uma das variáveis mais importantes na pesquisa gerencial e, possivelmente, o indicador mais importante do desempenho organizacional.

Desempenho organizacional, por sua vez, é um fenômeno complexo e multifacetado, que escapa a uma concepção simplista (CARNEIRO; FERREIRA; ROCHA; HEMAIS, 2005). A natureza multidimensional do conceito de desempenho deve ser compreendida e devidamente considerada para evitar o uso de medidas de pouca cobertura em relação à amplitude e profundidade do construto. De forma geral, segundo Carneiro *et al.* (2005), não é possível descrever o sucesso de uma empresa, de uma divisão de um projeto ou de um processo, fazendo-se uso simplesmente de uma única métrica. Diversas perspectivas deverão ser consideradas para se avaliar se o sucesso foi ou não alcançado.

Sob o enfoque de serviços públicos, o desempenho organizacional é visto como resultante de fatores organizacionais, considerando a percepção das partes interessadas da organização, tais como: cidadãos, governo, empregados, sociedade e fornecedores (GESPÚBLICA, 2008).

Consoante Fenili (2016), ante a ausência de objetivos em termos de lucro ou de participação no mercado – com a exceção de algumas entidades públicas de natureza privada –, a forma de considerar o desempenho em organizações públicas difere, em sua raiz, daquela aplicada ao âmbito privado. No entanto, atualmente, ganha cada vez mais destaque a discussão sobre os parâmetros de funcionamento da Administração Pública, suas práticas administrativas e de gestão.

Sendo assim, em que pese a diferença entre o primeiro e o segundo setores, vale ressaltar que, a partir do final do século passado, diversas administrações públicas ao redor do mundo protagonizaram reformas em seus modelos de gestão visando migrar de práticas disfuncionalmente burocráticas ao que passou a ser chamado de estado gerencial (CLARKE; NEWMAN, 1997). Tal discussão originou a Reforma Administrativa no Brasil em meados da década de 1990, que imprimiu novos contornos à administração do setor público, introduzindo características da denominada Administração Pública gerencial, em um movimento denominado *New Public Management* (NPM) ou Nova Gestão Pública (NGP). Segundo esse movimento reformista, a administração deve pautar suas atividades no ideal de busca pela eficiência administrativa.

Por fim, Behn (2003, p. 588) sugere sete razões para a medição do desempenho no setor público: (i) avaliar o desempenho da agência governamental; (ii) controlar como os gestores públicos podem orientar seus subordinados na direção certa, de modo a garantir um excelente desempenho; (iii) orçamentar os programas, pessoas ou projetos para os quais o governo deveria gastar o dinheiro público; (iv) motivar, ou seja, como os gestores públicos podem motivar os funcionários de linha, gerentes de nível médio, colaboradores, partes interessadas e cidadãos para contribuir com a evolução do desempenho; (v) enaltecer as realizações dignas de importante ritual organizacional de celebrar o sucesso; (vi) aprender porque algo está funcionando ou não trabalhando; (vii) melhorar, em outras palavras, o que exatamente deve ser feito de forma diferente para melhorar o desempenho.

Assim sendo, boa medição de desempenho é um componente crucial de melhoria e planejamento, monitoramento e controle, comparação e *benchmarking* e também garante a responsabilidade democrática (MATEI; MATEI; LAZAR, 2016).

4.1 Dimensões de desempenho no processo de compras e contratações públicas a partir do PCA e do PLS

Conforme visto, a governança em aquisições públicas tem por objetivo assegurar a utilização eficiente de recursos e otimizar a disponibilidade e o desempenho dos objetos adquiridos e dos serviços contratados pela Administração Pública. Sua essência é orientar as organizações, por meio da alta administração, a estabelecer formalmente mecanismos para acompanhar o desempenho da gestão das aquisições (Acórdão nº 2.622/2015), tendo em vista não ser possível prever a gestão no setor público sem o devido respeito à busca do desempenho.

A princípio, identificam-se a qualidade do objeto, o preço e a celeridade do rito como dimensões de desempenho em processos de aquisição de bens e contratação de serviços pelo setor público (FENILI, 2016). No entanto, o processo de aplicação concreta da lei foi produzindo uma depuração legislativa, e seu cumprimento vem gerando uma superação da tradição formalista classicamente relacionada à disciplina da licitação e permitindo mudanças na sua interpretação, especialmente pela atuação jurisprudencial e pela postura dos tribunais de contas (JUSTEN FILHO, 2010). Nesse sentido, o gestor público atua conforme as diferentes interpretações jurisprudenciais, em outras palavras, a aplicação da lei pelo gestor público está sujeita a alterações ao longo do tempo em função das mudanças de interpretações legais, bem como da inserção da governança nos processos de aquisições públicas.

Nesse aspecto, outras dimensões de desempenho do processo de aquisições merecem ser analisadas. Em relação ao planejamento das aquisições, relevante se faz a ênfase aos processos internos de dimensionamento das demandas, de sua adequada caracterização e do planejamento dos trabalhos em compras, de forma a maximizar a eficiência no atendimento aos clientes internos, que são as áreas finalísticas de cada instituição, responsáveis diretamente pela manutenção da organização, bem como pela implementação de políticas públicas de atendimento aos cidadãos. Nesse contexto, destaca-se a implementação de um plano anual de compras como traço elementar ao êxito da almejada governança em aquisições, com vistas a estruturar o trabalho de compras ao longo de cada exercício financeiro, bem como para o monitoramento dos resultados obtidos nos processos.

Consoante Acórdão nº 2.341/2016 – TCU – Plenário, o planejamento das contratações traz diversos benefícios às organizações públicas, dentre eles: (a) facilitação das compras conjuntas; (b) uso mais eficiente e eficaz dos recursos orçamentários; e, (c) caso o plano seja aprovado por um comitê que represente os diversos setores da organização, redução do risco de que as contrações atendam apenas a setores individualmente e não à organização como um todo, consequentemente maior alinhamento da função contratações com os objetivos estratégicos estabelecidos.

Somado a tais aspectos, o plano de contratações também possibilita mapear e distribuir os processos e esforços do setor de compras ao longo do exercício financeiro; outrossim, em atendimento ao art. 12, §1º, da Lei nº 14.133/2021, determina a divulgação e manutenção do PCA ao público em sítio eletrônico oficial, além da obrigatoriedade de observardo ente federativo na realização de licitações e na execução dos contratos, de forma a introduzir a transparência ainda na fase de planejamento das demandas do órgão ou entidade pública. Por fim, deve haver acompanhamento concomitante da execução do que foi planejado para ajustes, caso sejam necessários, e para garantir o seu cumprimento.

Nessa visão, quanto às medidas de planejamento, o objetivo das compras e contratações públicas transcende o mero suprimento célere, econômico e com qualidade (FENILI, 2016), passando a abarcar outros quesitos, tais como: economia de escala, incremento de compras compartilhadas, atendimento às demandas no prazo solicitado pelo cliente, independentemente dos interstícios de instrução processual; transparência; tomada de decisão de forma sistêmica; execução homogênea do orçamento e distribuição da força de trabalho ao longo do exercício.

No que concerne a medidas afetas à sustentabilidade nas compras, o Acórdão nº 1.056/2017 – TCU – Plenário trouxe uma série de recomendações relativas à necessária aplicação do *caput* do art. 3º da Lei nº 8.666, podendo ser extensível ao inciso IV, art. 11, da Lei nº14.133, no que se refere ao desenvolvimento nacional sustentável. Dentre tais determinações, exige-se a implantação do instrumento do Plano de Gestão de Logística Sustentável (PGLS ou simplesmente PLS), o qual se reveste de grande importância por ser a ferramenta de planejamento a ser elaborada por todas as instituições da Administração Pública federal em que são definidas as ações de promoção da sustentabilidade e respectivas metas, com seus prazos de execução e mecanismos de monitoramento e avaliação (Acórdão nº 1.056/2017 – TCU – Plenário).

Esse aspecto traz para o processo de compras e contratações mais uma vertente da dimensão de desempenho, que é verificar a observância a critérios de sustentabilidade. Nesse prisma, se uma compra alcança bom desempenho em termos de preço, qualidade, celeridade, transparência ou mesmo nas medidas relacionadas ao planejamento, mas às custas do meio ambiente ou dos benefícios econômicos ou sociais da sociedade, seus objetivos e resultados não serão atingidos de maneira equilibrada. Dessa forma, outra dimensão de desempenho que deve ser avaliada é quanto ao atendimento aos critérios de sustentabilidade.

Desse modo, como se verifica, nenhuma medida individual conseguirá capturar toda a riqueza e complexidade do fenômeno de desempenho (CARNEIRO *et al.*, 2005). A independência conceitual entre os diferentes tipos de medidas não significa que não haja correlação entre elas, já que, de alguma forma, todas se referem à mesma situação, ainda que de ângulos diferentes. Tal lógica se aplica ao processo de compras e contratações, haja vista ser um processo transversal, que permeia diversas unidades dos órgãos ou entidades públicas, sendo que seu resultado tem efeito em diferentes *stakeholders*.

5 Pesquisa empírica (DOURADO, 2020)

Vistos os aspectos teóricos, segue-se ao estudo empírico deste artigo. Foi realizada uma pesquisa no âmbito da Câmara dos Deputados, órgão do Poder Legislativo federal brasileiro, cujo processo em estudo guarda características singulares, tais como o significativo número de processos de compra/contratação por período, o montante despendido e a variedade de bens e serviços pleiteados por esses processos. O objetivo geral foi identificar e analisar a relação entre os valores organizacionais, os instrumentos de governança recomendados pelo Tribunal de Contas da União – entendidos como inovação *top down* – e o desempenho do processo de compras e contratações públicas. Respeitou-se todo o rigor metodológico. E para análise dos dados foram utilizadas técnicas estatísticas.

Haja vista ser o processo de compras e contratações transversal permeando toda a organização, todos os servidores e colaboradores que, de alguma forma, atuam em alguma etapa do processo foram envolvidos no bojo desta pesquisa. Há que se ressaltar, no entanto, que o maior número da amostra estava concentrado em áreas administrativas e jurídicas do órgão, principalmente aquelas que tratam de compras públicas, em qualquer nível (operacional, tático ou estratégico). Nesse aspecto, a pesquisa envolveu servidores de todos os níveis hierárquicos, o que trouxe maior riqueza aos resultados do estudo.

Em síntese, a pesquisa sobre os valores organizacionais conduzidas no âmbito do processo de compras e contratações públicas baseou-se em seis tipos motivacionais (domínio, harmonia, hierarquia, igualitarismo, conservadorismo e autonomia), divididos em três dimensões bipolares (autonomia x conservadorismo, hierarquia x igualitarismo, domínio x harmonia). Tanto a inovação em serviços quanto as dimensões de desempenho do processo de compras e contratações se deram por meio dos instrumentos de governança recomendados pela Corte de Contas, PCA e PLS.

6 Resultados

Nesta parte final do artigo, sintetizam-se os achados das percepções conceituais e relacionais entre valores, inovação e desempenho do processo de compras/contratações públicas. Registram-se, após, as contribuições da pesquisa e, por fim, se propõe um novo estudo.

6.1 Valores organizacionais

De forma geral, os valores organizacionais mais estimados pela Câmara dos Deputados, no juízo dos respondentes, são relativos às dimensões conservadorismo, hierarquia e harmonia, sendo, portanto, uma organização que tende a enfatizar: i) a manutenção do *status quo* e a restrição de ações que possam prejudicar as tradições; ii) a legitimidade da distribuição desigual de poder, papéis e recursos; e iii) a adaptação harmônica ao ambiente, de respeito às leis e à sociedade (PORTO; FERREIRA, 2016).

Na dimensão "autonomia", os respondentes tenderam a perceber que os valores relacionados a aspectos de desenvolvimento individual, de persecução pela inovação, de reconhecimento por um comportamento empreendedor são de importância mediana na organização.

6.1.1 Resumos descritivos relativos às dimensões de valores organizacionais

Dados descritivos alusivos aos valores organizacionais, segmentados por dimensão do construto:

Item	Média	D.P.
1. Domínio	6,67	1,76
2. Conservadorismo	7,17	1,68
3. Autonomia	6,52	2,01
4. Hierarquia	7,62	1,75
5. Igualitarismo	6,70	1,95
6. Harmonia	7,41	1,88

6.2 Inovação

Verificou-se que, após a implantação do PCA, existe a percepção de que tanto os responsáveis pela instrução do processo de compras quanto os clientes do processo passaram a realizar o planejamento das necessidades de compras e aquisições da Câmara dos Deputados de forma satisfatória, assim como elaborar e analisar estudos técnicos preliminares, bem como houve a implantação de sistemas informatizados para apoio a essas tarefas.

Os servidores perceberam que melhorias em regulamentos internos sobre governança das compras e contratações e a definição de regras de governança com vistas à execução dos instrumentos de governança implantados (PCA, PLS) dão suporte à inovação do serviço prestado pelo processo em estudo, em abordagem *top-down*, o que se alinha com a análise de Hollanders *et al.* (2013), de que os maiores indutores de inovação em licitações públicas são as criações de leis e regulamentos. Para o caso em tela, são as recomendações de governança por meio de acórdãos do Tribunal de Contas da União. Os respondentes entendem que essa é a faceta que mais influencia positivamente o desempenho do processo de compras e contratações.

Ademais, os respondentes tenderam a concordar que a facilitação na produção de informações gerenciais, a maior transparência ao processo e a obtenção de maior economia de escala em razão do planejamento das demandas são esteios à inovação do processo. Contudo, o mesmo não foi percebido, na mesma intensidade, em relação à adoção de critérios de sustentabilidade, critério que ainda carece de sensibilização nas instruções processuais. Nesse diapasão, Fenili (2018) coloca que, desde a previsão da promoção do desenvolvimento nacional sustentável como um dos objetivos centrais das licitações, progressos marcantes foram realizados nesse sentido. Não obstante, o fato é que a licitação sustentável ainda não se consolidou como paradigma vigente das contratações da Administração Pública.

Por fim, melhorias na instrução do processo, elaboração de estudos técnicos preliminares e a realização do planejamento das necessidades de compras e aquisições da Câmara dos Deputados de forma satisfatória são quesitos percebidos pelos respondentes que aportam a inovação do processo de compras e contratações, mas em menor escala.

6.3 Desempenho do processo de compras e contratações

O desempenho foi analisado sob duas facetas: planejamento e sustentabilidade. O primeiro, englobando precipuamente as características do Plano Anual de Compras, enquanto o segundo, relativo a ações de promoção da sustentabilidade e respectivas metas, com seus prazos de execução e mecanismos de monitoramento e avaliação.

No que tange à dimensão planejamento, houve convergência dos respondentes em perceberem que o Plano de Contratações Anual propiciou execução planejada do orçamento ao longo do exercício, aproveitamento mais eficaz dos recursos orçamentários, redução do número de compras repetidas do mesmo objeto ao longo do exercício e distribuição planejada da força de trabalho ao longo do exercício. Não tendo havido na mesma proporção, contudo, na visão dos servidores e funcionários, impacto na celeridade do processo, mais especificamente, no atendimento das demandas de compras e contratações dentro do prazo.

Quanto à sustentabilidade, os respondentes concordam que os materiais e serviços atendem a critérios de sustentabilidade, mas que ainda carecem de observância às metas do Plano de Logística Sustentável, denotando ser esse ainda um paradigma em evolução, mas não vigente (FENILI, 2015). Por um lado, há uma ampla aceitação acerca da inserção de critérios de sustentabilidade nas compras públicas; por outro, ainda pairam dúvidas sobre como instruir o processo licitatório nesse sentido.

6.4 A percepção sobre a relação dos valores organizacionais e da inovação em serviços com o desempenho do processo de compras e contratações públicas

De modo geral, em termos culturais, a análise conduzida permite constatar, a despeito da normatização do processo de compras e contratações, que os valores de hierarquia interferem negativamente o desempenho do processo. Em outras palavras, a centralização das decisões ou de definição de normas na alta hierarquia, bem como tratamento diferenciado ou poder concentrado nos níveis superiores, vai de encontro ao trabalho em equipe, às oportunidades iguais a todos os empregados, fatores percebidos como influenciadores de sucesso para o desempenho.

Esse ponto trata de aspecto de relevo no âmbito da Câmara dos Deputados, órgão departamentalizado, de estrutura hierárquica arraigada, tendo em vista ser o processo de compras transversal à organização, envolvendo níveis tático, operacional e estratégico.

Em prosseguimento, se, por um lado, a regulamentação do processo e a cultura de aversão ao risco dos servidores agem como limitadoras de sua inovação, a pesquisa evidenciou que as dimensões de inovação aportaram mudanças nos processos, em especial as inovações relacionadas à implantação de regras de governança para boa execução do planejamento, com o concomitante desenvolvimento ou de competências inéditas ou o aprimoramento de competências preexistentes por parte dos colaboradores, tais como elaborar e analisar estudos técnicos preliminares. Ademais, robusteceu a geração de informações gerenciais e o acompanhamento da execução do orçamento e da capacidade operacional.

O processo de compras e contratações, na Câmara dos Deputados, foi percebido, em termos de seu desempenho, como passível de melhora no que tange ao interregno demandado pelo rito. No entanto, há convergência quanto à execução planejada do orçamento ao longo do exercício, ao uso eficaz dos recursos públicos, à redução de compras repetidas no mesmo exercício e ao atendimento a critérios de sustentabilidade, ainda que de maneira discreta.

Nesses lindes, infere-se, em convergência com Naranjo *et al.* (2016), que há associação entre cultura organizacional (valores), inovação e desempenho.

7 Conclusão

Os resultados permitiram concluir que os valores organizacionais e a inovação apresentam influência direta sobre o desempenho do processo de compras e contratações, além de relatarem um protagonismo da inovação na explicação do desempenho do processo de compras e contratações.

Em termos gerenciais, este trabalho comporta o ferramental conferido ao gestor que almeja incrementar o desempenho do processo de compras e contratações públicas. De antemão, a identificação de medidas de desempenho das licitações públicas que transcendam o foco de prazo, custo e qualidade, focando etapa mais importante do processo de compras e contratações, o planejamento, a qual tem impacto em toda a cadeia, inclusive na tríade celeridade, preço e qualidade, é capaz de bem retratar o valor que tais processos criam para as organizações e para sociedade. Uma vez estudadas as dimensões do desempenho do processo de compras e contratações públicas, relativas ao planejamento e à sustentabilidade, esta pesquisa vem a contribuir na análise da influência a partir dos valores organizacionais. No fomento de um ambiente que preza pelo trabalho em equipe, pelo tratamento igual a todos os empregados, não centralização das decisões, nem concentrando as decisões na alta cúpula, evidenciam-se fatores que promovem o desempenho do processo. O incremento à proteção ao meio ambiente, ao respeito às leis e às relações transparentes com a sociedade demonstra razões que impulsionam o desempenho do processo na temática da sustentabilidade. Ainda, o incentivo pela busca de novidades, pela capacidade de inovar e pela autonomia dos empregados na realização de suas tarefas é coeficiente que aprimora e lapida o processo e, consequentemente, impulsiona o desempenho.

Por fim, contribui ao abordar a influência da inovação no desempenho das compras e contratações públicas. O investimento no desenvolvimento de competências de qualquer servidor incumbido de alguma fase do processo, bem como em características, tais como novas regras de governança e tecnologia voltada para a logística do órgão que promovam evoluções na interface de prestação dos serviços, foi evidenciado empiricamente, da mesma forma, como fomentador do desempenho.

Referências

BANCO MUNDIAL, G. *Um ajuste justo, análise da eficiência e equidade do gasto público no Brasil*. Brasília. 2017. Disponível em: https://www.worldbank.org/pt/country/brazil/publication/brazil-expenditure-review-report. Acesso em: 12 set. 2022.

BEHN, R. Why measure performance? Different purposes require different measures. *Public Administration Review*, n. 63, v. 5, p. 586-606, 2003.

BITTENCOURT, S. *Licitação passo a passo*. Belo Horizonte: Fórum, 2014.

BRASIL. TCU. Levantamento de governança e gestão das aquisições. *Portal do Tribunal de Contas da União*, 2015.

CAMERON, K.; QUINN, R. *Diagnosing and Changing Organizational Culture* (Revision E). San Francisco: Jossey-Bass, 2005.

CARNEIRO, J. M. T.; FERREIRA, J.; ROCHA, A.; HEMAIS, C. A. Mensuração do desempenho. *Estudos em Negócios IV*, p. 145-175, 2005.

CLARKE, J.; NEWMAN, J. *The Managerial State*: power, politics and ideology in the remaking of social welfare. London: Sage Publications Inc., 1997.

CLERCQ, D.; THONGPAPANL, N.; DIMOV, D. A closer look at cross-functional collaboration and product innovativeness: contingency effects of structural and relational context. *Journal of Product Innovation Management*, n. 28, v. 2, p. 680-691, 2011.

CURRIE, G.; HUMPHREYS, M.; UCBASARAN, D.; MCMANUS, S. Entrepreneurial leadership in the English Public Sector: Paradox or Possibility. *Public Administration*, n. 86, v. 4, p. 987-1.008, 2008.

DAMANPOUR, F.; GOPALAKRISHNAN, S. (2001). The Dynamics of the Adoption of Product and Process Innovations in Organizations. *Journal of Management Studies*, n. 38, p. 45-65, 2001.

DENISON, D. *Corporate culture and organizational effectiveness*. Nova York: John Wiley & Sons, 1997.

DOURADO, F. A. *BRASÍLIA – DF Janeiro de 2020*. Universidade de Brasília, 2020.

EREZ, M.; MIRON, E.; NAVEH, E. Do personal characteristics and cultural values that promote innovation, quality, and efficiency compete or complement each other? *Journal of Organizational Behavior*, n. 50, p. 1576-1586, 2014.

FERRER, F. *Compras Públicas no Brasil*: Diagnóstico e Desenho Estratégico do Futuro. São Paulo: Moderna Ed., 2015.

FRANCIS, D.; WOODCOCK, M. *Auditorias da eficácia organizacional*. Lisboa: Edição Monitor – Projetos e Edições Ltda., 2008.

GALVEZ, E.; GARCIA, D. Impacto de la innovación sobre el rendimiento de la Mypime: Un estudio empirico in Colombia. *Estudios Gerenciales*, n. 28, v. 122, p. 11-28, 2012.

GAVREA, C.; ILIES, L.; STEGEREAN, R. Determinants of Organizational Performance: The Case of Romania. *Management & Marketing Challengers for the Knowledge Society*, n. 6, v. 2, p. 285-300, 2011. Disponível em: https://doi.org/10.1016/j.lisr.2013.06.002. Acesso em: 12 set. 2022.

HOFSTEDE, G. *Culturas e organizações*: compreender a nossa programação mental. Lisboa: Edições Silabo, 2003.

HOLLANDERS, H.; ARUNDEL, A.; BULIGESCU, B.; PETER, V.; ROMAN, L.; SIMMONDS, P. *European Public Sector Innovation Scoreboard*. European Union, 2013.

KATZ, D.; KHAN, R. L. *Psicologia social das organizações*. São Paulo: Atlas, 1976.

KOTTER, J. P.; HESKETT, J. L. *Corporate Culture and Performance*. Nova York: Free Pass, 1992.

MATEI, L.; MATEI, A.; LAZAR, C. G. Public Service Performance and Good Administration. Socio Economic Empirical Evaluations. *Procedia Economics and Finance*, n. 39, p. 335-338, nov. 2015, 2016. Disponível em: https://doi.org/10.1016/S2212-5671(16)30332-X. Acesso em: 12 set. 2022.

MERKLEY, J.; BALDWIN, T. (2016). *Government Procurement Agreements Contain Similar Provisions, but Market Access Commitments Vary*. United States. 2016. Disponível em: https://www.gao.gov/assets/690/680044.pdf.

MULGAN, G.; ALBURY, D. *Innovation in the Public Sector*. 2003. Acesso em: 12 set. 2022.

NARANJO, J. C.; JIMÉNEZ, D.; SANZ, R. Studying the links between organizational culture, innovation, and performance in Spanish companies. *Revista Latinoamericana de Psicologia*, n. 48, v. 1, p. 30-41, 2016. Disponível em: https://doi.org/10.1016/j.rlp.2015.09.009. Acesso em: 12 set. 2022.

OCDE. *Manual de Oslo*: diretrizes para coleta e interpretação de dados sobre inovação. 3. ed. OCDE e Eurostat, 2005.

OCDE. *Discussion paper on public procurement performance measures. OECD Meeting of Leading Practitioners on Public Procurement*. 2012.

PIO, C.; REPEZZA, A. P.; LEONI, E.; MIRANDA, R.; LEÃO, F.; MONTES, L. G.; MAIA, A. O Brasil e o Acordo de Compras Governamentais. *Breves Notas de Políticas Públicas*, n. 1, Dawar 2017, p. 1-5, 2018. Disponível em: http://www.valor.com.br/brasil/5462025/industria-sinaliza-que-acordo-entre-ue-e-mercosul-pode-estar-proximo. Acesso em: 12 set. 2022.

PORTO, J.; FERREIRA, M. C. Uma Escala de Valores Organizacionais com base na Teoria de Valores Culturais de Schwartz. A Scale of Organizational Values Framed on Schwartz's Theory of Cultural Values. *Psicologia: Teoria e Pesquisa*, n. 32, p. 1-10, 2016. Disponível em: https://doi.org/http://dx.doi.org/10.1590/0102-3772e32ne222ARTIGO. Acesso em: 12 set. 2022.

RIBEIRO, C.; INÁCIO, E.; TORTATO, A.; LI, Y. Unveiling the public procurement market in Brazil: A methodological tool to measure its size and potential. *Wiley Online Library*, n. 36, p. 360-377, abr. 2016, 2018. Disponível em: https://doi.org/10.1111/dpr.12301. Acesso em: 12 set. 2022.

SCHWARTZ, S. An Overview of the Schwartz Theory of Basic Values. *Online Readings in Psychology and Culture*, n. 2, v. 1, 2012.

SUNDBO, J.; GALLOUJ, F. *Innovation in Service*. Research in Engineering, Sciense & Technology. Manchester. 1998.

TERRA, A. C. P. Compras públicas inteligentes: Uma proposta para a melhoria da gestão das compras governamentais. *Revista de Gestão Pública/DF*, n. 1, v. 1, p. 46-70, 2018.

TIDD, J.; BESSANT, J.; PAVITT, K. *Managing Innovation*: Integrating Technological, Market and Organizational Change. Chichester: John Wiley & Sons, 1997.

VAN DER WAL, Z.; DE GRAAF, G.; LASTHUIZEN, K. What's valued most? Similarities and differences between the organizational values of the public and private sector. *Public Administration*, v. 86, n. 2, p. 465-482, 2008. Disponível em: https://doi.org/10.1111/j.1467-9299.2008.00719.x. Acesso em: 12 set. 2022.

Informação bibliográfica deste texto, conforme a NBR 6023:2018 da Associação Brasileira de Normas Técnicas (ABNT):

DOURADO, Fabiane. Desempenho em processos de compras e contratações públicas: um estudo a partir dos valores organizacionais e dos instrumentos de governança recomendados pelo Tribunal de Contas da União. *In*: PÉRCIO, Gabriela Verona; FORTINI, Cristiana (Coord.). *Inteligência e inovação em contratação pública*. 2. ed. Belo Horizonte: Fórum, 2023. p. 203-225. ISBN 978-65-5518-474-7.

PORTAL NACIONAL DE COMPRAS PÚBLICAS: UM HORIZONTE DE CONVERGÊNCIA, INTEGRAÇÃO E TRANSPARÊNCIA DE INFORMAÇÕES COM FOCO NO USUÁRIO CIDADÃO

BRENA FREITAS

ISABELLA BRITO

1 Introdução

No ambiente disruptivo de transformação digital, constata-se que, apesar dos receios e dos intensos debates relacionados à segurança de dados e informações, as diversas tecnologias disponíveis estão sendo utilizadas como facilitadoras da prestação dos serviços públicos. Tal apropriação tecnológica não é apenas corolário da evolução da microcomputação, internet e comunicação em rede. O governo eletrônico, em seu sentido amplo, é, também, resposta gerencial necessária à Lei de Responsabilidade Fiscal (LRF) no que tange aos instrumentos de transparência da gestão fiscal,[1] da Lei de Acesso à

---

[1] Lei Complementar nº 101, de 4 de maio de 2000, Art. 48. §1º A transparência será assegurada também mediante: (...) III – *adoção de sistema integrado* de administração financeira e controle, que atenda ao *padrão mínimo de qualidade estabelecido pelo Poder Executivo da União* e ao disposto no art. 48-A (Incluído pela Lei Complementar nº 131, de 2009) (Vide Decreto nº 7.185, de 2010).
§2º A União, os Estados, o Distrito Federal e os Municípios *disponibilizarão suas informações e dados contábeis, orçamentários e fiscais conforme periodicidade, formato e sistema estabelecidos pelo órgão central de contabilidade da União*, os quais deverão ser divulgados em *meio eletrônico de amplo acesso público* (Incluído pela Lei Complementar nº 156, de 2016).

Informação (LAI)[2] e da Lei dos usuários de serviços públicos,[3] por exemplo.

Nesse contexto, observadas as quatro tendências desafiadoras para o futuro das organizações – lidar com a proliferação de dados; inteligência artificial e automação; administrar custos de gerenciamento de riscos e constituir organizações mais fortes[4] –, um dos desafios que se pronuncia, após a vigência da Nova Lei de Licitações e Contratos,[5] diz respeito às contingências que circundam a implementação de uma plataforma comum de compras públicas, o Portal Nacional de Contratações Públicas (PNCP), especialmente quanto ao necessário cuidado em termos de: (i) segurança para tratamento dos dados e disponibilização de informações; e (ii) parâmetros de governança necessários para se lograr êxito na pretendida integração.

Trata-se da conciliação primordial entre a exigência social e legal por transparência, com o acesso a dados confiáveis e instantâneos sobre as aquisições públicas, e a necessidade de a Administração Pública, como um todo único, de uniformizar e integrar os processos de compras públicas e os meios tecnológicos disponíveis.

2 Transparência: do acesso à informação à política de dados abertos

No campo normativo traçou-se, após 2011, uma sucessão de iniciativas que somam esforços para maior transparência na Administração Pública Federal e que tem por base mandamentos constitucionais sobre

---

§6º Todos os Poderes e órgãos referidos no art. 20, inclusos autarquias, fundações públicas e empresas estatais dependentes e fundos do ente da Federação *devem utilizar sistemas únicos* de execução orçamentária e financeira, mantidos e gerenciados pelo Poder Executivo, resguardada a autonomia (Incluído pela Lei Complementar nº 156, de 2016).

[2] Lei nº 12.527, de 18 de novembro de 2011.

[3] Lei nº 13.460, de 26 de junho de 2017, regida pelo princípio da transparência (art. 4º), traz entre os direitos básicos do usuário, Art. 6º, I e IV, a "participação no acompanhamento da prestação e na avaliação dos serviços" e a "proteção de suas informações pessoais, nos termos da Lei nº 12.527, de 18 de novembro de 2011".

[4] COSO – Comittee of sponsoring Organizations of the treadway commission. *Gerenciamento de Riscos Corporativos integrado com estratégia de performance*. Tradução IIA Brasil. jun. 2017. p. 7.
Disponível em: https://repositorio.cgu.gov.br/bitstream/1/41825/8/Coso_portugues_versao_2017.pdf

[5] Lei nº 14.133, de 1º de abril de 2021 que, nos termos do seu art. 193, regerá exclusivamente as licitações e contratos nacionais após decorridos 2 anos da sua publicação quando restarão revogadas a Lei nº 8.666, de 21 de junho de 1993; a Lei nº 10.520, de 17 de julho de 2002, e os artigos. 1º a 47-A da Lei nº 12.462, de 4 de agosto de 2011.

o acesso a informações, previsto no art. 5º, XXXIII, no art. 37, §3º, II[6] e no art. 216, §2º.[7]

A LAI, regulamentada pelo Decreto nº 7.724, de 16 de maio de 2012, estabelece que as informações de interesse coletivo ou geral devem ser, obrigatoriamente, divulgadas pelos órgãos e entidades públicos em seus sítios oficiais. Traz, dentre seus requisitos, a necessidade de possibilitar o acesso automatizado por sistemas externos em formatos abertos, sendo que esses devem ser estruturados e legíveis por máquina e atualizados.

Por seu turno, o Decreto nº 8.777, de 11 de maio de 2016, estabeleceu a política de dados abertos do Poder Executivo Federal e reforçou a necessidade de que as informações públicas sejam disponibilizadas em meio digital, em formato aberto, para uso livre e sem restrição de licenças, patentes ou mecanismos de controle. Ao Decreto, seguiu-se o seu detalhamento em outras normas infralegais do Executivo Federal.[8]

Passando ao plano dos fatos, após 2011, quando o Brasil passou a integrar a Parceria para Governo Aberto (*Open Government Partnership – OGP*), têm-se uma sucessão de esforços para a implementação de ações de abertura de dados públicos governamentais.[9] Em síntese, pode-se enumerar como fruto de tais esforços:

- A Infraestrutura Nacional de Dados Abertos – INDA (https://wiki.dados.gov.br/) e o Portal Brasileiro de Dados Abertos (www.dados.gov.br), como ferramenta de disponibilização de dados e informações relativos às mais variadas temáticas da Administração Pública, é gerida pelo Ministério da Economia;

---

[6] Art. 37. §3º A lei disciplinará as formas de participação do usuário na Administração Pública direta e indireta, regulando especialmente: (...) II – o acesso dos usuários a registros administrativos e a informações sobre atos de governo, observado o disposto no art. 5º, X e XXXIII; (Incluído pela Emenda Constitucional nº 19, de 1998).

[7] Art. 216. §2º Cabem à Administração Pública, na forma da lei, a gestão da documentação governamental e as providências para franquear sua consulta a quantos dela necessitem (*Vide* Lei nº 12.527, de 2011).

[8] Na Instrução Normativa SLTI/MP nº 4, de 13 de abril de 2012, que institui a Infraestrutura Nacional de Dados Abertos (INDA) como um conjunto de padrões, tecnologias, procedimentos e mecanismos de controle necessários para atender às condições de disseminação e compartilhamento de dados e informações públicas no modelo de Dados Abertos e firmou bases conceituais (por exemplo, referentes a: dado, informação, dado público, formato aberto, licença aberta, dados abertos e metadado), e na Resolução nº 3, de 13 de outubro de 2017, do Comitê Gestor da Infraestrutura Nacional de Dados Abertos (CGINDA), o qual aprovou as normas sobre elaboração e publicação de Planos de Dados Abertos. O Poder *judiciário* podia facultativamente, mediante a assinatura do termo de adesão, ser membro da INDA.

[9] Decreto s/nº, de 15 de setembro de 2011, revogado pelo Decreto nº 10.160, de 9 de dezembro de 2019, o qual Institui a Política Nacional de Governo Aberto e o Comitê Interministerial de Governo Aberto.

- O aperfeiçoamento do Portal da Transparência, lançado em 2004, e sob o controle da Controladoria-Geral da União, tornando-o um sítio eletrônico governamental de acesso livre na internet, o qual permite o controle social da aplicação dos recursos públicos a partir de dados de grandes sistemas estruturadores do Governo Federal. Nele, além de assuntos relacionados à execução financeira e desempenho da gestão realizada, devem ser encontradas informações sobre contratações.[10]

Mesmo diante dos portais e experiências, verifica-se que a disseminação da Infraestrutura Nacional de Dados Abertos continua a ser necessária e imprescindível para a efetiva implementação da Nova Lei de Licitações e Contratos.

Nesse contexto das contratações, passados quase dez anos desde a publicação da LAI, é notório perceber, após algumas buscas, por exemplo, no Portal da Transparência, a forma fragmentada e individualizada com a qual as informações têm sido disponibilizadas pela maioria dos órgãos e entidades públicos, inclusive pelos órgãos de governança superior. Tal segmentação compromete a visão sistêmica e a centralizada das compras e contratações realizadas no âmbito de cada poder e dos entes federados e, ainda, contraria os preceitos da legislação vigente no tocante à transparência dos dados e informações.

Além disso, a correlação dos esforços empreendidos e dos dados gerados nas diversas fases da contratação – planejamento, seleção do fornecedor e gestão contratual, os quais viabilizam a visão integrada e sistêmica do processo –, resta prejudicada, uma vez que os recursos tecnológicos que oferecem suporte a esse processo são escassos e, em muitos casos, não priorizados para a área responsável pela gestão das compras e contratações públicas em relação às demais demandas organizacionais finalísticas.

É indubitável, contudo, o valor da consolidação dos conceitos trazidos na nova Lei para continuidade, com a maior celeridade possível, dos caminhos iniciados para lograr uma maior integração de informações e transparência nas compras públicas.

3 Do processo eletrônico para as contratações

Em contratações públicas, o caminho digital e a expansão do processo eletrônico de licitações, base para a disponibilização de dados

---

[10] Portal da Transparência. Disponível em: http://www.portaltransparencia.gov.br/.

e acesso rápido à informação pelo usuário cidadão, já vem sendo traçado desde a Medida Provisória nº 2.026-7, de 23 de novembro de 2000, a qual inseriu a previsão do pregão por meio da utilização de recursos de tecnologia da informação, priorizando esse procedimento no processamento das compras públicas. O Decreto nº 10.024, de 20 de setembro de 2019, dispõe sobre o pregão na forma eletrônica e determinou, no âmbito da Administração Pública Federal, a utilização de canal único do sistema Comprasnet SIASG,[11] sistema informatizado que operacionaliza a fase de seleção do fornecedor.

Investindo na expansão do sistema de compras do governo federal – Comprasnet 4.0 para além da fase externa da licitação, a atuação diligente da Secretaria de Gestão da Secretaria Especial de Desburocratização, Gestão e Governo Digital do Ministério da Economia tem preparado o Poder Executivo Federal para o cenário futuro de um processo que passa a ser totalmente eletrônico pela Nova Lei de Licitações e Contratos. Nesse sentido, destacam-se a regulamentação do Plano de Contratações Anual, instituído por meio do Decreto nº 10.947, de 25 de janeiro de 2022, e dos Estudos Técnicos Preliminares – ETP para a aquisição de bens e a contratação de serviços e obras, disposto na Instrução Normativa nº 40, de 22 de maio de 2020,[12] ambos suportados por módulos informatizados. O primeiro, por meio do sistema de Planejamento e Gerenciamento de Contratações – PGC e, o segundo, por meio do ETP digital. Seguindo o conceito de sistema que busca contemplar toda a cadeia das compras públicas, desde o planejamento até a contratação, também foi disponibilizado o módulo informatizado Comprasnet Contratos, o qual permite o cuidado com as informações da fase de gestão contratual.

4 Da implementação da plataforma comum de compras: PNCP

A Lei nº 14.133, de 1º de abril de 2021, passou a ser a nova norma geral de licitações e contratos para o âmbito nacional e trouxe importantes previsões que se aplicam aos órgãos dos Poderes Executivo, Legislativo e Judiciário da União, dos Estados e do Distrito Federal e aos

---

[11] SIASG: Sistema informatizado cuja finalidade é integrar os órgãos da Administração Pública Federal direta, autárquica e fundacional

[12] Visava promover inovação, planejamento integrado das compras, redução de custos e transparência.

órgãos do Poder Legislativo dos municípios, quando no desempenho de função administrativa.

Os órgãos deverão atentar-se, dentre os 22 princípios expressos no artigo 5º, à Transparência,[13] com ênfase para as formas de publicidade e divulgação.[14] A NLL não olvida outros princípios específicos, como a padronização (artigo 47 – serviços, e 41 ao 43 – excepcionalmente para bens) e a centralização sistêmica integrada, com destaque para a criação do PNCP, conforme excerto a seguir:

> Art. 174. É criado o Portal Nacional de Contratações Públicas (PNCP), sítio eletrônico oficial destinado à:
>
> I – divulgação centralizada e obrigatória dos atos exigidos por esta Lei;
>
> II – realização facultativa das contratações pelos órgãos e entidades dos Poderes Executivo, Legislativo e Judiciário de todos os entes federativos.
>
> (...)
>
> §2º O PNCP conterá, entre outras, as seguintes informações acerca das contratações:
>
> I – planos de contratação anuais;
>
> II – catálogos eletrônicos de padronização;
>
> III – editais de credenciamento e de pré-qualificação, avisos de contratação direta e editais de licitação e respectivos anexos;
>
> IV – atas de registro de preços;
>
> V – contratos e termos aditivos;
>
> VI – notas fiscais eletrônicas, quando for o caso.

---

[13] Art. 5º na aplicação desta Lei, serão observados os princípios da: legalidade, da impessoalidade, da moralidade, da publicidade, da eficiência, da Probidade Administrativa, do Planejamento do Interesse Público, da Igualdade, da Segregação de Funções, da Segurança jurídica, da Competitividade, da celeridade, da Eficácia, Economicidade, da Motivação, da Transparência, Vinculação ao edital, do Julgamento objetivo da Razoabilidade, da proporcionalidade e do DNS – Desenvolvimento Nacional Sustentável, assim como as disposições do Decreto-Lei nº 4.657, de 4 de setembro de 1942 (LINDB).

[14] Sobre publicidade, destaca-se a previsibilidade dos casos em que pode-se *afastar ou diferir* a regra geral da publicidade, como nos artigos 13; 24; 32; 56; 91, dentre outros. Quanto à divulgação, verifica-se um traço paulatino de sua previsão sobre vários momentos: elaboração do Plano de Contratações Anual, art. 12 §1º; Credenciamento, art. 79; Pré-qualificação, art. 80; quando encerrada a instrução do processo, art. 53. §3º; quanto ao edital e todos seus elementos, art. 54, após homologação, art.32, e na contratação, art. 94.

Acresce-se, por similar razão, a citação dos artigos 19 e 161:

ART. 19. Os órgãos da Administração com competências regulamentares relativas às atividades de administração de materiais, de obras e serviços, e de licitações e contratos deverão:

I – instituir instrumentos que permitam, preferencialmente, a centralização dos procedimentos de aquisição e contratação de bens e serviços;

II – criar catálogo eletrônico de padronização de compras, serviços e obras, admitida a adoção do catálogo do Poder Executivo Federal por todos os entes federativos;

III - instituir sistema informatizado de acompanhamento de obras, inclusive com recursos de imagem e vídeo;

IV – instituir, com auxílio dos órgãos de assessoramento jurídico e de controle interno, modelos de minutas de editais, de termos de referência, de contratos padronizados e de outros documentos, admitida a adoção das minutas do Poder Executivo Federal por todos os entes federativos;

V – promover a adoção gradativa de tecnologias e processos integrados que permitam a criação, a utilização e a atualização de modelos digitais de obras e serviços de engenharia.

Art. 161. Os órgãos e entidades dos Poderes Executivo, Legislativo e Judiciário de todos os entes federativos deverão, no prazo máximo 15 dias úteis, contado da data de aplicação da sanção, informar e manter atualizados os dados relativos às sanções por eles aplicadas para fins de PUBLICIDADE no Cadastro Nacional de Empresas Inidôneas e Suspensas (Ceis) e no Cadastro Nacional de Empresas Punidas (Cnep), instituídos no âmbito do Poder Executivo Federal.

No decorrer da Lei, outras prescrições seguem permitindo, por exemplo, que, desde que mantida a integração com o sítio eletrônico oficial para licitações e contratos, as contratações poderão ser realizadas por meio de sistema eletrônico fornecido por pessoa jurídica de direito privado, na forma de regulamento ou, ainda, que os entes federativos instituam sítio eletrônico oficial para divulgação complementar.

É notória a preocupação do legislador em alinhar o planejamento e execução das contratações nos moldes dos institutos mais bem sucedidos, até então implementados, especialmente no Poder Executivo Federal, bem como com outras normas imperativas para o setor público quanto à auditoria; finanças e gestão fiscal responsável. Tais exigências constantes da nova Lei ampliam as possibilidades de maior transparência nos procedimentos e nas informações das contratações públicas nacionais por meio do PNCP, além de assegurar a centralização e a integração de dados, desde que realizado o investimento necessário em ferramentas digitais e capacitação.

Quanto às suas funcionalidades, o mesmo artigo mantém a diretriz de uniformização e centralização em sistemas comuns para todas as fases de planejamento e gerenciamento das contratações:

§3º O PNCP deverá, entre outras funcionalidades, oferecer:

I – sistema de registro cadastral unificado;

II – painel para consulta de preços, banco de preços em saúde e acesso à base nacional de notas fiscais eletrônicas;

III – sistema de planejamento e gerenciamento de contratações, incluído o cadastro de atesto de cumprimento de obrigações previsto no §4º do art. 88 desta Lei;

IV – sistema eletrônico para a realização de sessões públicas;

V – acesso ao Cadastro Nacional de Empresas Inidôneas e Suspensas (Ceis) e ao Cadastro Nacional de Empresas Punidas (Cnep);

VI – sistema de gestão compartilhada com a sociedade para informações referentes à execução do contrato, que possibilite:

a) envio, registro, armazenamento e divulgação de mensagens de texto ou imagens pelo interessado previamente identificado;

b) acesso ao sistema informatizado de acompanhamento de obras a que se refere o inciso III do caput do art. 19 desta Lei;

c) comunicação entre a população e representantes da Administração e do contratado designados para prestar as informações e esclarecimentos pertinentes, na forma de regulamento;

d) divulgação, na forma de regulamento e de relatório final, com informações sobre a consecução dos objetivos que tenham justificado a contratação e eventuais condutas a serem adotadas para o aprimoramento das atividades da Administração.

A norma reitera, mais detalhadamente, esforço contido na LRF, em seu artigo 48, §1º, inciso II, ao prever a "liberação ao pleno conhecimento e acompanhamento da sociedade, em tempo real, de informações pormenorizadas sobre a execução orçamentária e financeira, em meios eletrônicos de acesso público;" e inciso III, quanto a "adoção de sistema integrado de administração financeira e controle, que atenda a padrão mínimo de qualidade estabelecido pelo Poder Executivo da União". A essas previsões, não se nota o êxito pretendido se passados mais de 5 (cinco) anos da última dessas alterações.

Observa-se, ainda, direta previsão, em seu §4º, de que o PNCP adotará o formato de dados abertos e observará as exigências previstas na LAI, reforçando a uniformização nacional gerencial nesse sentido.

5 Da governança e da estrutura trás do PNCP

O Decreto Federal nº 10.764/2021[15] dispõe sobre o funcionamento e a atuação do Comitê Gestor da Rede Nacional de Contratações Públicas, de que trata o §1º do art. 174 da Lei nº 14.133/2021. O colegiado deliberativo, de cunho nacional, tem a competência de, entre outras, padronizar os aspectos técnicos relacionados ao suporte tecnológico do PNCP; promover as iniciativas de cooperação, integração e compartilhamento de dados, soluções, produtos e tecnologias para o aperfeiçoamento do PNCP; e de assegurar que o PNCP adote o formato de dados abertos, observado o disposto na Lei nº 12.527/2011:

> Art. 2º Ao Comitê Gestor compete:
>
> I – gerir o Portal Nacional de Contratações Públicas – PNCP, de que trata o art. 174 da Lei nº 14.133, de 2021;
>
> II – padronizar os aspectos técnicos relacionados ao suporte tecnológico do PNCP;
>
> III – definir as estratégias de sensibilização e capacitação de servidores, empregados públicos e militares para a utilização do PNCP;
>
> IV – promover as iniciativas de cooperação, integração e compartilhamento de dados, soluções, produtos e tecnologias para o aperfeiçoamento do PNCP; e
>
> V – assegurar que o PNCP adote:
>
> a) o formato de dados abertos, observado o disposto na Lei nº 12.527, de 18 de novembro de 2011; e
>
> b) o uso de linguagem simples e de tecnologia, para otimização de processos, e os demais princípios e diretrizes do Governo Digital e da eficiência pública, de que trata o art. 3º da Lei nº 14.129, de 29 de março de 2021.

De acordo com as orientações constantes do ambiente virtual do PNCP,[16] "a adequação, fidedignidade e corretude das informações e dos arquivos relativos às contratações disponibilizadas no PNCP por força da Lei nº 14.133/2021 são de estrita responsabilidade dos órgãos e entidades contratantes", *o que* faz emergir a necessidade de que esforços sejam envidados para que os órgãos e entidades públicos promovam a infraestrutura tecnológica necessária para a área de contratações. Tais

---

[15] Disponível em: http://www.planalto.gov.br/ccivil_03/_ato2019-2022/2021/Decreto/D10764.htm.
[16] Disponível em: https://pncp.gov.br/. Acesso em: 30 mar. 2022.

esforços refletirão em informações e dados fidedignos sobre as diversas fases do processo, considerando a necessidade do atendimento às novas exigências, mas, sobretudo e principalmente, a disponibilização de informações a uma sociedade ávida por melhores resultados na gestão da coisa pública.

Em outra via, com a disponibilização do PNCP, as diretrizes e esforços internos a cada órgão, não pertencente à esfera federal, devem ser direcionados à adequação de seus processos de trabalho para uma possível adesão às ferramentas a serem disponibilizadas pela plataforma.

Para além das exigências da Lei nº 14.133/2021, é importante que se levante as realidades para alinhamento das necessidades institucionais e, assim, coordenar a viabilização de uma posterior implementação e uniformização do trato de processos e dados de licitações, em sintonia com o padrão que possa vir a ser utilizado, em último nível, para toda Administração Pública, de todos os entes federativos e poderes.

Dessa forma, faz-se necessário que os órgãos centrais de governança administrativa promovam ações e normativos de padronização, planejamento, coordenação, organização, operação, controle e supervisão das aquisições, desde a fase de planejamento da contratação até o gerenciamento dos contratos à luz da novel Lei de Licitações e Contratos. O objetivo central a se alcançar é o alinhamento das contratações dos diversos órgãos com as diretrizes legais que se espera de todos os poderes de mais eficiência, eficácia e economicidade no emprego dos recursos públicos em suas compras públicas.

6 Conclusão

Os desafios da transformação digital que se pretende realizar nas contratações públicas com a finalidade de eficiência operacional – redução de custos e otimização de recursos – e, consequentemente, de dar maior transparência dos atos praticados e dos resultados alcançados em licitações e contratos, exigirão investimento e esforços alinhados para a consecução dos objetivos propostos pela Lei nº 14.133/2021.

A integração de dados e informações, para além das exigências previstas em legislação, fundamenta-se nos princípios da boa governança, cuja finalidade é a de garantir que todos os interessados tenham acesso à informação e possam, efetivamente, ser parte atuante em defesa de seus direitos. Nesse sentido, a implementação de uma plataforma comum de compras públicas viabilizará a visão sistêmica e centralizada das compras e contratações realizadas no âmbito de cada poder e dos entes federados e alinhados aos preceitos da LAI no tocante à transparência.

O Portal Nacional de Contratações Públicas (PNCP) evidencia a necessidade e obrigação de órgãos e entidades públicos refinarem seus cuidados em termos de segurança para tratamento dos dados e disponibilização de informações, a partir da instituição de parâmetros de governança e disponibilização de sistema(s) estruturante(s), com vistas a hospedar o macroprocesso de contratações, que seja convergente e adaptável à nova plataforma, oferecendo informações claras e precisas, tanto para os órgãos de controle qunto para a sociedade, garantindo maior qualidade e credibilidade na gestão das aquisições e fiscalização dos contratos públicos.

Tem-se, portanto, com a transformação almejada, reforçada a necessidade de se refletir sobre a importância da gestão das compras e contratações como um caminho para o aprimoramento da eficiência desse processo crítico para a prestação dos serviços públicos.

Referências

BRASIL. *Lei nº 12.527, de 18 de novembro de 2011*. Regula o acesso a informações previsto no inciso XXXIII do art. 5º, no inciso II do §3º do art. 37 e no §2º do art. 216 da Constituição Federal; altera a Lei nº 8.112, de 11 de dezembro de 1990; revoga a Lei nº 11.111, de 5 de maio de 2005, e dispositivos da Lei nº 8.159, de 8 de janeiro de 1991; e dá outras providências. Casa Civil. Brasília. Disponível em: http://www.planalto.gov.br/ccivil_03/_ato2011-2014/2011/lei/l12527.htm. Acesso em: 12 set. 2022.

BRASIL. *Lei nº 13.460, de 26 de junho de 2017*. Dispõe sobre participação, proteção e defesa dos direitos do usuário dos serviços públicos da Administração Pública. Secretaria-Geral. Brasília. Disponível em: http://www.planalto.gov.br/ccivil_03/_ato2015-2018/2017/lei/l13460.htm. Acesso em: 12 set. 2022.

BRASIL. *Lei nº 14.133, de 1º de abril de 2021*. Lei de Licitações e Contratos Administrativos. Secretaria-Geral. Brasília. Disponível em: http://www.planalto.gov.br/ccivil_03/_ato2019-2022/2021/lei/L14133.htm. Acesso em: 12 set. 2022.

BRASIL. *Decreto s/nº, de 15 de setembro de 2011*. Institui o Plano de Ação Nacional sobre Governo Aberto e dá outras providências. Casa Civil. Brasília. Disponível em: http://www.planalto.gov.br/ccivil_03/_ato2011-2014/2011/dsn/dsn13117.htm. Acesso em: 12 set. 2022.

BRASIL. *Decreto nº 10.160, de 9 de dezembro de 2019*. Institui a Política Nacional de Governo Aberto e o Comitê Interministerial de Governo Aberto. Secretaria-Geral. Brasília. Disponível em: http://www.planalto.gov.br/ccivil_03/_ato2019-2022/2019/decreto/d10160.htm. Acesso em: 12 set. 2022.

BRASIL. *Decreto nº 7.724, de 16 de maio de 2012*. Regulamenta a Lei nº 12.527, de 18 de novembro de 2011, que dispõe sobre o acesso a informações previsto no inciso XXXIII do *caput* do art. 5º, no inciso II do §3º do art. 37 e no §2º do art. 216 da Constituição. Casa Civil. Brasília. Disponível em: http://www.planalto.gov.br/ccivil_03/_ato2011-2014/2012/decreto/d7724.htm. Acesso em: 12 set. 2022.

BRASIL. *Decreto nº 8.777, de 11 de maio de 2016*. Institui a Política de Dados Abertos do Poder Executivo Federal. Secretaria-Geral. Brasília. Disponível em: http://www.planalto.gov.br/ccivil_03/_ato2015-2018/2016/decreto/d8777.htm. Acesso em: 12 set. 2022.

BRASIL. *Decreto nº 10.024, de 20 de setembro de 2019*. Regulamenta a licitação, na modalidade pregão, na forma eletrônica, para a aquisição de bens e a contratação de serviços comuns, incluídos os serviços comuns de engenharia, e dispõe sobre o uso da dispensa eletrônica, no âmbito da Administração Pública federal. Secretaria-Geral. Brasília. Disponível em: http://www.planalto.gov.br/ccivil_03/_ato2019-2022/2019/decreto/D10024.htm. Acesso em: 12 set. 2022.

BRASIL. *Plano Diretor da Reforma do Aparelho do Estado*. Brasília, 1995. p. 13-14.

BRASIL. CÂMARA DOS DEPUTADOS. *Projeto de Lei nº 1.292/1995*. Disponível em:

https://www.camara.leg.br/proposicoesWeb/fichadetramitacao?idProposicao=16526. Acesso em: 05 jun. 2020.

BRASIL. CONSELHO NACIONAL DE JUSTIÇA. *Resolução 215, de 16 de dezembro de 2015*. Dispõe, no âmbito do Poder Judiciário, sobre o acesso à informação e à aplicação da Lei 12.527, de 18 de novembro de 2011. Disponível em: https://atos.cnj.jus.br/files/resolucao_215_16122015_26032019162517.pdf. Acesso em: 12 set. 2022.

BRASIL. CONSELHO NACIONAL DE JUSTIÇA. Painel CNJ. *Ranking da Transparência*. Disponível em: https://paineis.cnj.jus.br/Resposta. Acesso em: 12 set. 2022.

BRASIL. CONTROLADORIA-GERAL DA UNIÃO. *Portal da Transparência*. Disponível em: http://www.portaltransparencia.gov.br/. Acesso em: 12 set. 2022.

BRASIL. MINISTÉRIO DA ECONOMIA. *Instrução Normativa nº 01, de 11 de janeiro de 2019*. Dispõe sobre Plano Anual de Contratações de bens, serviços, obras e soluções de tecnologia da informação e comunicações no âmbito da Administração Pública federal direta, autárquica e fundacional e sobre o Sistema de Planejamento e Gerenciamento de Contratações.

BRASIL. MINISTÉRIO DA ECONOMIA. *Instrução Normativa nº 40, de 22 de maio de 2020*. Dispõe sobre a elaboração dos Estudos Técnicos Preliminares – ETP – para a aquisição de bens e a contratação de serviços e obras, no âmbito da Administração Pública Federal direta, autárquica e fundacional, e sobre o Sistema ETP digital.

BRASIL. MINISTÉRIO DA ECONOMIA. *Painel de Preços*. Disponível em: https://paineldeprecos.planejamento.gov.br/. Acesso em: 12 set. 2022.

BRASIL. MINISTÉRIO DA ECONOMIA. *Portal de Compras do Governo Federal*. Disponível em: https://www.gov.br/compras/pt-br/sistemas/sistema-de-planejamento-e-gerenciamento-de-contratacoes. Acesso em 02 set. 2020.

BRASIL. TRIBUNAL DE CONTAS DA UNIÃO. *Acórdão nº 2.569/2014-TCU-Plenário*, da relatoria do Ministro Benjamin Zymler, disponível em: https://portal.tcu.gov.br/fiscalizacao-de-tecnologia-da-informacao/atuacao/destaques/dados-abertos.htm. Acesso em: 12 set. 2022.

COSO – Comittee of sponsoring Organizations of the treadway commission. *Gerenciamento de Riscos Corporativos integrado com estratégia de performance*. Tradução IIA Brasil. jun. 2017. Disponível em: https://repositorio.cgu.gov.br/bitstream/1/41825/8/Coso_portugues_versao_2017.pdf. Acesso em: 12 set. 2022.

Informação bibliográfica deste texto, conforme a NBR 6023:2018 da Associação Brasileira de Normas Técnicas (ABNT):

FREITAS, Brena; BRITO, Isabella. Portal Nacional de Compras Públicas: um horizonte de convergência, integração e transparência de informações com foco no usuário cidadão. *In*: PÉRCIO, Gabriela Verona; FORTINI, Cristiana (Coord.). *Inteligência e inovação em contratação pública*. 2. ed. Belo Horizonte: Fórum, 2023. p. 227-239. ISBN 978-65-5518-474-7.

O CONTRATO DE *FACILITIES* DA LEI Nº 14.011/2020

CHRISTIANNE DE CARVALHO STROPPA

1 Introdução

O art. 22, inciso XXVII, da Constituição Federal de 1988, determina que compete privativamente à União legislar sobre normas gerais de licitação e *contratação*, em todas as modalidades, para as administrações públicas diretas, autárquicas e fundacionais da União, estados, Distrito Federal e municípios, obedecido o disposto no art. 37, XXI, e para as empresas públicas e sociedades de economia mista, nos termos do art. 173, §1º, III.

Como consequência, há uma competência concorrente entre a União, os estados, o Distrito Federal e os municípios para legislar sobre o tema das licitações e contratações.

Verifica-se que a Constituição Federal não utilizou a expressão "contrato", mas, sim, "contratação"; dessa forma, enquanto essa é gênero, já que compreensiva de todas as relações jurídicas decorrentes de pactos e ajustes, aquela é espécie, ao lado das demais formas de parcerias, tais como convênios, consórcios etc.

Entende-se como contratação o "ajuste estabelecido entre a Administração Pública, agindo nessa qualidade, e terceiros, ou somente entre entidades administrativas, submetido ao regime jurídico-administrativo, total ou parcialmente, para a consecução de objetivos de interesse público".[1]

---

[1] MAZZA, Alexandre. *Manual de direito administrativo*. 10. ed. São Paulo: Saraiva Educação, 2020. p. 535.

São características essenciais e comuns de toda relação jurídica classificada como contratação:
a) sua comutatividade, pela equivalência intrínseca entre as obrigações pactuadas;
b) sua natureza sinalagmática, pela reciprocidade das obrigações contraídas por ambas as partes;
c) a prevalência da vontade contratual sobre a vontade individual das partes, expressa no princípio *lex inter* partes;
d) a obrigatoriedade do cumprimento das prestações assumidas pelas partes, bem como do respeito à palavra empenhada, expressa no princípio *pacta sunt servanda*.

Adotando como referência a clássica lição de Hely Lopes Meirelles, verifica-se que "convênio e contrato não se confundem, embora tenham em comum a existência de vínculo jurídico fundado na manifestação de vontade dos participantes. A rigor, pode admitir-se que ambos os ajustes se enquadram na categoria dos contratos *lato sensu*, vez que neles estão presentes os elementos essenciais dos negócios consensuais. Para a distinção entre eles, contudo, os contratos serão considerados *stricto sensu*, vale dizer, como uma das espécies da categoria genérica dos contratos".[2],[3] Assim, no gênero contratação, identificamos duas grandes espécies: o próprio contrato administrativo, de um lado, e as demais formas de acordos, de outro.

O contrato administrativo é "um tipo de avença travada entre a Administração e terceiros na qual, por força de lei, de cláusulas pactuadas ou do tipo de objeto, a permanência do vínculo e as condições preestabelecidas assujeitam-se a cambiáveis imposições de interesse público, ressalvados os interesses patrimoniais do contratante privado".[4] Suas principais características são: (i) existência de interesses contrapostos; (ii) partes almejam lucro; (iii) presença de 2 (dois) polos na relação jurídica, ainda que num desses haja mais de um pactuante; e (iv) realização de prévia licitação.

---

[2] CARVALHO FILHO, José dos Santos. *Manual de direito administrativo*. 33. ed. São Paulo: Atlas, 2019. p. 231.

[3] Sobre as diferenças entre convênios e contratos administrativos, recomenda-se: OLIVEIRA, Gustavo Justino de. Convênio é acordo, mas não é contrato: contributo de Hely Lopes Meirelles para a evolução dos acordos administrativos no Brasil. In: WALD, Arnold; JUSTEN FILHO, Marçal; PEREIRA, Cesar Augusto Guimarães (Org.). *O direito administrativo na atualidade*: estudos em homenagem ao centenário de Hely Lopes Meirelles. São Paulo: Malheiros, 2017, p. 516-527.

[4] BANDEIRA DE MELLO, Celso Antônio. *Curso de direito administrativo*. 34. ed. rev. e atual. Até a Emenda Constitucional 99, de 14.12.2017. São Paulo: Malheiros, 2019. p. 654-655.

De outro lado, estão os denominados convênios, consórcios e outras formas de acordos, cujas características principais são: (i) existência de interesses comuns e coincidentes; (ii) elemento fundamental é a *cooperação*, e não o lucro, pois os recursos financeiros utilizados "servem para cobertura dos custos necessários à operacionalização do acordo";[5,6] (iii) não há partes, mas partícipes dotados de mesma posição jurídica; e, (iv) nos moldes do previsto no art. 116 da Lei nº 8.666/1993, o regime licitatório aplica-se "no que couber".

Em decorrência do aumento da esfera de atuação estatal, com o fito de atender às necessidades dos administrados, percebe-se que não é mais possível enquadrar todas as relações jurídicas que a Administração Pública formaliza dentro do conceito estanque de contratação administrativa, em especial naquele previsto na Lei nº 8.666/1993, bem como, na Lei nº 14.133/2021.[7]

Aliás, como já afirmado por Floriano de Azevedo Marques Neto,[8] "(...) há inegável aumento na complexidade das relações contratuais de que participa o Poder Público. A busca por soluções de financiamento das utilidades públicas (...) leva a uma busca de arranjos contratuais criativos e inovadores, o que pressiona por novas formas de relacionamento contratual".

Complementa, ainda, referido autor que "(...) o regime jurídico único dos contratos administrativos jamais conseguirá abarcar todas as modalidades de ajustes obrigacionais que podem interessar à Administração".[9]

---

[5] CARVALHO FILHO, José dos Santos. *Manual de direito administrativo*. 33. ed. São Paulo: Atlas, 2019. p. 231.

[6] TCU, Decisão nº 686/1998: "Oportuno trazer os ensinamentos da Profª. Maria Sylvia Zanella Di Pietro acerca da distinção entre contratos e convênios (*in* temas Polêmicos sobre Licitações e Contratos, Ed. Malheiros) "Enquanto os contratos abrangidos pela Lei nº 8.666 são necessariamente precedidos de licitação – com as ressalvas legais – no convênio não se cogita de licitação, pois não há viabilidade de competição quando se trata de mútua colaboração, sob variadas formas, como repasse de verbas, uso de equipamentos, de recursos humanos, de imóveis, de 'Know-how'. Não se cogita de preços ou de remuneração que admita competição".

[7] Aliás, disso decorre a existência das seguintes espécies de relações jurídicas com legislação própria: (i) concessão e permissão de serviços públicos e obras públicas (Lei nº 8.987/1995); (ii) concessão administrativa e concessão patrocinada (Lei nº 11.079/2004); (iii) contrato de gestão (Lei Federal nº 9.637/1998); (iv) termo de parceria (Lei nº 9.790/1999); entre outras.

[8] MARQUES NETO, Floriano de Azevedo. Do contrato administrativo à administração contratual. *Contratos com o Poder Público*, São Paulo: Revista do Advogado, ano XXIX, dez. 2009, n. 107, p. 74-82.

[9] MARQUES NETO, Floriano de Azevedo. *Do contrato administrativo à administração contratual*. p. 74-82.

Podemos enumerar alguns motivos para o reconhecimento de uma nova contratualidade administrativa:[10]

1º) forte tendência na doutrina de, superando as concepções autoritárias subjacentes à supremacia absoluta do interesse público, apontar os riscos da teoria das cláusulas exorbitantes, especialmente quando transformadas em vetor do autoritarismo governamental;

2º) inegável aumento na complexidade das relações contratuais do poder público *versus* recursos públicos finitos;

3º) engrandecimento da atuação do Estado como empresário, acarretando modelos mais flexíveis;

4º) maior deslocamento da norma da lei para o contrato, na medida em que as leis reitoras de contratos do poder público deleguem para o contrato a normatização concreta em cada negócio jurídico;[11]

5º) maior margem de consensualidade, inclusive na estipulação de cláusulas contratuais no âmbito de uma fase pré-contratual de negociação entre o adjudicatário do certame prévio e o poder público;

6º) introdução mais frequente de contratos atípicos, com a multiplicação de objetos;

7º) mais recorrente utilização de contratos por desempenho, em que o particular se vincula não a objetos previamente estipulados, mas a metas de desempenho, ensejadoras inclusive de remuneração variável;

8º) maior flexibilidade na alocação de riscos, com deslocamento de maior parcela de riscos para o privado e clara estipulação da repartição dos ganhos de eficiência com o poder público;

9º) flexibilização do regime de equilíbrio econômico-financeiro com a limitação de situações de aplicação da teoria da imprevisão; e

10º) multiplicação das hipóteses de contratos de cooperação.

---

[10] MARQUES NETO, Floriano de Azevedo. Do contrato administrativo à administração contratual. *Contratos com o Poder Público*, São Paulo: Revista do Advogado, ano XXIX, dez. 2009, n. 107, p. 74-82.

[11] Em suma, é lícito supor que a Administração possa se valer de instrumentos presentes no Direito em geral para compor suas relações contratuais (ALMEIDA, Fernando Dias Menezes de. *Contrato administrativo*. São Paulo: Quartier Latin, 2012. p. 374).

Carlos Pinto Coelho Motta,[12] no ano de 2011, já alertava sobre o incremento dos mecanismos de cooperação entre o público e o privado, justificador do empenho na construção de soluções jurídicas variadas aplicáveis à formalização de *parcerias* com a iniciativa privada.

Nesse contexto, surge o contrato de *facilities* ou contrato de (serviço de) gestão para ocupação de imóveis públicos, nos termos do art. 7º da Lei nº 14.011/2020.

2 O contrato de *facilities* previsto na Lei nº 14.011/2020

Resultado de um modelo de gestão moldado no âmbito da ENAP – Escola Nacional de Administração Pública[13] e da Secretaria de Gestão do Ministério da Economia, com o objetivo de aumentar a eficiência da gestão de contratos dos órgãos do Poder Executivo Federal na Esplanada dos Ministérios, em Brasília (DF), reduzir custos e facilitar a vida dos gestores públicos, foi originalmente previsto na Medida Provisória nº 915/2019, atualmente convertida na Lei nº 14.011/2020, como uma possibilidade de centralização, em um único contrato, da prestação de serviços de gerenciamento e manutenção do imóvel.

Também conhecida como gestão de *facilities*, a ideia é permitir que a Administração Pública contrate uma empresa que seja responsável por gerenciar esses serviços, que incluem o fornecimento de equipamentos, materiais e outros serviços necessários ao uso do imóvel pela Administração Pública.

Considerando a extensão dos objetos a serem contratados, é possível identificar o contrato de *facilities full*, no qual se incluem todos os serviços ou o contrato de *facility management*, em que se inclui gestão desses serviços por parte da contratada.[14]

A terceirização de *facilities*,[15] no sentido de delegação de tarefas como segurança, higienização, ordenação do espaço e sua manutenção a uma empresa especializada já é uma estratégia utilizada por muitas

---

[12] MOTTA, Carlos Pinto Coelho. *Eficácia nas concessões, permissões e parcerias*. 2. ed. Belo Horizonte: Del Rey, 2011. p. 7-8.

[13] Vários eventos foram realizados para discutir o tema, dentre os quais destaca-se: *Contratação de Facilities: experiências e aprendizados*. Disponível em: http://repositorio.enap.gov.br/handle/1/5208. Acesso em: 07 set. 2020.

[14] OLIVEIRA, Rafael Sérgio de. Mais algumas notas sobre a contratação de *facilities* nos termos da Lei nº 14.011/2020. *Portal L&C*. Disponível em: http://www.licitacaoecontrato.com.br/artigo/mais-algumas-notas-sobre-contratacao-facilities-termos-lei-n140112020-14102020.html. Acesso em: 21 out. 2020.

[15] BRASIL. TCU. Acórdão nº 1214/2013 – Plenário. Relator Ministro Aroldo Cedraz.

empresas e instituições privadas para garantir a qualidade dos serviços e manter o foco dos gestores e das equipes internas na atividade preponderante da companhia, bem como para reduzir custos.[16]

> A aposta no movimento de facilities vem em momento oportuno, na opinião do secretário de Gestão do Ministério da Economia, Cristiano Heckert, devido às restrições orçamentárias, que levam à necessidade de inovar.
>
> Para Heckert, que participou da abertura do workshop, a proposta de contratação única engloba um conjunto grande de atividades que hoje são feitas de forma dispersa e traz ganhos na otimização do trabalho do quadro de servidores. Com isso, os recursos humanos podem ser alocados prioritariamente aos processos finalísticos, no cumprimento da missão de entregar valor público para a sociedade.[17]

Em complementação, Cristiana Fortini e Rafael Sérgio de Oliveira[18] alertam que não "são raras as notícias de imóveis públicos, geradores de despesas, desprovidos de finalidade e/ou abandonados, o que eleva a probabilidade de que estejam a descumprir o princípio constitucional da função social, comando constitucional que também alcança a propriedade pública". Ademais, apontam que a "MP 915/19 e agora a Lei nº 14.011/20 oferecem, nem sempre de forma original, ferramentas que o gestor poderá utilizar, sem impor a alienação como saída única aos problemas vivenciados. Ao contrário, a melhoria da gestão dos bens públicos, especialmente por meio do contrato de que trata o art. 7º da Lei, poderá desincentivar a opção pela transferência patrimonial".

Tratando-se de realidade já vivenciada pelo SEBRAE – Serviço de Apoio às Micro e Pequenas Empresas,[19] pela CEF – Caixa Econômica Federal[20] e pela SABESP – Companhia de Saneamento Básico do Estado de São Paulo,[21] a questão que se coloca é saber se as demais instituições

---

[16] Disponível em: https://blog.morhena.com.br/facilities-na-administracao-publica-entenda-os-diferenciais/. Acesso em: 08 set. 2020.

[17] Disponível em: https://enap.gov.br/pt/acontece/noticias/gestao-da-ocupacao-trara-economia-e-melhor-administracao-dos-predios-publicos. Acesso em: 7 set. 2020.

[18] FORTINI, Cristiana; OLIVEIRA, Rafael Sérgio de. Os novos procedimentos de gestão e alienação dos imóveis públicos. *Revista Consultor Jurídico*. Disponível em: https://www.conjur.com.br/2020-jul-02/interesse-publico-novos-procedimentos-gestao-alienacao-imoveis-publicos. Acesso em: 7 set. 2020.

[19] BRASIL. TCU. Acórdão nº 10.264/2018 – 2ª Câmara. Relatora Ministra Ana Arraes.

[20] BRASIL. TCU. Acórdão nº 929/2017 – Plenário. Relator Ministro José Múcio Monteiro.

[21] Disponível em: http://consad.org.br/wp-content/uploads/2016/06/Painel-43-03.pdf. Acesso em: 08 set. 2020.

públicas também poderiam desfrutar das vantagens decorrentes do *facilities*.[22]

Lara Brainer Oliveira, diretora da Central de Compras da Secretaria de Gestão do Ministério da Economia, indica serem oito as principais vantagens da gestão de *facilities*:[23],[24]

1) aumenta a eficácia dos processos (foco no resultado) – isso porque, afora a especialização da terceirizada, a Administração Pública contratante tem a garantia de que o serviço será prestado de acordo com determinados padrões de qualidade. O estabelecimento de um SLA – *Service Level Agreement* estratégico é fundamental para definir os parâmetros para a atuação e avaliação das tarefas executadas;

2) foco na atividade principal dos órgãos – mesmo que o gestor supervisione o serviço prestado pela equipe especializada, esse não será seu foco principal. Ele terá a oportunidade de utilizar o tempo que seria gasto na organização do setor com atividades referentes à finalidade principal da instituição;

3) otimização dos recursos (todos, não só os do contrato) – a terceirização de *facilities* pode gerar uma redução de custos considerável, que pode ultrapassar 20% (vinte por cento) de economia em relação à realização dos mesmos serviços pelo pessoal interno. Essa é uma das razões pelas quais a terceirização é amplamente utilizada em instituições privadas. Esse modelo administrativo permite realizar ajustes fazendo com que os serviços alcancem um nível de qualidade possível dentro de custos adequados;

4) custo de infraestrutura de fixo para variável;

---

[22] O modelo de *facilities management* vem se desenvolvendo ao redor do mundo desde a década de 1960, mas, no setor público brasileiro, a experiência ainda é recente. "Este é o grande desafio do governo federal: fazer uma gestão diferenciada dos espaços públicos, saindo do modelo contratual para gestão por resultados", destacou Lara Brainer, diretora da Central de Compras do Ministério da Economia (ME). Disponível em: https://www.enap.gov.br/pt/acontece/noticias/gestao-integrada-de-contratos-para-predios-publicos-e-tema-de-webinar. Acesso em: 08 set. 2020.

[23] A ISO – Internacional Organization for Standardization (Organização Internacional de Normalização) define *Facilities Management* (FM) como a "função organizacional que integra pessoas, propriedade e processo dentro do ambiente construído com objetivo de melhorar a qualidade de vida das pessoas e a produtividade do negócio principal". Disponível em: https://www.abrafac.org.br/blog/as-11-competencias-essenciais-de-facility-management-da-ifma/. Acesso em: 8 Set. 2020.

[24] O conteúdo dos objetivos da terceirização de *facilities* foi extraído do texto "Facilities na administração pública: entenda os diferenciais". Disponível em: https://blog.morhena.com.br/facilities-na-administracao-publica-entenda-os-diferenciais/. Acesso em: 8 Set. 2020.

5) aumento da vida útil das instalações – quando o ambiente é bem cuidado por profissionais especializados, a organização pode contar com a desaceleração do desgaste. Isso acontece porque a aplicação de procedimentos apropriados – aliados a uma detecção precoce de problemas e a um trabalho de manutenção preventiva – aumenta a vida útil das instalações, gerando menos gastos com reparos. Nos espaços públicos, sabemos que esse cuidado é ainda mais importante. Escolas, hospitais, prédios e órgãos governamentais em geral estão sujeitos à deterioração acelerada quando não recebem a atenção apropriada. A grande diferença em relação às organizações privadas é que o processo para a obtenção de recursos para reformas e revisões pode ser moroso, agravando as condições do ambiente e, em alguns casos, inviabilizando sua utilização total ou parcial;
6) soluções diversas em um único contrato – em vez de gerenciar contratos de diferentes serviços com fornecedores variados, a terceirização de *facilities* realmente simplifica o trabalho da equipe de gestão. Ela permite a integração de diversos serviços – limpeza, cuidado de áreas verdes, recepção, copeiragem, manutenção (predial, elétrica, hidráulica, dos sistemas de ar-condicionado), desinsetização ou desratização – tudo em um único contrato;
7) foco na satisfação do usuário – um ambiente limpo e bem cuidado influencia outro aspecto fundamental quando falamos do serviço público: a percepção do usuário. O evidente zelo pela instituição aumenta a satisfação do cidadão que busca os serviços oferecidos naquele espaço. Isso demonstra todo um cuidado com o patrimônio público e uma preocupação com o ser humano;
8) embasamento técnico para gestão operacional – quando recorre a profissionais devidamente capacitados, a instituição pública pode contar com pareceres técnicos. Isso faz com que a gestão operacional seja embasada na avaliação de pessoas com *expertise* reconhecida na área, gerando decisões acuradas e aumentando a qualidade dos serviços.

Essa vantajosidade será em breve implementada pelo Ministério da Economia, o qual realizará uma licitação para contratar serviços de apoio administrativo, recepção e secretariado para 51 (cinquenta e um) órgãos e entidades da Administração Pública federal localizados no Distrito Federal. Com a centralização, estima-se uma economia de R$106 milhões.[25]

Nesse contexto, é necessário verificar o que o art. 7º da Lei nº 14.011/2020 inseriu como novidade no regime jurídico da gestão dos bens públicos.

3 Regime jurídico do contrato de *facilities*

O regime jurídico do contrato de *facilities* pode ser extraído do citado art. 7º, *in verbis*:

> Art. 7º A administração pública poderá celebrar contrato de gestão para ocupação de imóveis públicos, nos termos da Lei nº 8.666, de 21 de junho de 1993.
> §1º O contrato de gestão para ocupação de imóveis públicos consiste na prestação, em um único contrato, de serviços de gerenciamento e manutenção de imóvel, incluído o fornecimento dos equipamentos, materiais e outros serviços necessários ao uso do imóvel pela administração pública, por escopo ou continuados.
> §2º O contrato de gestão para ocupação de imóveis públicos poderá:
> I – incluir a realização de obras para adequação do imóvel, inclusive a elaboração dos projetos básico e executivo; e
> II – ter prazo de duração de até 20 (vinte) anos, quando incluir investimentos iniciais relacionados à realização de obras e o fornecimento de bens.
> §3º (VETADO).
> §4º Na hipótese de que trata o §2º deste artigo, as obras e os bens disponibilizados serão de propriedade do contratante.
> §5º Ato do Poder Executivo poderá regulamentar o disposto neste artigo.

Compõem o regime jurídico do contrato de *facilities* ou contrato de (serviço de) gestão para ocupação de imóveis públicos os seguintes elementos:
   a) modalidade de contrato administrativo típico;
   b) fundamento para contratação está na Lei nº 8.666/1993 e, após 1º de abril de 2023, na Lei nº 14.133/2021;[26]

---

[25] Disponível em: https://odia.ig.com.br/colunas/servidor/2020/08/5978211-ministerio-da-economia-promete-reduzir-gastos-ao-centralizar-licitacoes-de-terceirizados.html. Acesso em: 08 set. 2020.
[26] A propósito da aplicação da Lei nº 14.011/2020 após a revogação da Lei nº 8.666/1993, assim estabelece o art. 189 da Lei nº 14.133/2021: "Art. 189. Aplica-se esta Lei às hipóteses

c) pode ser utilizado pelos demais entes federativos;
d) possibilita a efetiva ocupação dos imóveis públicos;
e) pode ser utilizado mesmo quando a Administração Pública locar imóvel privado;
f) consiste na prestação, em um único contrato, de um rol de serviços;
g) possibilita a inclusão de obras;
h) pode ter prazo de duração de até 20 (vinte) anos.

Para a exata compreensão, passaremos a tecer algumas breves considerações sobre cada um deles.

a) Modalidade de contrato administrativo típico

Inicialmente, verifica-se que não se confunde com a figura do "contrato de gestão" formalizado com as organizações sociais, nos termos do art. 5º da Lei nº 9.637/1998, e com as agências executivas, art. 51, inciso II, da Lei nº 9.648/1998. Tampouco tem como justificativa o previsto no §8º do art. 37 da Constituição Federal, agora denominado de "contrato público de desempenho", de acordo com a Lei nº 13.935/2019.

Como contrato administrativo típico, caracteriza-se pela presença de cláusulas exorbitantes, o que implica um regime jurídico próprio, predominantemente de direito público, nos termos do art. 54 da Lei nº 8.666/1993 e no art. 89 da Lei nº 14.133/2021.

Como "contrato de gestão para ocupação", tem como objeto preponderante serviços como os de limpeza, recepcionista, copeiragem, vigilância, brigadista, manutenção predial e outros.[27]

A contratação dos serviços pode ser por escopo[28] ou continuados.[29]

---

previstas na legislação que façam referência expressa à *Lei nº 8.666, de 21 de junho de 1993*, à *Lei nº 10.520, de 17 de julho de 2002*, e aos *arts. 1º a 47-A da Lei nº 12.462, de 4 de agosto de 2011*".

[27] FORTINI, Cristiana; OLIVEIRA, Rafael Sérgio de. Os novos procedimentos de gestão e alienação dos imóveis públicos. *Revista Consultor Jurídico*. Disponível em: https://www.conjur.com.br/2020-jul-02/interesse-publico-novos-procedimentos-gestao-alienacao-imoveis-publicos. Acesso em: 07 set. 2020.

[28] Aquele cujo prazo de execução somente se extingue quando o contratado entrega para a estatal o objeto contratado. Daí que o tempo não importa o encerramento das obrigações do contratado. O tempo apenas caracteriza ou não a mora do contratado. (…), até que ele execute e até que a estatal, depois de executado, pague o que é devido, o contrato segue vigente (NIEBUHR, Joel de Menezes; NIEBUHR, Pedro de Menezes. *Licitações e contratos das estatais*. Belo Horizonte: Fórum, 2018. p. 273).

[29] Também denominado de contrato por prazo certo, é aquele em que a obrigação principal do contratado é extinta em razão de termo preestabelecido. Melhor explicando, é aquele cujo prazo de execução extingue-se em data preestabelecida, independentemente do que fora ou não realizado pelo contratado. Os contratos de prestação de serviços contínuos,

Oportuna a crítica formulada por Rafael Sérgio de Oliveira,[30] no sentido de que essa contratação não é competível com a modelagem de contratos 'por escopo', porquanto o objeto central de um contrato de gestão de *facilities* compreende atividades que são tipicamente de execução continuada. Nesse sentido, em verdade, serão incluídos no contrato de gestão para ocupação de imóvel serviços que tradicionalmente são contratados por escopo, mas, será mantida a lógica de um contrato de natureza continuada.

b) Fundamento para contratação está na Lei nº 8.666/1993

Não obstante a expressa referência à Lei nº 8.666/1993, é certo que o Tribunal de Contas da União afirmou ser irregular a contratação de serviços de *facilities* por meio de modalidade de licitação que não seja o pregão, na forma eletrônica (Acórdão nº 1.534/2020 – TCU – Plenário, relator ministro-substituto André de Carvalho). Para o TCU, a adoção de outra modalidade que não seja o pregão eletrônico pode caracterizar ato de gestão antieconômico, sujeitando os responsáveis às sanções previstas no art. 58 da Lei nº 8.443/1992.

Determinou, ainda, o uso obrigatório do pregão eletrônico para a contratação dos serviços de engenharia comuns, aí incluídos os eventuais serviços comuns de *facilities*, em sintonia, por exemplo, com a regulamentação procedida pelo Decreto Federal nº 10.024/2019.

Também como decorrência de decisão proferida pelo TCU, no Acórdão nº 929/2017 – Plenário, decorrem os seguintes aspectos:[31]
- dada a complexidade da contratação, é preciso que se admita que as interessadas se organizem em consórcios, com previsão de regras claras no edital;
- adequação dos critérios de habilitação técnica com a Súmula nº 263 do TCU, que exige que a qualificação técnica incida sobre parcelas de maior relevância e de valor significativo; e
- necessidade de comprovar o elastecimento do prazo de vigência inicial.

---

como vigilância, limpeza etc., são contratos por prazo certo (NIEBUHR, Joel de Menezes; NIEBUHR, Pedro de Menezes. *Licitações e contratos das estatais*. Belo Horizonte: Fórum, 2018. p. 273).

[30] OLIVEIRA, Rafael Sérgio de. Mais algumas notas sobre a contratação de *facilities* nos termos da Lei nº 14.011/2020. *Portal L&C*. Disponível em: http://www.licitacaoecontrato.com.br/artigo/mais-algumas-notas-sobre-contratacao-facilities-termos-lei-n140112020-14102020.html. Acesso em: 21 out. 2020.

[31] Aspectos destacados por Rafael Sérgio de Oliveira em palestra sobre gestão da ocupação realizada na edição *online* do INFRA FM Centro-Oeste no último dia 26 de agosto.

c) *Recepção do contrato de facilities pela Lei nº 14.133/2021*[32]

Destaca-se o contido no art. 190, §4º da Lei nº 14.133/2021, indicando que o contrato relativo a imóvel do patrimônio da União ou de suas autarquias e fundações continuará regido pela legislação pertinente, aplicando-se a nova Lei apenas subsidiariamente.

Sobre as modalidades que poderão ser utilizadas, tanto o convite quanto a tomada de preços foram eliminadas, ficando mantidas as modalidades concorrência, pregão, concurso e leilão, tendo sido acrescido o diálogo competitivo.

Tendo em vista que o procedimento das modalidades concorrência[33] e pregão,[34] por expressa previsão do art. 29, seguem o rito procedimental comum do art. 17, ou seja, a fase de habilitação sucede as de apresentação de propostas e lances e de julgamento, minimizam a questão atinente à adoção da modalidade concorrência, quando a contração de *facilities* incluir a realização de obras, como apontado pelo TCU.

Ainda quanto às modalidades, o diálogo competitivo[35] parece ser ferramenta frutífera para a contratação de *facilities*. Essa modalidade diferencia-se das demais porque possui etapa voltada para a construção dialógica, entre as empresas concorrentes e a Administração, do objeto da contratação. Deve ser usada nos casos em que a solução para a necessidade pública apresenta-se complexa do ponto de vista técnico, jurídico ou financeiro. Sendo assim, o Poder Público recorre ao mercado para, por meio de diálogos, selecionar uma ou mais soluções e, em seguida, eleger o licitante que irá ser contratado para sua execução.

O contrato de *facilities*, sobretudo na forma do contrato de gestão para ocupação nos termos do art. 7º da Lei nº 14.011/2020, tem como pressuposto o reconhecimento de que o mercado possui condições de

---

[32] STROPPA, Christianne de Carvalho; PÉRCIO, Gabriela Verona. A terceirização de serviços e o contrato de facilities da Lei nº 14.011/2020. *In*: FORTINI, Cristiana; PAIM, Flaviana Vieira. *Terceirização na Administração Pública*: boas práticas e atualização à luz da Nova Lei de Licitações. Belo Horizonte: Fórum, 2022. p. 209-226.

[33] PL nº 4.253/2020. Art. 6º, XXXVIII – modalidade de licitação para contratação de bens e serviços especiais e de obras e serviços comuns e especiais de engenharia, cujo critério de julgamento poderá ser: (a) menor preço; (b) melhor técnica ou conteúdo artístico; (c) técnica e preço; (d) maior retorno econômico; (e) maior desconto.

[34] PL nº 4.253/2020. Art. 6º, XLI – modalidade de licitação obrigatória para aquisição de bens e serviços comuns, cuo critério de julgamento poderá ser o menor preço ou o maior desconto.

[35] Mais sobre o diálogo competitivo pode ser estudado em OLIVEIRA, Rafael Sérgio de. *O diálogo competitivo brasileiro*. Belo Horizonte: Fórum, 2021.

auxiliar a Administração na concepção do objeto da contratação. Trata-se de um ato de deferência do Poder Público para com as empresas concorrentes, na medida em que o Estado aceita que não é dotado de competência para, sozinho, definir a solução para a sua necessidade. Assim, busca no mercado opções de projetos para desenhar os serviços de *facilities* de que precisa. Nesse prumo, a utilização da modalidade de diálogo competitivo pode ser muito bem-vinda.

Por oportuno, nota-se que o regime de contratação, fornecimento e prestação de serviço associado, indicado no inciso XXXIV, do art. 6º da Lei nº 14.133/2021, que se caracteriza, além do fornecimento do objeto, pela responsabilização do contratado por sua operação, manutenção ou ambas, por tempo determinado, não é adequado para a contratação de *facilities*, que se caracteriza pelo oferecimento de serviços por uma empresa contratada, a qual também pode ficar incumbida do fornecimento de bens e da execução de obras. Ou seja, na contratação de *facilities*, o serviço é o principal, sendo, o fornecimento e a obra, o acidental. No caso do fornecimento do inciso XXXIV do art. 6º da Nova Lei de Licitações, como se observa, ocorre o inverso: o fornecimento é o principal, sendo possível associar a ele serviços.

d) *Pode ser utilizado pelos demais entes federativos*

Por se tratar de norma geral, a Lei nº 14.011/2020, no tocante ao tema da contratação de *facilities*, é de observância obrigatória por todos os entes e órgãos da administração direta e indireta; inclusive, deve ser observado pelas empresas estatais.

> O fato é que, considerando o teor do seu caput e dos seus parágrafos, o dispositivo em comento é uma verdadeira "norma geral", no sentido do art. 22, XXVII, da Constituição, motivo pelo qual é dotado de caráter nacional e aplicável às esferas federal, estadual, distrital e municipal. Notemos que a norma trata de reunião de serviços, bens e até de obras em um único contrato, assim como também de vigência contratual (art. 7º, §2º, II), aspectos sensíveis ao sistema de contratação pública brasileiro como um todo e, por isso, típicos de lei nacional.[36]

---

[36] FORTINI, Cristiana; OLIVEIRA, Rafael Sérgio de. Os novos procedimentos de gestão e alienação dos imóveis públicos. *Revista Consultor Jurídico*. Disponível em: https://www.conjur.com.br/2020-jul-02/interesse-publico-novos-procedimentos-gestao-alienacao-imoveis-publicos. Acesso em: 07 set. 2020.

e) Possibilita a efetiva ocupação dos imóveis públicos

É de todos sabido que a Administração Pública tem um histórico de imóveis públicos vazios, abandonados e subutilizados, em geral, por questões orçamentárias. Porquanto, "ante a falta de recursos orçamentários para reformar os imóveis de sua propriedade, a Administração Pública opta por abandonar tais prédios e passar a funcionar em imóveis locados. Com isso, a solução para o imóvel de propriedade do Estado acaba sendo a alienação".[37]

O que se pretende com a gestão de *facilities* é possibilitar que a Administração Pública contrate alguém que, além de propiciar que o imóvel esteja em condições de pleno uso, também cuide de sua manutenção, colocando-se como opção à transferência patrimonial.

f) Pode ser utilizado mesmo quando a Administração Pública loca imóvel privado

A ideia de que o modelo de contratação de *facilities management* ou de gestão da ocupação não seria aplicável aos imóveis ocupados pela Administração Pública na qualidade de locatária:

> (...) não se coaduna com os potenciais ganhos de eficiência trazidos pelo instituto para a Administração Pública, que por diversas vezes atua se valendo de imóveis privados. Não há razão para vedar a contratação de gestão da ocupação nos termos do §1º do art. 7º da Lei nº 14.011/20 nas ocasiões em que a Administração Pública funciona em imóvel locado. Os ganhos trazidos pelo modelo nesses casos serão os mesmos oferecidos no caso de funcionamento em imóvel público.
>
> (...) o ideal seria que o caput do art. 7º não tivesse restringido o conceito do instituto aos imóveis públicos. Porém, ainda assim, não encontramos óbices à sua interpretação mais ampla, abarcando também os casos em que a Administração funcione em prédios locados. Nesse aspecto, cabe registrar que mesmo antes da Lei 14.011/20 o TCU já admitia a contratação nos moldes de facilities, sem a restringir a imóveis públicos.[38]

---

[37] FORTINI, Cristiana; OLIVEIRA, Rafael Sérgio de. Os novos procedimentos de gestão e alienação dos imóveis públicos. *Revista Consultor Jurídico*. Disponível em: https://www.conjur.com.br/2020-jul-02/interesse-publico-novos-procedimentos-gestao-alienacao-imoveis-publicos. Acesso em: 07 set. 2020.

[38] FORTINI, Cristiana; OLIVEIRA, Rafael Sérgio de. Os novos procedimentos de gestão e alienação dos imóveis públicos. *Revista Consultor Jurídico*. Disponível em: https://www.conjur.com.br/2020-jul-02/interesse-publico-novos-procedimentos-gestao-alienacao-imoveis-publicos. Acesso em: 07 set. 2020.

g) Consiste na prestação, em um único contrato, de um rol de serviços

Em interessante e oportuna análise, Daniel Ribas Beatriz indica que o termo *facilities* "está relacionado aos serviços de infraestrutura como limpeza, segurança e manutenção e a tudo que pode facilitar os processos do dia a dia de uma organização (pública ou privada), sem, contudo, estar ligado à atividade fim dela. A boa aceitação pela Administração Pública se dá por diversos motivos, podendo destacar que a contratação integrada de serviços, no formato *facilities*, propicia a existência de sinergia entre os diversos serviços prestados em um mesmo ambiente e facilita eventual identificação de responsabilidades por serviços realizados de forma equivocada".[39]

Mesmo que a reunião em um único contrato seja controversa no ordenamento jurídico pátrio em razão da regra do parcelamento do objeto, prevista no art. 23, §1º, da Lei nº 8.666/1993, a norma acabou por consolidar entendimento já exarado pelo TCU, sobre o tema da unificação de serviços de *facilities*, no sentido de que a contratação não configura afronta à Lei de Licitações, devendo apenas serem observadas algumas regras.

Como exemplo, o TCU, no Acórdão nº 1.214/2013 – Plenário (relator ministro Aroldo Cedraz), indicava que a reunião de diversos serviços é admitida quando demonstrado que o parcelamento do objeto (divisão da contratação em itens) resulta em comprovada perda de eficiência, prejuízo técnico à Administração e potencial comprometimento da satisfatória e integral execução contratual.

É importante lembrar que, ao lado da prestação dos serviços de gerenciamento e manutenção de imóvel, possibilita a inclusão no escopo do contrato de equipamentos, materiais e obras, bem como a prestação de outros serviços necessários ao uso do imóvel pela Administração Pública.

h) Possibilita a inclusão de obras

O que não se pode aceitar "para o caso dos imóveis locados é a hipótese do §2º do mesmo art. 7º, que admite a inclusão de obras no objeto do contrato. Isso porque, a princípio, seria irrazoável o Poder Público pagar por obras a serem realizadas em imóveis particulares".[40]

---

[39] BEATRIZ, Daniel Ribas. *A contratação de serviços de facilities deve ser realizada por meio de pregão eletrônico*. Disponível em: https://www.vgplaw.com.br/a-contratacao-de-servicos-de-facilities-deve-ser-realizada-por-meio-de-pregao-eletronico/. Acesso em: 08 set. 2020.

[40] FORTINI, Cristiana; OLIVEIRA, Rafael Sérgio de. Os novos procedimentos de gestão e

Por sua vez, quando for possível a inclusão da execução de obras, afora compreender a elaboração dos projetos básico e executivo (contratação superintegrada), serão elas de propriedade da Administração Pública contratante. Igual raciocínio é utilizado para os bens fornecidos pelo contratado.

h) Pode ter prazo de duração de até 20 (vinte anos)

Nos termos do §2º do art. 7º da Lei nº 14.011/20, quando a contratação de *facilities* incluir investimentos referentes à realização de obras e ao fornecimento de bens, poderá ter prazo de duração de até 20 (vinte) anos, o que permitirá sua diluição nas parcelas mensais a serem pagas.

4 Conclusão

Também conhecida como gestão de *facilities* (na modelagem *facilities full* ou *facilities management*), a ideia é permitir que a Administração Pública contrate uma empresa que seja responsável por gerenciar serviços, que incluem o fornecimento de equipamentos, materiais e outros serviços necessários ao uso do imóvel pela Administração Pública, bem como a realização de obras para adequação do imóvel.

Trata-se de nova modalidade de contratação com vistas a possibilitar que os imóveis públicos atinjam plenamente sua função social, pois voltarão a ser afetados a uma finalidade pública, colocando-se como opção eficaz à alienação.

Referências

ALMEIDA, Fernando Dias Menezes de. *Contrato administrativo*. São Paulo: Quartier Latin, 2012.

BANDEIRA DE MELLO, Celso Antônio. *Curso de direito administrativo*. 34. ed. rev. e atual. Até a Emenda Constitucional 99, de 14.12.2017. São Paulo: Malheiros, 2019.

BEATRIZ, Daniel Ribas. *A contratação de serviços de facilities deve ser realizada por meio de pregão eletrônico*. Disponível em: https://www.vgplaw.com.br/a-contratacao-de-servicos-de-facilities-deve-ser-realizada-por-meio-de-pregao-eletronico/. Acesso em: 08 set. 2020.

---

alienação dos imóveis públicos. *Revista Consultor Jurídico*. Disponível em: https://www.conjur.com.br/2020-jul-02/interesse-publico-novos-procedimentos-gestao-alienacao-imoveis-publicos. Acesso em: 07 set. 2020.

CARVALHO FILHO, José dos Santos. *Manual de direito administrativo*. 33. ed. São Paulo: Atlas, 2019.

FORTINI, Cristiana; OLIVEIRA, Rafael Sérgio de. Os novos procedimentos de gestão e alienação dos imóveis públicos. *Revista Consultor Jurídico*. Disponível em: https://www.conjur.com.br/2020-jul-02/interesse-publico-novos-procedimentos-gestao-alienacao-imoveis-publicos. Acesso em: 07 set. 2020.

MARQUES NETO, Floriano de Azevedo. Do contrato administrativo à administração contratual. *Contratos com o Poder Público*, Revista do Advogado, São Paulo, ano XXIX, n. 107, dez. 2009.

MAZZA, Alexandre. *Manual de direito administrativo*. 10. ed. São Paulo: Saraiva Educação, 2020.

MOTTA, Carlos Pinto Coelho. *Eficácia nas concessões, permissões e parcerias*. 2. ed. Belo Horizonte: Del Rey, 2011.

NIEBUHR, Joel de Menezes; NIEBUHR, Pedro de Menezes. *Licitações e contratos das estatais*. Belo Horizonte: Fórum, 2018.

OLIVEIRA, Gustavo Justino de. Convênio é acordo, mas não é contrato: contributo de Hely Lopes Meirelles para a evolução dos acordos administrativos no Brasil. *In*: WALD, Arnold; JUSTEN FILHO, Marçal; PEREIRA, Cesar Augusto Guimarães (Org.). *O direito administrativo na atualidade*: estudos em homenagem ao centenário de Hely Lopes Meirelles. São Paulo: Malheiros, 2017. p. 516-527.

OLIVEIRA, Rafael Sérgio de. Mais algumas notas sobre a contratação de *facilities* nos termos da Lei nº 14.011/2020. *Portal L&C*. Disponível em: http://www.licitacaoecontrato.com.br/artigo/mais-algumas-notas-sobre-contratacao-facilities-termos-lei-n140112020-14102020.html. Acesso em: 21 out. 2020.

STROPPA, Christianne de Carvalho; PÉRCIO, Gabriela Verona. A terceirização de serviços e o contrato de facilities da Lei nº 14.011/2020. *In*: FORTINI, Cristiana; PAIM, Flaviana Vieira. *Terceirização na Administração Pública*: boas práticas e atualização à luz da Nova Lei de Licitações. Belo Horizonte: Fórum, 2022.

Informação bibliográfica deste texto, conforme a NBR 6023:2018 da Associação Brasileira de Normas Técnicas (ABNT):

STROPPA, Christianne de Carvalho. O contrato de *facilities* da Lei nº 14.011/2020. *In*: PÉRCIO, Gabriela Verona; FORTINI, Cristiana (Coord.). *Inteligência e inovação em contratação pública*. 2. ed. Belo Horizonte: Fórum, 2023. p. 241-257. ISBN 978-65-5518-474-7.

COMO O ESTADO PODERÁ CONTRATAR *STARTUPS*

IONE LEWICKI CUNHA MELLO
RAQUEL MELO URBANO DE CARVALHO

1 Introdução

O surgimento das *startups* ocorreu no contexto de crescente necessidade do mercado por inovações tecnológicas que possam revolucionar as relações sociais existentes, atraindo o interesse dos mais variados agentes do mercado.

A economia global das *startups* gerou, entre 2017 e meados de 2019, cerca de US$3 trilhões.[1] Esse fenômeno não é restrito apenas às grandes economias. Segundo o referido relatório, embora em 2013 apenas quatro ecossistemas globais (cidades-polo de tecnologia e inovação) tinham originado *startups* com valor de mercado superior a um bilhão de dólares, em 2019 esse número subiu para 84. Além disso, tínhamos, em 2020, 70 ecossistemas que geraram mais de US$4 bilhões em valor, aqui considerando o valor de *startups* criadas e vendidas no período entre 2017 e 2019, um número 48% superior ao levantado no relatório do ano anterior e quase o dobro do relatório de 2017.[2]

---

[1] Global Startup Ecosystem Report de 2020, 2021, p. 14 *apud* MENDES, Hugo Cavalcanti Vaz; FINKELSTEIN, Maria Eugênia. Origem e o papel das aceleradoras e incubadoras de startups no sistema inovativo brasileiro. *Revista de Direito Bancário e do Mercado de Capitais*, v. 94, ano 24, p. 119-142. São Paulo: Ed. RT out./dez. 2021.

[2] *Apud* MENDES, Hugo Cavalcanti Vaz; FINKELSTEIN, Maria Eugênia. Origem e o papel das aceleradoras e incubadoras de startups no sistema inovativo brasileiro. *Revista de Direito Bancário e do Mercado de Capitais*, v. 94, ano 24, p. 119-142. São Paulo: Ed. RT out./dez. 2021.

As inovações que podem ser produzidas a partir desse fenômeno fizeram com que o ordenamento brasileiro fosse convidado, ou mesmo obrigado, a editar regulamentação própria de forma a criar um ambiente favorável à inovação. O desafio de realizar a regulamentação de um setor que trabalha com o objetivo de superar incertezas, realizando testes em áreas ainda não mapeadas pelo conhecimento científico e buscando validar resultados positivos que sobrevenham, é especialmente difícil no âmbito do Direito Administrativo, em cujas bases está a noção de legalidade estrita, com repercussões em searas fundamentais como a teoria monista das nulidades, inclusive em se tratando de contratos administrativos. Construir um microuniverso jurídico adequado para um campo em que a tentativa e o erro são etapas na construção dos resultados buscados implica tensão inevitável com o foco exclusivo no "acerto mediante cumprimento do direito" que ainda orienta boa parte da compreensão da juridicidade. Malgrado tais dificuldades, é exatamente essa a tarefa que se busca realizar contemporaneamente.

2 Histórico

O Brasil se caracteriza pela industrialização tardia, resultante de setor acadêmico relativamente novo, tendo investimento em pesquisa somente após a década de 1970, base produtiva extremamente dependente de multinacionais que migraram para o Brasil e economia brasileira muito fechada até o final dos anos 1980.

Desde a Constituição Federal de 1988, o governo nacional tem adotado medidas na área para impulsionar o desenvolvimento e a inovação em determinados setores econômicos. Já em sua redação inicial, o art. 23 da CR estabelecia em seu inciso V, como competência comum aos entes federados, a responsabilidade de "proporcionar os meios de acesso à cultura, à educação, à ciência". O art. 24, IX, da CR similarmente atribuía a competência concorrente aos entes para legislarem sobre o mesmo tema.

Em 2015, foi promulgada Emenda Constitucional 85 que, dentre outras disposições, incluiu a expressão "inovação" nos arts. 23, V e 24, IX da CR, bem como foi ajustado o Capítulo IV, de modo a abranger não apenas a Ciência, a tecnologia mas também, de forma expressa, a inovação. Tais modificações demonstram um desejo de protagonismo no apoio ao setor acadêmico e empresarial de modo a fomentar a pesquisa e desenvolvimento e, com isso, possibilitar o desenvolvimento social, por meio, por exemplo, do compartilhamento de recursos humanos e de tecnologia com os demais entes públicos e privados.[3]

Buscando consolidar os ditames constitucionais, foi editado o Marco Legal da Ciência, Tecnologia e Inovação (Lei nº 11.196/2005) que dispõe uma série de medidas de incentivo à inovação e à pesquisa científica e tecnológica no ambiente produtivo, com vistas à capacitação tecnológica, ao alcance da autonomia tecnológica e ao desenvolvimento do sistema produtivo nacional e regional do país. Nela, é previsto, dentre os princípios que regem tais medidas, a "promoção da cooperação e integração entre os entes públicos, entre os setores público e privado e entre empresas".

Outro exemplo de consolidação desses ditames é a promulgação da "Lei do Bem" (Lei nº 10.973/2004), que instituiu, por meio do Regime Especial de Tributação para a Plataforma de Exportação de Serviços de Tecnologia da Informação (Repes), incentivos fiscais para as pessoas jurídicas que realizem atividades de desenvolvimento de software ou de prestação de serviço de tecnologia.[4]

Contudo, mesmo com as modificações promovidas, as normas até então vigentes não eram capazes de oferecer a liberdade contratual necessária para o desenvolvimento da inovação por meio desse modelo. Os institutos aplicáveis, como os contratos em conta de participação, de mútuo conversível e participação para investidores anjo, pendiam a um garantismo unilateral voltados aos interesses do financiador.[5] Dessa forma, o Estado é figura de extrema relevância para criar um ambiente de negócios favorável à inovação, seja por meio da edição de norma específica e regulação do mercado, seja pela contratação das empresas nascentes.

Apesar de todo esse esforço, o conservadorismo da Administração Pública continuou sendo descrito pela doutrina como desafio ao desenvolvimento de soluções inovadoras no setor público. Esse desafio deveria ser superado, criando ambiente propício ao implemento de

---

[3] MENDES, Hugo Cavalcanti Vaz; FINKELSTEIN, Maria Eugênia. Origem e o papel das aceleradoras e incubadoras de startups no sistema inovativo brasileiro. *Revista de Direito Bancário e do Mercado de Capitais*, v. 94, ano 24, p. 119-142. São Paulo: Ed. RT out./dez. 2021.

[4] MENDES, Hugo Cavalcanti Vaz; FINKELSTEIN, Maria Eugênia. Origem e o papel das aceleradoras e incubadoras de startups no sistema inovativo brasileiro. *Revista de Direito Bancário e do Mercado de Capitais*, v. 94, ano 24, p. 119-142. São Paulo: Ed. RT out./dez. 2021.

[5] FARIA, Marina Zava de; SANTOS, Lorena Maria dos; TÁRREGA, Maria Cristina Vidotte Blanco. Startups: uma análise dos riscos da atividade sob a égide contratual. *Revista de Direito Privado*, v. 104, p. 67-86, mar./abr. 2020. DTR\2020\7338.

tecnologias e inovações no setor público, para que seja utilizada na melhoria da prestação de serviços públicos. Tentando vencer essa, em 2018, foi estabelecida pelo Poder Executivo Federal a Estratégia de Governança Digital, com o objetivo de fomentar o acesso à informação pela disponibilização de dados públicos, a transparência, a melhoria dos serviços públicos digitais e a ampliação da participação digital pelo aprimoramento dos canais de comunicação entre governo e sociedade.

Além dessa estratégia, dentre iniciativas em outros níveis e Poderes, foi criado o Projeto VICTOR no Supremo Tribunal Federal, com o objetivo de empregar inteligência artificial para reconhecer padrões de texto em processos jurídicos e auxiliar os servidores responsáveis a identificar temas relacionados, concedendo maior eficiência e celeridade processual. A expectativa do Judiciário é a implementação desse sistema em todos os tribunais do Brasil, além de viabilizar o juízo de admissibilidade dos Recursos Extraordinários e fazer a vinculação com temas de Repercussão Geral logo no momento de interposição, gerando a redução dessa fase processual em dois ou mais anos.

Buscando consolidar a abertura do setor público à inovação, foi editado o Marco Legal das *Startups* (Lei Complementar nº 182/2021), que regula a relação das *Startups* com Administração Pública federal, estadual, distrital e municipal bem como cria medidas para incentivar o empreendedorismo inovador.

2.1 Aspectos da inovação[6]

Já se explicitou a importância de trilhar o caminho do desenvolvimento científico e tecnológico para que o país alcance objetivos de interesse público, contexto em que a Constituição, no título atinente à "Ordem Social", com a Emenda Constitucional nº 85/ 2015, trouxe à Constituição da República Federativa do Brasil previsões de uma atuação estatal ainda mais profunda no campo da ciência e da tecnologia. Com essa emenda, a denominação do Capítulo IV do Título VIII, que trata "Da Ordem Social", foi alterada para incluir o termo inovação, até então ausente no texto constitucional.

Incorporando sinergicamente os temas da Ciência, Tecnologia e Inovação (CT&I) ao texto constitucional, esses elevaram-se ao patamar

---

[6] Esse item específico consiste no resultado dos estudos realizados pela Procuradoria da Fundação Ezequiel Dias na última década, sendo resultado do esforço coletivo dos membros da equipe chefiada, desde 2021, pela Professora Raquel Carvalho.

de uma política de Estado coesa, densificando os comandos destinados ao espaço até então ocupado apenas por "ciência" e "tecnologia". A temática, tornada matéria constitucional, passa a vincular os representantes do Poder Executivo quanto à formulação de políticas públicas, assim como os do Poder Legislativo no que tange a futuras normas infraconstitucionais.

Além de impor ao Estado a promoção e o incentivo ao desenvolvimento científico, à pesquisa, à capacitação científica e tecnológica e à inovação, a Constituição determina o marco da inovação que atinge a pesquisa científica, com tratamento prioritário, e também a pesquisa tecnológica, que deve se voltar preponderantemente, para a solução dos problemas brasileiros e para o desenvolvimento do sistema produtivo nacional e regional. Há reconhecimento da inovação como um elemento imprescindível para pesquisa científica e tecnológica comprometida com a evolução da ciência e com o progresso científico essencial para o desenvolvimento econômico do país e bem-estar social. Em janeiro de 2016, uma diretriz de parcerias orientou as inovações trazidas pela Lei de Incentivo ao Desenvolvimento Científico (Lei nº 13.243/2016), que promoveu várias alterações na Lei de Inovação (Lei nº 10.973/2004), conformando diversas novas possibilidades de associação entre parceiros públicos e privados para inovação e produção científica no país.

Impende ressaltar a crescente incorporação das parcerias como instrumento de consecução do desiderato gerencialista do Plano Diretor da Reforma do Aparelho do Estado (1995). Desde então, o termo "parceria" e outras expressões análogas passaram a ser cada vez mais utilizados genericamente em diversos dispositivos legais destinados a implementar tais diretrizes, em especial aquelas concernentes à "publicização", a "desestatização" e "modernização" da Administração Pública. Denominações como "termo de parceria", "parceria para desenvolvimento produtivo", entre outras, passaram cada vez mais a ser utilizadas abstratamente no ordenamento para descrever formas de a associação estatal e privada constituírem-se. Nada obstante, a crescente utilização da expressão, a qual também passou a ser largamente utilizada na práxis administrativa, o termo não constitui, de per si, um instituto jurídico próprio sendo utilizado para designar de forma genérica um "acordo de vontade" da Administração.[7] Há uma imprecisão recorrente quanto aos conceitos que o legislador utiliza para

---

[7] JUSTEN FILHO, Marçal. *Comentários à lei de licitações e contratos administrativos*. 16. ed. São Paulo: Revista dos Tribunais, 2014.

designar abstratamente negócios jurídicos diferentes que viabilizam a citada "parceria", de modo a delinear um contexto de aproximação do Estado à iniciativa privada. Independente disso, busca-se o atingimento de uma determinada finalidade de interesse público que, no setor de inovação, implica criação de espaços para adoção de uma série de novas tecnologias e instrumentos de pesquisa e desenvolvimento. Destaque-se a Lei Federal nº 10.973/2004, incumbida em dispor sobre incentivos à inovação e à pesquisa científica e tecnológica no ambiente produtivo. Perceba-se a extrema importância que a inovação, na atividade de pesquisa e desenvolvimento, proporciona em proveito do corpo social. O fato é que a modernização da cultura científica no Brasil enseja disseminação de informações e contribui amplamente com o avanço nos mais diversos setores, da saúde à agropecuária, sendo o Ministério da Ciência, Tecnologia, Inovações e Comunicações o responsável pela formulação e implementação da Política Nacional de Ciência e Tecnologia, tendo suas ações pautadas nas disposições do Capítulo IV da Constituição da República.

Sobre Pesquisa e Desenvolvimento, um relevante conceito relaciona-se com a matéria de inovação tecnológica, diretamente vinculada à temática tratada. A inovação é um processo dinâmico, essencial para o processo de desenvolvimento da sociedade. Trata-se da pesquisa e da atividade com o objetivo de criar e aperfeiçoar o conhecimento e suas formas de aplicação. A inovação está umbilicalmente ligada aos conceitos de pesquisa e desenvolvimento, o que resulta do próprio artigo 218 da CR segundo o qual "Estado promoverá e incentivará o desenvolvimento científico, a pesquisa, a capacitação científica e tecnológica e a inovação", sendo o progresso da ciência, tecnologia e inovação definido como bem público a merecer prioridade, nos termos do §1º do citado artigo. Nessa seara, o estabelecimento das parcerias afigura-se essencial, conforme artigo 219-A da CR:

> Art. 219-A. A União, os Estados, o Distrito Federal e os Municípios poderão firmar instrumentos de cooperação com órgãos e entidades públicos e com entidades privadas, inclusive para o compartilhamento de recursos humanos especializados e capacidade instalada, para a execução de projetos de pesquisa, de desenvolvimento científico e tecnológico e de inovação, mediante contrapartida financeira ou não financeira assumida pelo ente beneficiário, na forma da lei.

O ambiente da inovação é claramente convergente com a adoção de instrumentos de parceria os mais diversos, sejam os tradicionais contratos administrativos atualmente regidos pela Lei Federal nº 14.133/2021, sejam outros como convênios ou outros meios típicos do Terceiro Setor ou introduzidos a partir de recentes legislações. Ademais, trata-se de um espaço que também se alinha com setores que requerem incentivos e tratamento normativo comprometido com a inclusão. Não sem razão foi a Lei Complementar nº 123/2006 quem originariamente definiu as *startups* no seu artigo 65-A, §1º, *in verbis*: "*A empresa de caráter inovador que visa a aperfeiçoar sistemas, métodos ou modelos de negócio, de produção, de serviços ou de produtos, os quais, quando já existentes, caracterizam startups de natureza incremental, ou, quando relacionados à criação de algo totalmente novo, caracterizam startups de natureza disruptiva*". *Referido conceito foi aperfeiçoado* pelo Marco Legal das *Startups*, que instituiu um novo microuniverso jurídico específico para o sistema de inovações que se busca como realidade contemporaneamente.

3 As inovações trazidas pelo Marco Legal das *Startups*

O Marco Legal das *Startups* previu, como princípios norteadores, o (i) empreendedorismo inovador como vetor de desenvolvimento econômico, social e ambiental; (ii) incentivo à constituição de ambientes favoráveis ao empreendedorismo inovador, com valorização da segurança jurídica e da liberdade contratual como premissas para a promoção do investimento e do aumento da oferta de capital direcionado a iniciativas inovadora; (iii) importância das empresas como agentes centrais do impulso inovador em contexto de livre mercado; (iv) aperfeiçoamento das políticas públicas e dos instrumentos de fomento ao empreendedorismo inovador; (v) promoção da cooperação e da interação entre os entes públicos, entre os setores público e privado e entre empresas, como relações fundamentais para a conformação de ecossistema de empreendedorismo inovador efetivo.

Os referidos princípios buscam posicionar o Estado como um dos motores para a criação do ambiente favorável ao desenvolvimento social e à inovação, por meio do fomento, regulação, atuação direta, diminuição da burocracia, simplificação e diminuição dos impostos e flexibilização da licitação para a contratação de soluções inovadoras.[8]

---

[8] FARIA, Marina Zava de; SANTOS, Lorena Maria dos; TÁRREGA, Maria Cristina Vidotte Blanco. Startups: uma análise dos riscos da atividade sob a égide contratual. *Revista de Direito Privado*, v. 104, p. 67-86, mar./abr. 2020. DTR\2020\7338.

A empresa, para ser enquadrada como *Startup*, deve ter atuação recente e caracterizada pela inovação aplicada a modelo de negócios ou a produtos ou serviços. Ou seja, as *Startups* caracterizam-se por desenvolver suas inovações em condições de incerteza, que requerem experimentos e validações constantes, inclusive mediante comercialização experimental provisória, antes de procederem à comercialização plena e à obtenção de receita.[9]

A inovação deve aqui ser entendida como a introdução de novidade ou aperfeiçoamento no ambiente produtivo e social que resulte em novos produtos, serviços ou processos ou que compreenda a agregação de novas funcionalidades ou características a produto, serviço ou processo já existente que possa resultar em melhorias e em efetivo ganho de qualidade ou desempenho.[10]

Outro aspecto que caracteriza as *startups* é a capacidade do produto ou serviço, em um curto espaço de tempo, atender a uma alta demanda do mercado sem maiores custos de produção, fazendo com que a empresa cresça exponencialmente, destacando-se no mercado. Esse potencial escalável da ideia desenvolvida afasta as *startups* das empresas padrão, que costumam levar anos até a consolidação econômica significativa.[11]

Para usufruir das vantagens do regime jurídico estabelecido pelo Marco Legal das *Startups*, não basta que se enquadrem no conceito de *startup*. Elas deverão cumprir requisitos específicos relativos à receita bruta máxima e tempo de inscrição do CNPJ[12] e declarar em seu ato

---

[9] CAVALCANTE, Márcio André Lopes. LC 182/202: institui o marco legal das startups. *Buscador Dizer o Direito*, Manaus. Disponível em: https://www.buscadordizerodireito.com.br/novidades_legislativas/detalhes/0c74b7f78409a4022a2c4c5a5ca3ee19. Acesso em: 07 mar. 2022.

[10] FINKELSTEIN, Maria Eugênia; YUNES, Lutfe Mohame. O marco legal das startups e do empreendedorismo inovador. *Revista de Direito Bancário e do Mercado de Capitais*, v. 93, p. 239-262, jul./set. 2021. DTR\2021\45181.

[11] FARIA, Marina Zava de; SANTOS, Lorena Maria dos; TÁRREGA, Maria Cristina Vidotte Blanco. Startups: uma análise dos riscos da atividade sob a égide contratual. *Revista de Direito Privado*, v. 104, p. 67-86, mar./abr. 2020. DTR\2020\7338.

[12] §1º Para fins de aplicação desta Lei Complementar, são elegíveis para o enquadramento na modalidade de tratamento especial destinada ao fomento de *startup* o empresário individual, a empresa individual de responsabilidade limitada, as sociedades empresárias, as sociedades cooperativas e as sociedades simples:
I – com receita bruta de até R$16.000.000,00 (dezesseis milhões de reais) no ano-calendário anterior ou de R$1.333.334,00 (um milhão, trezentos e trinta e três mil trezentos e trinta e quatro reais) multiplicado pelo número de meses de atividade no ano-calendário anterior, quando inferior a 12 (doze) meses, independentemente da forma societária adotada;
II – com até 10 (dez) anos de inscrição no Cadastro Nacional da Pessoa Jurídica (CNPJ) da Secretaria Especial da Receita Federal do Brasil do Ministério da Economia; e

constitutivo a relação de utilização de modelos de negócios inovadores para a geração de produtos ou serviços ou solicitar o enquadramento no regime especial Inova Simples.[13]

A possibilidade de a Administração Pública contratar *startups* tem como objetivo resolver demandas que exijam solução inovadora com emprego de tecnologia e fomentar inovação no setor produtivo. Para tanto, foi criada uma modalidade especial de licitação, aplicável à contratação pública de solução inovadora pela Administração Pública direta ou indireta (aqui incluindo as empresas públicas e sociedades de economia mista) da União, Estados, Distrito Federal e Municípios.

Essa nova modalidade trouxe muito mais flexibilidade ao processo licitatório, o que é visto por alguns autores, a exemplo dos professores Maria Eugênia Finkelstein e Lutfe Mohame Yunes, com receio, embora esses defendam uma posição otimista quanto à evolução da máquina pública brasileira e dos respectivos agentes políticos para acompanhar a evolução do mercado e ambiente de inovação brasileiro.[14]

Já de início, o escopo da licitação poderá se restringir à indicação do problema a ser resolvido pelos interessados e dos resultados esperados pela Administração Pública, incluídos os desafios tecnológicos a serem superados. Essa abertura para a participação social na criação da solução do problema por meio do diálogo é uma tendência que deriva da Democracia Participativa e é muito bem-vinda, por aumentar a legitimidade da escolha e dar maiores chances de o Estado decidir pela solução mais adequada. Essa tendência já havia sido concretizada na MROSC (Lei nº 13.019), nos procedimentos de manifestação de interesse social e nos termos de fomento, além de previsão na Nova Lei de Licitações (Lei nº 14.133/2021) com o procedimento de diálogo competitivo e com o procedimento auxiliar de manifestação de interesses.

Assim como previsto, como regra geral, na Nova Lei de Licitações, os requisitos de habilitação somente serão avaliados após o julgamento. No entanto, aqui é permitida a dispensa da apresentação dos requisitos relativos à habilitação jurídica, qualificação técnica, qualificação econômico-financeira e regularidade fiscal, assim como pode ser dispensada a prestação de garantia. Recebidas as propostas, a avaliação será feita por comissão especial de no mínimo três pessoas com reputação ilibada e conhecimento no assunto.

---

[13] Art. 65-A da Lei Complementar nº 123, de 14 de dezembro de 2006.

[14] FINKELSTEIN, Maria Eugênia; YUNES, Lutfe Mohame. O marco legal das startups e do empreendedorismo inovador. *Revista de Direito Bancário e do Mercado de Capitais*, v. 93, p. 239-262, jul./set. 2021. DTR\2021\45181.

Os critérios de julgamento deverão considerar o potencial de resolução do problema, o grau de desenvolvimento da solução, a viabilidade e maturidade do modelo de negócio, a viabilidade econômica, os recursos financeiros disponíveis para a celebração dos contratos e a demonstração comparativa de custo e benefício da proposta em relação às opções equivalentes.

Percebe-se, aqui, uma abertura significativa dos critérios de julgamento, dando maior discricionariedade para a comissão julgar a solução como um todo. Contudo, esse poder discricionário deverá ser exercido com responsabilidade e transparência, apresentando na motivação (sempre necessária) a forma como foram aplicados os referidos critérios, a justificar racionalmente a escolha, de forma a possibilitar a sindicabilidade da aplicação dos critérios. Assim, não se está abrindo espaço para escolhas de cunho pessoal e subjetivo (é preciso afastar o arbítrio), apenas para a aplicação de mais critérios de forma a escolher a solução mais adequada de todos os ângulos de análise (exercício regular da discricionariedade).

O procedimento licitatório pode ter como objetivo a seleção de uma ou mais propostas para a celebração do Contrato Público de Solução Inovadora (CPSI), podendo haver negociação direta da Administração com os selecionados.

Embora tenha flexibilizado o processo licitatório, o Marco Regulatório definiu um contrato típico, com o intuito de proteger o Estado de negócios que não detenham a eficiência e a eficácia necessária para fazer frente às inovações operacionais de produtos, serviços e modelo de negócios, as quais os cidadãos brasileiros, destinatários finais de tudo aquilo o que o Estado se propõe a fazer, necessitam.[15] Essa proteção está presente, por exemplo, na limitação temporal imposta ao Contrato Público de Solução Inovadora (CPSI), que tem vigência limitada a doze meses, prorrogável por igual período, e na limitação de valor de no máximo de R$1.600.000,00 (um milhão e seiscentos mil reais).

Considerando as maiores incertezas envolvidas nesse contrato, a capacidade de antecipar, gerir e suportar os riscos passa a ser essencial para o desenvolvimento do contrato. Por esse motivo, a gestão adequada dos riscos em uma "sociedade do risco"[16] é, para

---

[15] FINKELSTEIN, Maria Eugênia; YUNES, Lutfe Mohame. O marco legal das startups e do empreendedorismo inovador. *Revista de Direito Bancário e do Mercado de Capitais*, v. 93, p. 239-262, jul./set. 2021. DTR\2021\45181.

[16] "A 'sociedade do risco', termo cunhado por Ultich Bech ainda nos anos 1980, é produto da ciência e tecnologia modernas que fizeram com que o sucesso na produção de riqueza

Ulrich Beck, uma habilidade complexa que somente é realizada de forma compartilhada.

Antes mesmo de ser editado o Marco Legal das *Startups* a doutrina já defendia uma reflexão sistêmica, ao propor a análise dos riscos sob a ótica da teoria da análise econômica do direito, principalmente por ser o direito de empresa aquele cuja economia e o direito estão mais interligados. Pontuava-se, assim, a necessidade de estabelecer mecanismos de proteção, como um roteiro preliminar (*term sheet*) no qual deveriam ser delineados os pontos centrais que o futuro contrato de investimento.[17]

Caminhando nesse sentido, foram definidas, como cláusulas obrigatórias do Contrato Público de Soluções Inovadoras (CPSI):

I – as metas a serem atingidas para que seja possível a validação do êxito da solução inovadora e a metodologia para a sua aferição;

II – a forma e a periodicidade da entrega à Administração Pública de relatórios de andamento da execução contratual, que servirão de instrumento de monitoramento, e do relatório final a ser entregue pela contratada após a conclusão da última etapa ou meta do projeto;

III – a matriz de riscos entre as partes, incluídos os riscos referentes a caso fortuito, força maior, risco tecnológico, fato do príncipe e álea econômica extraordinária;

IV – a definição da titularidade dos direitos de propriedade intelectual das criações resultantes do CPSI; e

V – a participação nos resultados de sua exploração, assegurados às partes os direitos de exploração comercial, de licenciamento e de transferência da tecnologia de que são titulares.

Tais previsões são capazes de trazer um grau mínimo de segurança à Administração Pública, para que, analisando os possíveis cenários,

---

foi ultrapassado pela produção de risco. Nela as principais preocupações de criação e distribuição equitativa de riquezas foram substituídas pela busca de segurança. Trocamos a meta defendida pela sociedade de classes: 'todos queremos e devemos compartilhar o bolo' – por uma meta nova e bem menos glamurosa: 'todos devem ser poupados do veneno'. Nesse contexto, adquire peso decisivo a capacidade de antecipar os perigos e suportá-los" (BECK, Ulrich *apud* ROSENVALD, Nelson. *As funções da responsabilidade civil – A reparação e a pena civil*. São Paulo: Editora Atlas, 2014).

[17] *Apud* FARIA, Marina Zava de; SANTOS, Lorena Maria dos; TÁRREGA, Maria Cristina Vidotte Blanco. Startups: uma análise dos riscos da atividade sob a égide contratual. *Revista de Direito Privado*, v. 104, p. 67-86, mar./abr. 2020. DTR\2020\7338.

possa avaliar a oportunidade e conveniência de contratar por meio do CPSI, considerando os custos e os riscos envolvidos e promovendo a gestão adequada dos riscos. Protege-se, ainda, a Administração, na medida em que, estabelecidas as regras do jogo, não poderá o contratado demandar o Poder Público em busca de indenização por danos cujo risco estava descrito no instrumento contratual como de sua responsabilidade, nem questionar a propriedade intelectual da ideia desenvolvida, posto que expressa e detalhadamente regulada.

A lei inovou, ainda, ao estabelecer a remuneração a preço fixo, com ou sem remuneração variável; ou reembolso de custos, com ou sem remuneração de incentivo, que poderá ser fixa ou variável. Os pagamentos serão efetuados proporcionalmente aos trabalhos executados e de acordo com cronograma físico-financeiro aprovado, mas o edital pode prever o pagamento antecipado de uma parcela do preço, para viabilizar a implementação inicial do projeto – valor esse que deverá ser devolvido à Administração se houver inexecução injustificada ou descontado dos valores que eventualmente tiver a receber da Administração.

Nesse tipo de contratação é comum que haja risco tecnológico, que deve ser entendido como a possibilidade de não serem encontradas alternativas técnicas viáveis para o desenvolvimento da solução projetada. O preço fixo e o reembolso deverão ser pagos ainda que não sejam atingidos os resultados pretendidos em decorrência desse risco, mas a Administração poderá rescindir antecipadamente o contrato caso seja comprovada a inviabilidade técnica ou econômica da solução.

Findo o contrato, a Administração poderá celebrar, sem nova licitação, contrato para o fornecimento do produto, do processo ou da solução resultante do CPSI que melhor atendeu às demandas públicas em termos de relação custo-benefício, apresentando justificativa expressa para a escolha. Tal contrato terá vigência limitada a 24 meses, prorrogável por igual período, e valor limitado a 5 vezes o valor de R$1.600.000,00 (um milhão e seiscentos mil reais), incluídas as eventuais prorrogações, hipótese em que o limite poderá ser ultrapassado nos casos de reajuste de preços e dos acréscimos.

O procedimento licitatório descrito em muito se assemelha ao procedimento de manifestação de interesse, previsto na Nova Lei de Licitações (art. 81), cuja participação poderá, inclusive, se restringir às *startups*. Nele, a Administração solicita à iniciativa privada a manifestação daqueles que se interessarem à realização de estudos, investigações, levantamentos e projetos de soluções inovadores que contribuam com questões de relevância pública.

Contudo, a realização desses estudos não atribui preferência do realizador no processo licitatório, não obriga a Administração a realizar a licitação, não implica no ressarcimento de valores envolvidos em sua elaboração e somente é remunerada pelo vencedor da licitação. Trata-se, portanto, de procedimento cujas garantias ao desenvolvedor são muito mais frágeis e cuja relação durante o desenvolvimento não é tão bem regulamentada como no Contrato Público de Solução Inovadora (CPSI).

4 Conclusão

As inovações trazidas pelo Marco Legal das *Startups* foram capazes de flexibilizar as contratações públicas, estabelecendo critérios mais amplos para o julgamento da solução mais vantajosa, permitindo, ainda, a criação da solução de forma plural e participativa. Paralelamente, foi estabelecido um contrato com cláusulas detalhadas para que seja possível a gestão adequada dos riscos.

Dessa forma, busca-se criar um ambiente mais favorável ao desenvolvimento e à contratação de inovações pelo Poder Público, sem perder de vista o controle social necessário dos atos administrativos e da gestão do dinheiro público.

Resta-nos torcer para que a aplicação dessa legislação promova os objetivos buscados e para que os gestores públicos exerçam a discricionariedade ampliada em função da busca pela solução mais adequada à Administração Pública. E que possamos, diante de resultados positivos, ampliar os regramentos em direção aos contratos inteligentes firmados também pelo Poder Público, em searas promissoras como as DAOs no Terceiro Setor, com o uso da tecnologia *blockchain*.

Referências

CAVALCANTE, Márcio André Lopes. LC 182/202: institui o marco legal das startups. *Buscador Dizer o Direito*, Manaus. Disponível em: https://www.buscadordizerodireito.com.br/novidades_legislativas/detalhes/0c74b7f78409a4022a2c4c5a5ca3ee19. Acesso em: 07 mar. 2022.

FARIA, Marina Zava de; SANTOS, Lorena Maria dos; TÁRREGA, Maria Cristina Vidotte Blanco. Startups: uma análise dos riscos da atividade sob a égide contratual. *Revista de Direito Privado*, v. 104, p. 67-86, mar./abr. 2020. DTR\2020\7338.

FINKELSTEIN, Maria Eugênia; YUNES, Lutfe Mohame. O marco legal das startups e do empreendedorismo inovador. *Revista de Direito Bancário e do Mercado de Capitais*, v. 93, p. 239-262, jul./set. 2021. DTR\2021\45181.

JUSTEN FILHO, Marçal. *Comentários à lei de licitações e contratos administrativos*. 16. ed. São Paulo: Revista dos Tribunais, 2014.

MENDES, Hugo Cavalcanti Vaz; FINKELSTEIN, Maria Eugênia. Origem e o papel das aceleradoras e incubadoras de startups no sistema inovativo brasileiro. *Revista de Direito Bancário e do Mercado de Capitais*, v. 94, ano 24, p. 119-142. São Paulo: Ed. RT out./dez. 2021.

ROSENVALD, Nelson. *As funções da responsabilidade civil* – A reparação e a pena civil. São Paulo: Editora Atlas, 2014.

Informação bibliográfica deste texto, conforme a NBR 6023:2018 da Associação Brasileira de Normas Técnicas (ABNT):

MELLO, Ione Lewicki Cunha; CARVALHO, Raquel Melo Urbano de. Como o Estado poderá contratar *startups*. In: PÉRCIO, Gabriela Verona; FORTINI, Cristiana (Coord.). *Inteligência e inovação em contratação pública*. 2. ed. Belo Horizonte: Fórum, 2023. p. 259-272. ISBN 978-65-5518-474-7.

SOBRE OS AUTORES

Adriana da Costa Ricardo Schier
Professora de Direito Administrativo do Centro Universitário do Brasil – Unibrasil. Estágio Pós-Doutoral pela Pontifícia Universidade Católica do Paraná. Doutora e Mestre em Direito do Estado pela Universidade Federal do Paraná. Presidente da Comissão de Serviços Públicos do Instituto Brasileiro de Direito Administrativo. Vice-Presidente do Instituto Paranaense de Direito Administrativo. Membro do Conselho Científico do Instituto de Direito Romeu Felipe Bacellar. Vice-Presidente da Comissão de Infraestruruta e Desenvolvimento da Ordem dos Advogados do Brasil – Seção Paraná. Advogada especializada em Direito Público.

Brena Freitas
Advogada e servidora pública. Bacharela em Direito (UFPE); especialista em Direito Civil e Processual (ESA/OAB), professora da Escola Nacional de Administração Pública (ENAP) e da extinta Escola de Administração Fazendária (ESAF). Atuou no Governo do Distrito Federal como chefe de unidade jurídica, no Ministério da Cultura, como coordenadora-geral na Secretaria-Executiva e coordenadora de Gestão de Convênios e Transferências Voluntárias, como servidora na Controladoria Geral de Recife/PE e no Conselho Administrativo de Defesa Econômica.

Christianne de Carvalho Stroppa
Doutora e mestra pela PUC-SP. Professora de Direito Administrativo na PUC-SP. Assessora de Controle Externo no Tribunal de Contas do Município de São Paulo. Advogada.

Cristiana Fortini
Graduada em Direito pela UFMG. Doutora em Direito pela UFMG. Cursou especialização em Mediação, Conciliação e Arbitragem. Professora da graduação, mestrado e doutorado da Faculdade de Direito da UFMG. Professora do mestrado da Faculdade Milton Campos. *Visiting Scholar* na *George Washington University*. Professora Visitante na Universidade de Pisa. Vice-Presidente do Instituto Brasileiro de Direito Administrativo (IBDA). Atualmente é representante MG do Instituto Brasileiro de Direito Sancionatório (IDASAN) e Diretora em Minas Gerais do Instituto Brasileiro de Estudos da Infraestrutura (IBEJI). Foi Presidente da Comissão de Parcerias Público-Privadas e da Comissão de Direito Administrativo da OAB/MG. Foi Presidente do Instituto Mineiro de Direito Administrativo (IMDA). Foi Procuradora-Geral Adjunta de Belo Horizonte e Controladora-Geral de Belo Horizonte.

Érica Miranda dos Santos Requi
Mestre em Direito do Estado pela Universidade Federal do Paraná – UFPR (2018). Especialista em Direito Administrativo pelo Instituto de Direito Romeu Felipe Bacellar (2012). Graduada em Direito pela Faculdade de Direito de Curitiba (2010). Consultora jurídica em Concessões e Parcerias Público-Privadas na Associação dos Municípios da Região da Foz do Rio Itajaí. Sócia fundadora da MSRequi Consultoria Jurídica. Mediadora e árbitra da Câmara de Conciliação de Santa Catarina e da Câmara de Mediação e Arbitragem de Santa Catarina – CAMESC. Presidente da Comissão de Parcerias Público-Privadas da OAB de Santa Catarina. Professora do Grupo Negócios Públicos.

Fabiane Dourado
Mestre em Administração pela Universidade de Brasília (UnB). Especialista em Direito Administrativo e em Processo Legislativo pela Faculdade Unyleya. Membro do Comitê de Uniformização de Entendimentos de Área de Licitações e Contratos da Câmara dos Deputados. Professora no Programa de Educação Continuada em Aquisições e Contratações da Câmara dos Deputados. Diretora da Central de Compras da Câmara dos Deputados. Ex-Auditora Federal de Finanças e Controle da CGU.

Gabriela Verona Pércio
Formada em Direito pela Pontifícia Universidade Católica do Paraná (PUCPR). Especialista em Direito Administrativo pela Faculdade de Direito de Curitiba (FDC). Mestra em Gestão de Políticas Públicas pela Universidade do Vale do Itajaí (Univali). Professora convidada dos cursos de pós-graduação em Licitações e Contratos da Universidade Católica de Santa Catarina – Católica SC e da Escola Mineira de Direito (EMD). Advogada e consultora em Licitações e Contratos Administrativos. Sócia na GVP Parcerias Governamentais.

Ione Lewicki Cunha Mello
Graduada em Direito pela Faculdade de Direito da UFMG. Advogada. Pesquisadora de Direito Administrativo.

Isabella Brito
Mestranda em Administração Pública pelo Instituto Brasiliense de Direito Público – IDP, graduada em Administração pela Universidade do Tocantins. Pós-graduada em Gestão Pública e Gestão de Projetos. Servidora pública desde 1998. Responde, atualmente, pela Secretaria de Contratações e Gestão de Materiais do Tribunal de Justiça do Distrito Federal e Territórios.

Isabela Gomes Gebrim
Graduada em Administração pela Universidade de Brasília – UnB (2007), com pós-graduação em Gestão Pública, com ênfase em Gestão Governamental e Políticas Públicas, pela União Pioneira de Integração Social – UPIS (2009) e cursando MBA Executivo em Economia e Gestão: Planejamento, Financiamento e Governança Pública (FGV). Ganhadora do prêmio Mérito Acadêmico em

Administração, concedido pelo Conselho Regional de Administração do DF, como melhor monografia e aluna da turma do curso de Administração de Empresas do 2º semestre letivo de 2007 da UnB. Premiada no 22º Concurso de Inovação da Escola Nacional de Administração Pública (ENAP) 2018 como membro da equipe responsável pela iniciativa: TáxiGov – Mobilidade de servidores no governo federal. Foi finalista no prêmio Desafios da ENAP e participou como palestrante na Semana de Inovação (ENAP) em 2020 e 2021. Atualmente ocupa o cargo de coordenadora-geral de Serviços Compartilhados da Central de Compras do Governo Federal. Possui mais de 15 anos de experiência nas áreas de logística, contratações públicas e centralização de compras. Atuou como professora-colaboradora na Universidade de Brasília, ministra cursos na ENAP e palestras e eventos de capacitação e possui artigos publicados na temática de centralização, inovação e compras públicas.

Maria Fernanda Pires de Carvalho Pereira
Mestre em Direito Administrativo pela UFMG. Doutora em Direito Público pela PUC Minas. Presidente do Instituto Mineiro de Direito Administrativo (IMDA). Sócia da Carvalho Pereira, Fortini Advogados.

Mariana Bueno Resende
Mestre em Direito Administrativo pela Universidade Federal de Minas Gerais (UFMG). Assessora de Conselheiro no Tribunal de Contas do Estado de Minas Gerais (TCE/MG). Advogada.

Mirela Miró Ziliotto
Advogada e coordenadora da área de Licitações e Contratos do escritório Pironti Advogados. Mestranda em Direito Econômico e Desenvolvimento pela Pontifícia Universidade Católica do Paraná (PUC-PR). Especialista em Direito Administrativo pelo Instituto de Direito Romeu Felipe Bacellar. Membro do Núcleo de Pesquisas em Políticas Públicas e Desenvolvimento Humano da PUCPR. Membro da Comissão de Gestão Pública e Controle da Administração da OAB/PR. Professora.

Raquel Melo Urbano de Carvalho
Mestre em Direito pela Faculdade de Direito da UFMG. Procuradora do Estado de Minas Gerais. Professora de Direito Administrativo.

Tatiana Martins da Costa Camarão
Mestre em Direito Administrativo pela Faculdade de Direito da UFMG. Assessora Técnica Especializada da Presidência do Tribunal de Justiça de Minas Gerais. Diretora Secretária do Instituto Mineiro de Direito Administrativo. Palestrante e professora de Direito Administrativo.

Virgínia Bracarense Lopes
Especialista em Direito Público (IEC/PUC-Minas), bacharel em Direito (UFMG) e Administração Pública (FJP/MG). Pós-graduanda em Liderança

de Gestão Pública pelo MGL/CLP. Especialista em Políticas Públicas e Gestão Governamental do Governo Federal. Superintendente na Secretaria de Estado de Planejamento e Gestão de Minas Gerais (2021-atual) e coordenadora dos Grupos de Trabalhos de implantação da Nova Lei de Licitações e de Capacitação em Compras Públicas no Estado de Minas Gerais. Atua no Projeto do Centro de Compras Compartilhadas no Estado de Minas Gerais (2019-atual). Entre 2012 e set./2019 atuou no Ministério da Economia como gerente do Projeto de criação e implantação da Central de Compras (2012-2014), como coordenadora-geral de Licitações (2014-jul/2015) e diretora (jul/2015-set/2019) da Central de Compras, desenvolvendo e implantando projetos premiados e que se tornaram referência como Compra Direta de Passagens Aéreas, TáxiGov e Almoxarifado Virtual. Ganhadora do Prêmio Espírito Público 2019, categoria Gente, Gestão e Finanças Públicas. Professora na Escola de Governo da Fundação João Pinheiro. Membra efetiva do Instituto Nacional de Contratações Públicas (INCP). Professora, palestrante e autora de artigos.

Vivian Cristina Lima López Valle
Professora Titular de Direito Administrativo da Pontifícia Universidade Católica do Paraná. Pós-Doutoranda pela Universidade Rovira i Virgili, Tarragona, Espanha. Doutora e mestre em Direito do Estado pela Universidade Federal do Paraná. Especialista em Contratação Pública pela Universidade de Coimbra. Especialista em Direito Administrativo pelo Instituto Brasileiro de Estudos Jurídico – IBEJ. Coordenadora Adjunta do Curso de Direito da Pontifícia Universidade Católica do Paraná. Coordenadora do Curso de Especialização em Licitações e Contratos da Pontifícia Universidade Católica do Paraná. Diretora Acadêmica do Instituto Paranaense de Direito Administrativo. Membro do Conselho Científico do Instituto de Direito Romeu Felipe Bacellar. Membro da Comissão de Gestão Pública da Ordem dos Advogados do Brasil – Seção Paraná. Advogada especializada em Direito Público.

Viviane Mafissoni
Viviane Mafissoni é advogada, especialista em Direito Público, servidora pública do Governo do Estado do Rio Grande do Sul desde 2010, onde já atuou como membro da Assessoria Jurídica, membro da Comissão Permanente de Licitações, pregoeira, coordenadora da equipe de penalidades; diretora de departamento responsável pelo credenciamento de licitantes, planejamento de compras por registro de preços, gestão de atas e aplicação de penalidades a licitantes, subsecretária substituta da Central de Licitações do RS. Atualmente é chefe do Serviço de Compras Centralizadas da Empresa Brasileira de Serviços Hospitalares – EBSERH, vinculada ao Ministério da Educação. É autora de artigos e palestrante sobre temas que envolvem compras públicas.